WOW BUILT TO LAST 基业长青 “一带一路”智库丛书

国际工程商务能力培训系列教材

国际工程投资策划

丛书主编 吴之昕

本书编著 张稚华 傅维雄 张 聪 王 菲 袁知茂

International Project Investment Planning

中国建筑工业出版社

图书在版编目（CIP）数据

国际工程投资策划／张稚华等编著．—北京：中国建筑工业出版社，2018.11

国际工程商务能力培训系列教材／吴之昕丛书主编

ISBN 978-7-112-22884-3

Ⅰ．①国…　Ⅱ．①张…　Ⅲ．①国际承包工程－工程投资－教材②国际承包工程－工程管理－教材　Ⅳ．①F746.18

中国版本图书馆CIP数据核字（2018）第239745号

本书作为《国际工程商务能力培训系列教材》五大模块之一，以BOT项目为典型模式，对国际工程投资合同签约生效前的一系列商业活动做系统的阐述，对项目重要的阶段性工作做重点介绍，特别强调了以国际惯例和规则为指导，围绕开展国际工程投资策划所涉及的每一个重要里程碑和主要工作，按专业任务划分做了较详尽的专题分析。

本书作者具有多年国际工程管理经验，书中探讨的都是在国际工程投资策划中经常遇到的问题，因此具有很强的实践性、实用性和指导性。

本书旨在应用“走出去”并已涉足国际工程投资业务，有BOT、PPP项目经验的专家以及实践者的经验和见解，给正在和即将从事开展国际工程投资业务的人士提供一些专业的指导和建议。

责任编辑：赵晓菲　朱晓瑜

责任校对：李美娜

国际工程商务能力培训系列教材

国际工程投资策划

丛书主编　吴之昕

本书编著　张稚华　傅维雄　张　聪　王　菲　袁知茂

*

中国建筑工业出版社出版、发行（北京海淀三里河路9号）

各地新华书店、建筑书店经销

北京点击世代文化传媒有限公司制版

北京中科印刷有限公司印刷

*

开本：787×1092毫米　1/16　印张：20¼　字数：360千字

2018年11月第一版　2018年11月第一次印刷

定价：53.00元

ISBN 978－7－112－22884－3

（32982）

版权所有　翻印必究

如有印装质量问题，可寄本社退换

（邮政编码 100037）

国际工程商务能力培训系列教材

《国际工程市场开拓》

《国际工程合约管理》

《国际工程造价管控》

➢《国际工程投资策划》

《国际工程风险管控》

专家委员会

（以姓氏笔画顺序排名）

刁春和　王铁宏　王福俭　邢厚媛　刘士杰　刘日明　关　巍

许溶烈　孙永福　李吉勤　杨新平　沈元勤　沈德才　张水波

张建初　陈观福　林承桢　罗保卫　周　莉　周显峰　袁　立

贾庭仁　徐永杰　郭建民　崔明谟　程　涛　John Battersby

编审委员会

（以姓氏笔画顺序排名）

万应忠　王　浩　王福俭　史建隆　关　巍　李吉勤　吴之昕

沈德才　张力莉　张稚华　陆国俊　陈观福　陈兆伦　周　莉

周显峰　周啸东　赵丕熙　袁　青　都　伟　贾庭仁　韩　飞

序　一

由吴之昕院长主编的《国际工程商务能力培训系列教材》即将付印，中国建筑工业出版社的同志让我在该书出版时讲几句话。我赞赏他们所做的十分有益的工作，便应允了。

对外承包工程作为货物贸易、技术贸易和服务贸易的综合载体，是国家间互利合作的重要组成部分。我国的对外承包工程事业是伴随着改革开放步伐快速发展起来的。经过40年的奋斗与合作，我们取得了不菲的成绩，增进了友谊，促进了共同发展。

2013年习近平主席提出了“一带一路”倡议，为对外承包工程的更大发展指明了路径。今后的发展除了扩大规模，更要提高水平。由此，人才培训是至关重要的。这是因为：

（1）支撑这样一个庞大事业的发展需要一大批合格的国际化人才；

（2）提高行业发展水平更需要一大批高素质的国际化人才；

（3）按照“共商、共建、共享”的理念实现“五通”，不仅需要国内的国际化人才，同时也需要国外的国际化人才。

这一切都必须建立在人才培训之上。

国际化人才的培养固然需要专业知识的传授，更需要国际化思维方式的培训。从某种意义上讲，国际化是一门综合性极强的比较科学，广泛涉及体制比较、社会比较、法律比较、管理比较和文化比较等。从比较中进行提炼，并通过国际化视野、国际化理念、国际化规则和国际化技能详细阐述。

教材是培训工作的重要基础。本丛书的编纂便是一次很有意义的探索和尝试，并结合北京基业长青管理咨询股份有限公司首创的“国际工程商务能力实战型特训营”培训体系，在国际化人才培训工作上取得了成效。相关企业反映是好的，谨致祝贺。

我们在快速发展中，很多经验和教训还来不及深入认识、体会、消化、理解，并进行理论总结。丰富的实践为我们不断提高国际化人才培训教材的水平提供了取之不竭的素材。我们已有良好的开端。希望不断创新、不断进取，为国际化人才培训事业继续做出努力。以此为序。

商务部原副部长

2018年8月于静庐

序　二

精于商道，成于人才

国运即商机，大时代孕育大机会。习近平主席提出建设“一带一路”伟大倡议，推动构建人类命运共同体，这是习近平主席以全球视野对世界繁荣发展做出的中国贡献。“一带一路”倡议自提出以来，得到了社会各界的积极响应。作为全球领先的特大型基础设施综合服务商，中国交通建设股份有限公司（简称“中国交建”）积极响应国家号召，主动践行“一带一路”倡议，投资建设了一批有影响力的项目，做了一些工作：设计、建设了全球前十大港口中的4/5、石油钻井平台中的1/3，在“一带一路”沿线国家和地区，建设了10320km公路、152座桥梁、2080km铁路、10座机场……2013年以来，公司海外新签合同额累计1335亿美元。

商事如棋，局常新。习近平主席指出：惟改革者进、惟创新者强、惟改革创新者胜。当今世界正处于大发展、大变革、大调整时期，机遇前所未有，挑战前所未有，机遇大于挑战。中国企业要因势利导、不断学习、积极创新，推动开放型经济，加快由要素驱动向创新驱动转变，由规模速度型向质量效益型转变，由成本、价格为优势向以技术、标准、品牌、质量、服务为核心的综合竞争优势转变。为此，中国交建在全球范围内推进“五商中交”战略，即致力于成为全球知名的工程承包商、城市综合开发运营商、特色房地产商、基础设施综合投资商、海洋重工与港口装备制造服务商，实现“工商融合，由工转商”。“工商融合，由工转商”是中国对外承包业更大规模服务于全球基础设施建设的需要，是更大规模整合工程建设资源的需要，是大型工程企业转型升级的重要趋势。

海外商务，人才先行。“一带一路”倡议的落地，“五商中交”战略的实施，归根结底离不开高素质的海外人才，人才的选拔配置、培养开发、转型升级是保证海外项目顺利实施的坚强后盾。中国交建快速发展、转型升级、成长为全球第三大国际工程承包商，在很大程度上得益于近几年来的人才培训。公司高度重视海外人才培养，启动了国际化人才培养工程。所谓的国际化人才，除具备常规人才的基本素质外，还要“通商务、精外语、懂技术、会运营、善资本运作和商业模式创新”，其中“通商务”尤为重要。然而当今国内海外商务人才稀缺、供求失衡、能力不足，已经严重影响到中国工程企业“走出去”、践行“一带一路”倡议的进程，是中国工程企业由大转强的重要瓶颈之一。鉴于此，越来越多的“走出去”企业开始重视这支先锋队伍的建设。

北京基业长青管理咨询股份有限公司长期以来为中国交通建设股份有限公司提供人才培训服务，曾为中国交建“11711”（100名企业领军人才、1000名中青年骨干管理人才、7000名项目经理、10000名专业技术人才、10000名高级技工）重点人才培养付出巨大努力，是值得信赖的合作伙伴。本次组织编写《国际工程商务能力培训系列教材》对于行业发展具有重要意义。希望每位“走出去”的商务工作者都能认真阅读此书，取其智慧、得其精要，为践行“一带一路”倡议做出自己的贡献。

中国交通建设股份有限公司党委书记、董事长

2018年8月

丛书前言

在《国际工程商务能力培训系列教材》（以下简称“系列教材”）书稿即将交付出版社编辑出版之际，心中难免有点兴奋和激动。从业内专家拜访到培训大纲编制，从主创专家邀请到培训课件研讨，从逐门课程彩排到专家委员会审鉴，从面市授课打磨到提炼编写教材，近20位主创老师、30位编审专家、40位“一带一路”国际工程人才发展专家委员会专家以及教材编审委员会的同仁们所付出的心血与智慧是难以记叙的。我自问，到底是什么催生了“国际工程商务能力培训产品”（包含“国际工程商务能力实战型特训营”系列课程和《国际工程商务能力培训系列教材》）？答案是：蕴藏在研发团队内心的对我国对外工程承包业发展的使命感，以及我国对外工程承包业“由大转强”的恢弘形势。

回眸我国对外工程承包业40年坎坷历程，既有振奋人心的辉煌业绩，又有刻骨铭心的惨痛教训。如今中国已成为世界工程承包第一大提供国，但是与西方工程承包领先国家相比在很多方面仍有巨大差距，其中国际工程商务方面尤为突出。“国际工程商务为要，商务工作市场为先”，在当今中国对外工程承包业“由大转强”的关键时期，培养具备复合型商务能力的国际化人才更是当务之急。

北京基业长青管理咨询股份有限公司顺应“一带一路”倡议下对外工程承包业的发展形势，提出要做最好的“走出去”人才培训学校，并于2016年9月成立了“国际工程与投资研究院”，随即邀请了近20位业内实战专家组成“国际工程商务能力培训产品”研发团队，着手将国际惯例与过往的成功经验相结合，研发一套较为系统的国际工程商务实战型课程。2017年6月25日，“国际工程商务能力实战型特训营”系列课程（以下简称“系列课程”）接受了“一带一路”国际工程人才发展专家委员会的审鉴，商务部原副部长陈健先生应邀亲临把关。该系列课程经专家委员会评审并获得全票通过后，按照专家委员会的意见又作了进一步完善。在向多个“走出去”工程企业授课过程中，研发团队虚心听取国际工程一线人员的反馈，对系列课程进行不断打磨，并根据客户需求将课程教材化。

为使“国际工程商务能力培训产品”能够真正起到支撑我国“走出去”企业“走得更稳、更好、更远”的作用，研发团队从一开始就确定了“紧贴前沿、务实管用”的指导思想，在产品研发过程中始终立足于三个基点：

第一，国际工程商务人才能力的复合化。

我国传统的工程企业商务人员长期定位在合约管理和工程概预算两个方面，而这种定位远远适应不了当今国际工程承包业务的实际需求。诚然，合约与造价管理是国际工程承包的重要商务能力；国际工程承包也离不开市场开拓这一业务驱动的龙头；而在对外工程承包跨上“资本引领”台阶的今天，“投资策划”理所当然成为当今商务人才的必备能力；国际工程承包是一项高风险的业务，工程企业走出国门要迈过的第一个门槛就是如何识别风险、评估风险、应对风险，在承包企业里，商务人员承担着履约风险管控的综合职能，因此“风险管控”也应该是商务人才的必备能力。为此，研发团队定义了“五位一体”的商务能力结构，其中，“合约管理”如同船舵，“工程造价”如同仪表，“市场开拓”如同风帆，“投资策划”如同驱动马达，而“风险管控”则如同坚硬严密的船体，只有五个能力合在一起才能保证国际工程承包业务乘风破浪、安全远航。

第二，人才培训模式的实战化。

产品研发团队认识到，习近平主席对军事训练所做的一系列指示对国际工程人才培训同样适用。要将习近平主席“战时怎么打，平时就怎么练”的思想贯彻到国际工程人才培训中来，就要做到“海外工程怎么干，国内培训就怎么练”。为此我们策划了“国际工程商务能力培训产品”的“四化”特色：能力模块化、教学双语化、训练情景化、教程菜单化，以能力模块化对标复合型商务人才的能力需求，以教学双语化和训练情景化达到实战实训要求，以教程菜单化适应不同客户的个性化需求。在学习习近平主席“聚焦实战”“实战实训”的军事训练思想的基础上，我们尝试突破传统的教材编写模式，引入“以终为始”的逆向思维，将国际工程承包企业成功实践中提炼出来的工作流程作为系列教材编写的基本框架，而没有受缚于传统教材的理论体系。

第三，成功实践与科学方法论紧密结合。

“国际工程商务能力培训产品”坚持把“培训内容的实操性”“商务运作的合规性”“课程的通用性”以及“案例披露的合法性”贯穿产品研发全过程。

系列课程研发和系列教材编审团队的专家均为国际工程承包项目的成功实践者，他们在自身经验的基础上，广泛研究了国际工程承包正反两方面的案例，对其进行科学归纳提炼，创造出了一套简明实用的国际工程商务工作方法和工具，将在系列教材的各分册里予以阐述和介绍，便于读者学习借鉴。为突出“实操性”，系列教材引入了大量真实的项目案例，但为确保案例披露的合法性，系列教材中统一对案例名称和数据进行了隐化处理。

我们深知，教材编写是一项专业而严谨的工作，由于行业发展迅猛、企业需求多样，研发与编写团队尚有一定的局限性。我们将一如既往地与广大“走出去”工程企业紧密合作，在我国对外工程承包行业的伟大实践中不断完善、提高，坚持研发团队“根植于行业”、需求痛点“来自于行业”、最佳实践“源自于行业”、系列教材“服务于行业”，将产品打磨成国际工程建设者手中的开山斧，在“一带一路”征程上披荆斩棘、所向披靡。

吴之昕

2018年8月

本书前言

为践行“一带一路”倡议，越来越多的中国企业正在走出国门、拓展国际工程承包市场，迈出了探索以资本引领国际工程业务的步伐：开始在海外投资建厂，取得了与“一带一路”沿线国家共同建设、共同发展、共同受益、共同繁荣、互利双赢的初步成果。

面对国际工程总承包市场竞争日益激烈、很多项目资金短缺的现状，“走出去”的中国企业在具备国际工程承包业务执行能力的同时，更要具备和掌握国际工程投资的执行能力，特别是提升项目投融资、建设及运营维护等综合能力，实现企业从传统的工程承包商向工程投资商转变，以实现企业在国际工程总承包市场上的可持续发展。

本书以BOT项目为典型模式，对国际工程投资合同签约生效前的一系列商业活动做了系统的阐述；对项目建设过程中的重要阶段性工作做了重点介绍；特别强调要以国际惯例和规则为指导，对开展国际工程投资策划所涉及的每一个重要里程碑和主要工作做了详尽的专题分析。旨在通过一些已经“走出去”并涉足国际工程投资且具有BOT、PPP项目经验的专家以及实践者的经验和见解，给正在和即将开展国际工程投资的人士提供一定的指导和建议。

本书作者均为从事国际工程投资的探索者和践行者，他们开创了中国BOT项目在海外成功签约的先河，也深刻地感受到国际工程投资项目运作过程的复杂性，特别认识到前期工作奠定了项目投融资、建设、运营，即项目特许经营期顺利进行的基础。因此作者们在总结自身经验教训的基础上，紧贴实战，突出“实操性”，对前期的商务工作进行了科学归纳和提炼，将“风险意识、法律意识、项目全生命周期意识”贯穿始终，力图为广大读者提供有效实用的工作方法和工具。本书适用于有意涉足和正在开展BOT项目等国际工程投资的市场开发商务人员和工程管理人员，可作为其从事国际工程投资前期活动的业务指导书籍。

本书共8章，包含了国际工程投资策划的总论和7个专业任务，涉及多位编审专家，具体分工参见下表：

编审职责	编审负责人
审稿专家	贾庭仁、陆国俊
统稿主持	张稚华
统稿执笔	万应忠
前言、总论	张稚华
专业任务1	张稚华
专业任务2	傅维雄
专业任务3	袁知茂、饶光辉、刘宏远
专业任务4	袁知茂、黄　艳、范晓志、贺牧侠、张仲伟
专业任务5	张　聪
专业任务6	张稚华
专业任务7	王　菲
编审助理	袁　青

由于编审团队多为在职人员，日常工作十分繁忙，编写过程十分不易，特别是沈德才先生、钟海祥先生在教材初期的内容策划工作中投入了大量的精力，作为本书的统稿主持人，在此对他表示诚挚的感谢。此外，本书在编写过程中参考了我国国际工程投资项目的专家和学者的大量论著，并得到了国内众多国际工程投融资项目专家的指导，在此一并表示衷心的谢意。

张稚华

2018年8月

目 录

总　论
Overview

作为一项项目投资活动，BOT项目是目前大多数中国工程承包企业开展国际工程投资的典型模式，是实现和赢取工程总承包业务的一种发展模式。因此，对于做BOT项目的工程承包企业而言，BOT项目既是投资类项目，也是承包类项目。相应地，其商业模式也包含两个方面的内容：一是作为项目投资人，旨在通过实施项目获取特许经营期内的投资回报；二是作为EPC承包商，旨在通过项目设计、采购和建设获取项目建设工作的回报。

本书将以BOT项目为典型范例，围绕BOT项目的具体执行形式和特点，强调BOT项目首先是一种投资项目，针对项目投资业务的前期活动，特别是国际工程投资策划的各专业任务来展开阐述和分析。书中强调，当工程承包商成为BOT项目投资商时，务必要在观念上实现从传统工程承包商向工程投资商的角色转变，并通过一些典型案例进行经验总结和科学归纳，其中要点包括：

（1）在识别、选择和研判项目机会时，在关注项目技术经济可行性的同时，更要关注国际市场和项目所在国的大环境，考虑中国的“走出去”倡议、东道国国家发展战略和中资企业自身的海外发展战略三者间的深度融合问题；

（2）做好BOT项目政经民生大环境的宏观调查，研究和判断最切合项目当地实际需要的最佳投资机会，可以避免“为做项目而投资”的盲目行为。采用PESTEL分析模型作为大环境分析的有效工具，对政治因素、经济因素、社会因素、技术因素、环境因素、法律因素等经营活动外部影响的6大因素进行分析；

（3）对投资机会进行研判和深入调查，一旦锁定了投资机会，初步落实了以BOT方式开展项目的基本条件，就要通过编制项目建议书来呈现最终的工作成果；

（4）在关注如何锁定和赢取项目机会的同时，组织、编制相应的“项目概念设计”或“项目预可行性研究”或“预前端设计”等。此外，企业在做战略决策或选择的经营策略中可以选用SWOT分析法；

（5）投资前期签订框架协议的目的是锁定投资机会，以达成项目继续推进的基本条件以及确认排他性的合作意向；

（6）在组织准备项目预可行性研究和项目建议书时，还应结合过程中的各种积极和消极的因素以及可能存在的风险，认真考虑商业模式和投资架构策划等问题，因为这些问题关乎项目机会能否真正落地、能否继续往项目实施方向推进。只有项目是可批准、可融资、可保险的，且投资安全有保障、各方利益能平衡、投资架构能落地，后续工作才有意义，项目才能成功；

（7）就国际工程投资而言，进行投资环境的研判和投资机会的选择时，主要从宏观层面研究目标市场的投资环境，寻找理想的投资机会，获取可以深入研究的项目资源；而在判定项目是否真正具备企业投资的条件时主要是通过项目可行性研究阶段的工作进行的。因此，项目可行性研究是国际工程投资的重点工作，其研究结论是在投资人给定的特定条件和项目所处市场环境下，对项目的技术、经济、社会、环境、风险是否可行做出的客观判别，是项目投融资决策的主要和关键依据；

（8）投资协议是指导整个投资活动的纲领性文件，对投资项目的成败起着至关重要的作用。在投资前期工作中发现的风险点及缓释措施、项目的商业模式策划、核心利益的锁定和项目建设运营的原则等最终都需要固化在协议条款之中，形成具有法律效力的文本，如此才能保障其在长期的特许经营期中得以贯彻和执行；

（9）从项目机会研判开始，始终强调“企业内部业务决策流程、项目政府报批以及项目资金解决的融资保险”三条主线相互关联、三管齐下、缺一不可，需要共同推进；

（10）在项目融资结构中，贷款方通常不愿意承担项目无法完工、工程预算超支、延期完工或是完工后无法达到预期运行标准等风险，因此往往会要求发起人或股东提供担保（如完工担保），即在项目完工（通常是财务完工）之前，完工担保人对贷款方承担全面被追索的责任。依据国际惯例，完工担保通常由项目发起人出具，是融资性担保。项目发起人可通过政治和商业保险等措施转嫁自然风险、政治不可抗力和设计责任等风险，主要的完工风险责任还是通过要求EPC承包商提交履约保函或EPC完工担保来实现“转嫁”。

在开展国际工程投资时，每一个项目机会的实际条件和所在国家的环境都是千差万别的。当参与和跟进一个项目机会时，无论介入时机是处在项目投资前期的哪一个阶段，项目发展过程各阶段（规划、研究和设计的深度不同决定了投资成本估算等误差的精度不同，从而就有了决策难度和风险程度各不相同的项目发展各阶段）的工作目标和内容都是客观存在的：一般应包括项目规划阶段（如项目初步方案）、项目选择阶段（如概念设计或预可行性研究或预前端设计）、项目定义阶段（如项目建议书、可行性研究、初步设计或前端设计）、项目执行阶段（如详细设计和总承包建设实施等）以及试运行和运营维护等阶段。本书将通过7个具体的专业任务：投资机会研判与项目建议书编制、商业模式与投资架构策划、项目可行性研究、项目社会和环境影响评估（含社会责任）、投资协议洽谈与签订、投资项目国内和国外政府机构审批、项目融资，对项目投资的前期活动进行了详细的阐述和分析，为项目投资的正式决策和启动建设活动之前的各项投资前期活动和策划提供一套简明实用的国际工程商务工作方法和工具。

专业任务 1

投资机会研判与项目建议书编制

Prospect Study & Application Proposals

导语

在从事和开展国际工程投资时，如何识别和选择合适的投资机会，是富有挑战且重要的业务起始阶段。若从项目自身发展的各阶段来定义，投资机会研判——选定与项目建议书编制，即从捕捉到投资机会到项目建议书完成，基本上是预可行性研究这个阶段的工作。也就是说，当确认开始跟进一个国际工程投资项目机会时，一般需要开始研究和编制项目预可行性，那么该阶段较为重要的几项活动，即“投资机会研判——选定”和“项目建议书的编制”。本专业任务将通过以下各工作节点来进行具体的描述和介绍，本专业任务的各工作节点关系参见图1-1。

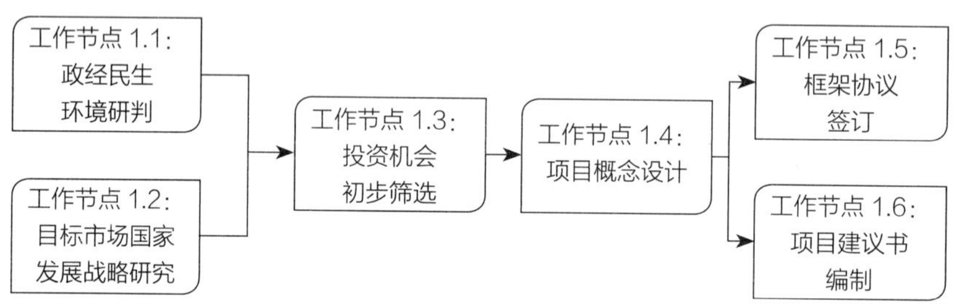

图1-1　专业任务1各工作节点关系

（1）工作节点1.1：政经民生环境研判

根据政经民生环境发现投资项目机会，聚焦当地政府亟待解决的问题，满足需求是原则。

（2）工作节点1.2：目标市场国家发展战略研究

研究工作节点1.1的同时，要重点研究、选择和目标投资市场国家发展战略相关联的投资项目。

（3）工作节点1.3：投资机会初步筛选

既要做项目的国计民生重要性的评判，也要做项目与企业主营业务关联度的评判。

（4）工作节点1.4：项目概念设计

包含概念设计（Conceptual Design）的依据（目标市场需求、可供选择的厂址等），以及概念设计的主要内容（初步设定项目规模、初步确定技术指标及选定技术方案等）。

（5）工作节点1.5：合作框架协议的签订

编制与提交商业计划书（Business Plan），与合作方及时签署框架协议（Memorandum of Understanding，MOU），或者锁定投资机会和开发权利，达成排他性的合作意向。

（6）工作节点1.6：项目建议书编制

根据东道国和我国的法律和政策规定和要求，编制符合要求的项目建议书，进行初步论证，并提出建议，以及结论的可行性和项目的必要性。

工作节点 1.1　政经民生环境研判

Investment Environment Study

中资企业“走出去”，特别是到“一带一路”沿线国家和地区开展国际工程投资，如到海外投资建厂，都希望项目所在国和地区的投资环境良好、法律法规健全、基础设施和社会环境良好，这样投资的项目才能产生应有的效益和预期的回报。

BOT项目是当前国际工程投资中最重要的典型模式，项目对大环境研判要求很严格，其原因为：

（1）BOT项目投资环境涉及的范围广，包含的内容多，是一个庞大、复杂、不规则的系统；

（2）BOT项目投资在东道国国内会引起诸如税收、外汇管理、国际收支、国际结算、进出口贸易等一系列法律法规及准入等问题；

（3）BOT项目投资者、东道国以及国际金融组织之间对投资的目的、管理程序和方法，以及意识形态等方面的理解和认识存在着很大差别，会导致投资环境更复杂化；

（4）BOT项目投资地处他国，项目时限长，参与方多，风险大于一般工程总承包项目，各种因素和条件难以掌控，环境的稳定性显得尤为重要；

（5）BOT项目资金需求大，投资回收期长，这也是与一般工程总承包项目的典型差异之一。

鉴于BOT项目的上述特征，做好BOT项目政经民生大环境的宏观调查，研究判断最切合当地实际需要的最佳投资机会，避免盲目“为做项目而投资”，是国际工程投资项目成功的关键。

1.1.1 政经民生环境研判的目的

一些中资企业开展境外投资时，存在项目资产状况不佳、盈利能力不强、投资回报率偏低等问题。究其根源，大都是因为在进行项目的政经民生环境研判时，企业投资战略不明确、项目前期调查走过场、项目管理能力和水平与之不相适应等。大部分企业境外投资管理存在以下突出问题：

（1）事前决策基础不实，市场调研和可行性论证流于形式；

（2）事中管理过于粗放，项目风险管控不力；

（3）事后监管薄弱甚至缺位，对有关决策和执行主体约束不力。

与此形成鲜明对比的是，国际知名的跨国企业在开展境外投资时，十分重视前期市场调研，即政经民生环境研判活动，他们不惜投入资金和人力做深入的国别、市场调查，以求投资项目达到预期回报。例如：沃××在投资中国市场前调研了9年，最后与中国×汽合作；壳牌在投资××州乙烯项目过程中，从1991年开始调研到1998年融资方案和项目建设方案形成，整整用了近10年时间。

为了督促中国境外投资企业做好尽职调查和可行性研究，我国《企业境外投资管理办法》中强调：市场调研是海外经济活动中的重要内容，市场调研对于企业的经济发展具有深刻的影响。面对国际风云变幻，市场激烈竞争，需要更好地利用市场调研来了解市场经济活动的变化规律，提供全面的、客观的、可靠的市场分析和行业发展趋势意见，这是进行科学决策的重要依据。从而制定出更适合市场需求的发展战略，对项目投资的可行性、投资前景、投资风险及项目技术路线做出精准研判。《企业境外投资管理办法》指出：企业应当客观评估自身条件、能力，深入研究投资目的地投资环境，积极稳妥开展境外投资，注意防范风险。

联合国工业发展组织《工业可行性研究报告编写手册》，将投资分为三个主要阶段：投资前时期、投资时期以及生产时期，参见图1-2。

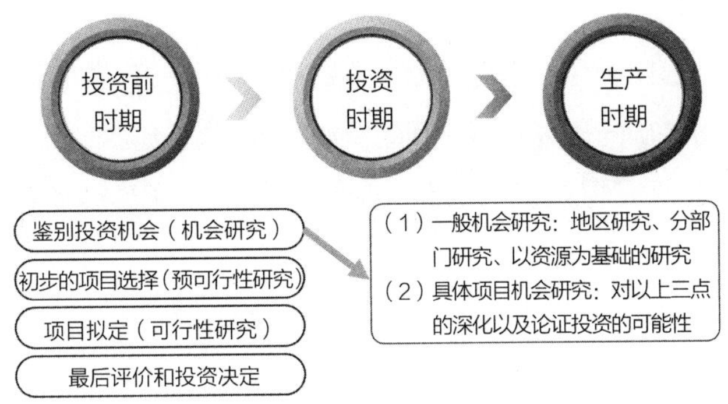

图 1-2　投资的三个主要时期

投资前时期需要开展的活动和工作包括：

（1）鉴别投资机会（机会研究）；

（2）初步的项目选择（预可行性研究）；

（3）项目拟定（可行性研究）；

（4）最后评价和投资决定。

政经民生环境研究是鉴别投资机会的第一步，需开展深入的市场调查，从宏观角度了解目标市场的政治、经济、民生、外交、人口状况、资源储备、宗教信仰等情况。根据政经民生环境发现最切合当地实际需求的项目投资机会，聚焦当地政府亟待解决的问题，满足其需求。在一些发展中国家，政府政策和制度具有特殊重要性，因而在开展投资前对需求和市场的研究尤为重要。

通过调研，做好项目大环境的宏观调研，发现、识别、分析研究最切合当地实际需要的投资机会，从而判断投资项目是否有必要、是否可行，是政经民生环境研判的终极目的。即使项目自身条件非常好，而项目大环境不好，那么建议不要重点跟进该项目机会，除非针对政经民生环境研判时发现存在的问题和风险，可以采取可行和有效的特殊的解决方案和方法。

1.1.2　政经民生环境研判的方法

政经民生环境调查研判投资机会，可分为一般机会研究和具体项目机会研究。一般机会研究又包含以下三种：

（1）国家、地区研究：谋求对某一国家、一个行政省、一个地区或一个港口的各种机会；

（2）分行业、部门研究：按行业划分鉴别投资机会；

（3）以资源为基础的研究：谋求利用资源。

具体项目机会研究是对以上三点的深化并科学论证具体项目投资的可能性的过程。

开展政经民生环境研判的原则：首先要明确调查目的和重点；其次调查方式灵活，调查渠道广泛；第三确保结论真实可靠，可以作为决策依据。政经民生环境研判的依据往往是国家机构和公共机构公布的宏观统计数据，但这类数据一般较为粗略，获取这些数据虽然不会产生大笔的费用支出，但难以为投资机会研判提供详尽的分析，因此，还应该做更加深入的市场调研工作，并可以借助第三方独立机构做专业分析，以获得更加可靠的决策依据。

现推荐政经民生环境研判采用PESTEL分析模型，参见图1-3，PESTEL分析模型又称大环境分析模型，是分析宏观环境的有效工具，不仅能够分析外部环境，而且能够识别一切对经济活动有冲击作用的力量。它是调查组织经营活动外部影响因素的方法，可以分为6大因素：

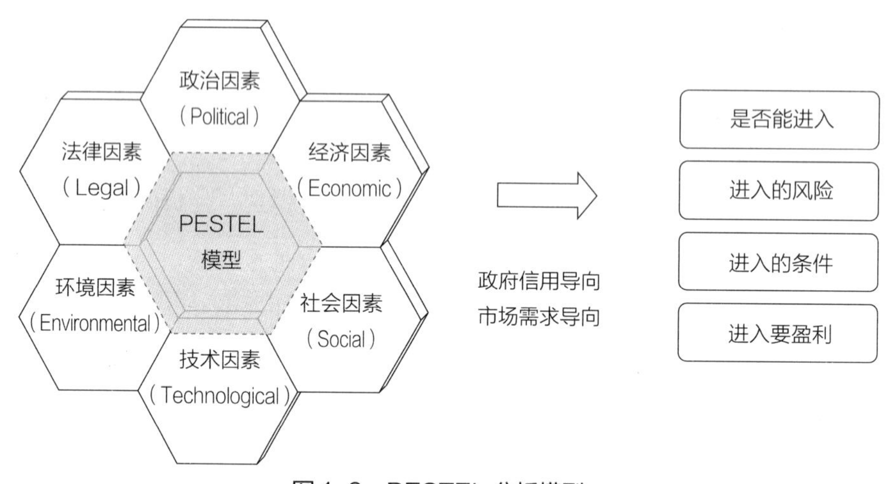

图1-3　PESTEL 分析模型

政治因素（Political）：是指具有实际以及潜在影响的政治力量和有关的政策、法律及法规等因素；

经济因素（Economic）：是指国际工程投资经营活动外部的经济结构、产业布局、资源状况、经济发展水平以及未来的经济走势等；

社会因素（Social）：是指国际工程投资经营活动所在国家社会成员中的历史发展、文化传统、价值观念、教育水平以及风俗习惯等因素；

技术因素（Technological）：技术要素不仅仅包括那些引起革命性变化的发明，还包括与企业生产有关的新技术、新工艺、新材料的出现和发展趋势以及应用前景；

环境因素（Environmental）：国际工程投资项目、运营管理、产品和服务中能与各种环境发生相互作用的要素；

法律因素（Legal）：国际工程投资经营活动外部的法律、法规、司法状况和公民法律意识所组成的综合系统。

在分析东道国国家所处背景的时候，通常是以政府信用导向和市场需求导向为基准，通过PESTEL六个因素来分析所面临的状况，判断一个国家的市场是否能进入、进入的风险、进入的条件以及进入后的营利性等问题。本工作节点部分，主要是对这些方面因素进行描述和介绍，并通过这些因素进行相关分析。在实际开展国际工程投资时，如何具体利用和应对诸如“鼓励性规定”或“限制性规定”等积极或消极的因素，将在本书的“专业任务2　商业模式与投资架构策划”中进行进一步描述和介绍。

1. 项目投资的政治环境研判

政治环境包括硬环境和软环境。

（1）硬环境

1）国际环境：国际政治局势、双边关系、大国关系。

国际环境指国外产生的各种影响企业国际工程投资的事件或者是机遇。当前中资企业“走出去”进行国际工程投资面临的国际大环境发生了本质的变化，人类社会正处在一个大发展、大变革、大调整时代，世界多极化、经济全球化，正处在一个挑战频发的世界。进行国际投资与国内投资不同，投资在本国之外，风险很大，很多因素无法控制，对国际环境的了解程度与评估研判直接影响着投资效益的高低。因此，必须认真研究国际环境，抓住机遇，回避风险，扎扎实实迈出调研的第一步。

与我国的双边关系是研判国际环境的一个十分重要的方面。投资东道国如果与我国关系友好，中资企业投资的风险就会降低，其政府和社会民众对中资企业投资会持欢迎态度，无论在政府和民间都会给予中资企业一定的支持，即使出现投资风险，中国政府出面与当地政府或商业机构沟通、协调也会具有很强的影响力。反之，在一个对我国不友好的国家投资，无论是在政府层面或是在社会层面，中资企业可能会举步维艰，到处受阻，难以获得公平的经营环境。

2）区域环境：体现在区域发展组织及贸易协定（如东盟、上合组织等）方面。

区域环境在投资决策中日趋重要，必须重视。体现在区域发展组织及贸易协定，比如东盟、金砖国家、上合组织、欧盟、石油输出国组织等。国际组织通过条约建立和维护地区经贸往来，建立地区合作伙伴关系。他们的话语权非常重要。区域性或国际性的保护消费者利益和保护竞争的条约和协定必定会影响企业的经营活动。组织内的核心国家对其他组织成员的对外经济合作具备重大影响。

【案例1-1】：区域环境对项目的影响案例——中亚铁路项目

中亚国家的交通运输基础设施从飞机场到铁路都比较落后，这些国家希望中国能够帮忙建设新的交通枢纽。然而中亚地区属于苏联国家，铁路采用苏联标准，是窄轨道，而中国铁路是宽轨道，如果投资或承接中亚铁路的项目，需要整体考虑中亚国家的互联互通，改一国涉及整个区域，特别是区域内的大国是否同意是至关重要的，他们提出需要中国帮助疏通地区，获得其许可，否则会带来不安定因素。

3）国内环境：东道国国内的政治情况（政局稳定性）。

投资目标国即东道主国家国内政治环境与投资项目成败关系十分密切，试想在一个政治环境不好，政局不稳定，长期处于党派之争、民族冲突、宗教派别冲突严重的国家，很容易引发社会动乱甚至局部或全国内战，一旦社会不稳定，投资者将面临巨大投资风险，所以政治环境的稳定是企业判断是否投资的最重要一环。主要从如下四个方面入手：

①大型BOT投资项目一定要考虑项目所在国政府更迭问题，如政府更迭频繁，政府政策多变，或者某些可能当政的政党对中国极其不友好，则投资需慎重；②要重点调查东道主国家历史和近期是否发生与我国不友好事件；民族冲突、宗教派别冲突是否经常发生；当前社会是否稳定，未来是否潜伏巨大不稳定因素；③东道国是否和中国签署《双边投资条约》、《避免双重征税条约》、双边和多边《自由贸易协定》等合作文件，双边贸易情况如何，是顺差还是逆差，有无重大经济贸易争端；④重点关注中资企业在该国具体经贸活动和已投资项目实施进展，有哪些国内政治和经济因素引发的争端和潜在的风险，以便判断是否投资和制定防范以上风险的措施。

（2）软环境

主要包括东道国的法律体系构成、法律的健全性和稳定性，以及东道国是否遵循国际惯例，是否颁布了各种法规保护投资者。同时还应包括东道国政府政策环境，包括鼓励外资投资的政策措施、税收优惠政策等。

2. 项目投资的法律环境研判

法律环境是指东道国颁布的各种法规，以及各国、各地区之间缔结的贸易条约、协定和法规等。重点关注四个方面：法律制度、资本输出国法规、东道国法规和国际法规。

（1）法律制度

国际上通行两种法律制度体系——普通法系和成文法系，它们各自的特点为：

1）普通法系：普通法系又称习惯法、英美法，是指以英美两国为代表并包括受其法律传统影响的一些国家和地区的法律体系。英国、美国、澳大利亚、印度、埃及以及原英国殖民地国家和地区均采用普通法系；

2）成文法系：成文法系又称大陆法系，是指欧洲大陆各国及受其影响的其他一些国家和地区的法律体系。该法系以法国、德国、西班牙等为代表，也包括受这些国家影响的一些拉美、非洲和亚洲国家。

注：中东属于大陆法系地区。除了黎巴嫩，所有阿拉伯国家都是大陆法系国家，这些国家的宪法都规定以伊斯兰教为国教，而且除了约旦以外，它们都以伊斯兰教法作为其立法来源之一或唯一来源。

在处理金融融资交易的时候，相关的（法典化）大陆法和商业法将会被应用。伊斯兰教法庭的管辖权在阿联酋和其他许多阿拉伯国家通常只限于有关继承、离婚、子女抚养权等问题。所有的商业问题归商业法庭管辖。

（2）资本输出国法规与政策

世界上各个国家出于对本国利益的考虑，对本国的资本输出都有相关的法律和政策上的规定，资本输出国的法规和政策对企业国际化经营活动的影响也是很大的，企业开展对外直接投资首先必须了解并遵守本国政府颁布的法规和政策，中资企业更应如此。

各国投资法律法规一般都是既有鼓励性的规定，也有限制性的规定。

1）鼓励性规定：

中国政府自提出“走出去”倡议以来，对资本的输出推出了大量的鼓励和支持政策，保障和税收的优惠措施，例如设立境外合作区发展基金、对外经济合作专项基金、对外投资合作专项基金、丝路基金、中非发展基金等；对BOT项目也连番出台鼓励政策。

我国在促进对外直接投资的税收保护方面，主要措施有：纳税人在与中国缔结避免双重征税协定的国家所纳税收给予抵免，对承担援助项目的企业实行税收饶让，对在境外遇到不可抗风险而造成损失的企业给予所得税优惠。

截至2018年9月，我国已经对外签署了105个避免双重征税协定。这些协定对国内企业和个人到境外从事跨国生产经营的税务处理问题作出了规定。

2）限制性规定：

①我国企业的对外直接投资，要受到各级政府对不同投资额度的不同程度的备案和审批的制约，从行业主管到政府部门、金融保险机构都有规定；

注：我国境外投资的备案与审批制度经历了20世纪90年代的审批制，2003年改为核准、审批制，2014年简化审批程序实行备案、核准制，2016年开始实施负面清单制，2017年国办74号文区分鼓励、限制、禁止分类管理，2017年12月发展改革委正式发布的《企业境外投资管理办法》（国家发展改革委第11号令）又有新政，实行宽审批、严监管政策。

②部分对外投资涉及的产品或技术受到出口管制的限制；

③部分国际工程投资企业的产品返销回来受到限制。

（3）东道国法规与政策

东道国法规与政策主要内容包括确定外商投资范围、形式、外国投资者的权利与义务以及鼓励、保护、监督、限制对规范外资行为的法律规范。企业在进行国际投资时必须熟悉、精通并遵守东道国法规。这些法律在不同的国家有很大的差异，企业要进行国际直接投资环境活动，就必须了解各国法律及相互差异，遵守东道国的法律规范。

1）针对外资进入、退出的法规与政策

东道国出于发展本国经济的需要，在维护国家主权和本国经济利益的前提下，对外资的进入通常制定相应的法规与政策，如外商投资法、BOT法、合资企业法、外资企业法、涉外税法等。相关的法律和政策通常涉及对外资的定义，对外资投资的审批程序，对外资投向产业的鼓励、促进、限制或禁止的指导政策，对外资股权比例或股权转让的相关规定，对外资的税收及税收优惠措施等。这些法规和政策对国际企业能否顺利进入东道国有着直接的影响。

各个国家一般会有BOT法，如果没有，需要与该国投资机构确认，是否按外商投资法作为指南。BOT法主要界定政府给予的各项优惠和限制政策。

特别值得关注的是，一些第三世界国家可能至今尚未颁布外国投资保护方面的法规，进入这样的国家投资风险极高，如果某任政府推行企业国有化，搞政府没收的极端政策，则外国企业投资就得不到法律的保护，可能会血本无归。

2）针对外资企业经营活动的法规与政策

东道国颁布的各种法规，如公司法、证券交易法、商标法、广告法、专利法、竞争法、反倾销法、商品检验法、劳工法、环境保护法、消费者利益保护条例、外汇与外贸管理法、出口国的出口管制政策等，这些将直接影响到企业在跨国经营过程中投资形式的选择、人事雇佣政策、经营战略与策略的制定、企业税负、工厂运营、产品销售等问题。

要求从事BOT项目的中资企业，要看到在特许经营期20～50年甚至更长时间项目是在国外运营，必须以项目全生命周期的思维去认真消化落实东道主国家的法规政策，并以法律形式贯穿于前期策划、概念设计、可行性研究报告之中，最后落实到合同协议的条款上，这样才能确保BOT项目建设、运营、转让等顺利进行。

3）东道国政府在BOT项目中的角色和作用

东道国政府在BOT项目中起着重要作用。研究政府政策是解决如何进入和怎样进入，是否准入，合规进入的问题，需在法规或协议中明确的关键点包括：

①特许权授予；

②信用担保；

③原料供应保证；

④用户、服务购买（Off-taking，承销保证）；

⑤给予优惠政策、待遇及其他支持（税收，经营期限等）；

⑥直接立法、立规保护；

⑦土地提供；

⑧水电等供应；

⑨其他基础设施提供；

⑩外汇进出（管制）；

⑪相关投资（项目入股）；

⑫宏观经济调控（行业支持、排他性政策等）。

以上内容的相关投资协议将在本书专业任务4中做详细介绍。

【案例1-2】：东道国法律环境导致项目失败的案例——A国高速公路项目

A国土地法律来源于农业基本法（Basic Agrarian Law），是A国政府1960 年颁布的第五号法律。土地的权利分为：所有权、耕种权、建筑权、使用权、租赁权、垦荒权、森林孳息权、其他权利（口袋条款）。土地权属不清晰，加上政府没有一个有效的征地法令，在政策上存在着随意性，征地困难巨大。

项目开工时间为2006年，由A公司承建。项目征地由当地政府给予赔偿金，但当地土地政策让该国民众有利可图，多数征地成本增加，加之征地手续不全，地主与个别政府人员抬高地价，当地民众不接受政府给予的赔偿金额导致征地无法落实，最后由于土地纠纷陷入停工。在同一国家的一个电站项目，动工时间：2012年，已收购用地占地总面积近90%，但农业用地遭到破坏、农民失去土地生计，还有10%的土地主拒不配合政府征地，至2015年12月，投资近40亿美元的项目无奈被停滞，前期工作前功尽弃。

（4）国际法规与国际惯例

1）国际法规

国际法规通常是指国与国之间签订的条约、公约和协定等。在相当程度上对缔约国具有约束力，这些条约、公约和协定不仅在调整成员国间的经济关系方面发挥了重要作用，而且还广泛影响到非成员国，中资企业进行国际工程投资并开展经营活动必须知晓和符合投资所在国缔结或参加的有关国际经济贸易方面的条约。

直接投资的国际法规范包括两个方面：

①双边性投资条约：

双边性投资条约是指两国政府为保护资本输出国投资者利益，并促进两国间直接投资发展而签署的投资条约。目前主要有两种形式：一是《双边保护投资协定》；二是《双边税收协定》。

《双边保护投资协定》属于国际投资保护的双边条约，有三种模式：

a.《友好通商航海条约》；

b.《投资保证协议》；

c.《促进和保护投资协定》。该协定内容详实具体，实体性规定和程序性规定并举，能够为资本输出国的海外投资提供切实有效的保护，因而一问世便得到各发达国家的竞相效仿和大力推行。而且也为发展中国家广泛接受。

当代各国所缔结的双边投资保护协定一般包含投资定义、批准、待遇、代位权、征收条件和补偿以及争端解决程序等条款，其内容往往是资本输出国和资本输入国利益平衡和互相妥协的结果。

《双边税收协定》是指两个主权国家所签订的协调相互间税收分配关系的税收协定。《双边税收协定》是当今国际税收协定的主要形式。由于多边协定达成碍于各国政治、经济和文化背景的不同，税制方面存在很大差异，多个国家就有关税收事项很难达成一致协议，而两个国家之间就相对容易一些。现阶段国际上所签订的税收协定绝大多数是双边协定。我国对外签订的税收协定都属双边税收协定，目前已和102个国家签署了避免双重征税协议。

②区域性多边投资规范：

区域性多边投资规范即区域性和全球性的多国投资保证条约，是指由区域经济合作组织或区域经济联盟各成员政府共同签署的投资条约，主要是为了解决区域与区域之间、区域内的国家之间关于外国投资的保护问题。这类投资规范最重要的是由区域性国际经济组织协调其成员国或一定范围的国家签订的多边条约。主要条约如下：

《华盛顿公约》：

在世界银行主持下，1965年3月在美国华盛顿签署《解决国家与他国国民间投资争端公约》，主要内容为建立"解决投资争端国际中心（ICSID）"，该条约已于1966年10月14日正式生效。

ICSID的主要宗旨是为各缔约国和其他缔约国之间的投资争端提供调解和仲裁的便利，以排除政治干预和外交干涉，从而促进私人投资的跨国流动，改善投资气氛，有利于国际私人资本不断流入发展中国家。ICSID为外国投资者与东道国提供投资整顿的途径，其本身并不直接承担调节和仲裁工作，而是针对具体争端分别组成调解委员会或国际仲裁庭，并为其提供必要条件。

ICSID作为一个国际性和专门性的常设仲裁机构，具有以下几个不同于一般国际性仲裁机构的特点：①努力将投资争端"非政治化"；②ICSID只受理一缔约国政府（东道国）与另一缔约国国民（外国投资者）直接因国际投资而引起的法律争端；③ICSID不受任何国家政策和国内法律的影响，是一个独立的国际机构；④ICSID作为世界银行集团的下属机构，与世界银行有着十分密切的联系，不单纯是一个争端解决机构，也起着促进国际投资、促进发展中国家的发展等作用；⑤ICSID的仲裁具有强制性的仲裁，一旦双方当事人同意将争端提交ICSID仲裁，而且有违ICSID受理，任何单方都不得撤回。

《汉城公约》：

《汉城公约》是在世界银行主持下，于1984年签署的《多边投资担保机构公约》，主要内容是建立多边投资担保机构（MIGA）。1988年，MIGA正式成立，它拥有独立的法人地位，是“世界银行集团”的第5个新增成员，也是世界银行主持组建的、旨在促进国际投资跨国流动的一个世界性组织。

MIGA与ICSID的不同之处在于：ICSID通过处理国际投资争端，为国际工程投资者在东道国可能遇到的各种政治风险（非商业风险）提供法律上的保障；而MIGA则通过直接承保各种政治风险，为对外投资者提供经济上的保障。两者相辅相成、相互配合，其主要宗旨和目的都在于通过这种类似于国际立法的形式，切实保护国际工程投资者的利益，改善国际投资环境，促进资本的跨国流动。

《纽约公约》：

1958年6月10日在纽约召开的联合国国际商业仲裁会议上签署的《承认及执行外国仲裁裁决公约》（*The New York Convention on the Recognition and Enforcement of Foreign Arbitral Awards*）。该公约处理的是外国仲裁裁决的承认和仲裁条款的执行问题。《纽约公约》是目前国际上关于承认和执行仲裁裁决的最重要的公约，为一国裁决在他国执行提供了重要的保障。中国政府于1987年4月加入该公约，目前《纽约公约》成员国已经达到156个。

《与贸易有关的投资措施协议》（*TRIMs*）：

《与贸易有关的投资措施协议》（*Agreement on Trade-Related Investment Measures, TRIMs*）是世界贸易组织管辖的一项多边贸易协议。它由序言、9条协议及1个附件组成。其条款主要有：范围、国民待遇和数量限制、例外、发展中国家成员、通知和过渡安排、透明度、与贸易有关的投资措施委员会、磋商与争端解决、货物贸易理事会的审议等条款。

以上内容法律人员要融会贯通，建议商务人员要大致了解。

2）国际组织

国际组织是具有国际性行为特征的组织，是两个或两个以上国家（或其他国际法主体）为实现共同的政治经济目的，依据其缔结的条约或其他正式法律文件建立的有一定规章制度的常设性机构。为了协调国际经济关系，各国相继成立了一系列的国际组织，如WTO、世界银行、国际标准化组织、经济合作与发展组织等。这些国际组织的规章和规范在很大程度上影响了各国的涉外经济立法，进而影响到国际企业的经营活动。另外，一些区域性或国际性的保护消费者利益和保护竞争的条约和协定也会影响企业的经营活动。

截至2016年，世界上有6.2万余个国际组织。下面重点介绍企业在国际工程投资BOT项目的经营活动中会经常接触到或有所合作，并会给中资企业“走出去”的投资项目执行带来影响的国际组织：

①东南亚国家联盟（简称“东盟”）

东盟（ASEAN）成员国有马来西亚、印度尼西亚、泰国、菲律宾、新加坡、文莱、越南、老挝、缅甸和柬埔寨。东盟与中国（10+1）领导人会议是指东盟10国与中国领导人间举行的会议。首次东盟－中国领导人会议于1997年举行。

②二十国集团G20

二十国集团（The Group of Twenty）由19个国家（阿根廷、澳大利亚、巴西、加拿大、中国、法国、德国、印度、印度尼西亚、意大利、日本、韩国、墨西哥、俄罗斯、沙特阿拉伯、南非、土耳其、英国、美国）和欧盟（The European Union）构成，聚集了世界主要发达和新兴经济体的领导人，共同应对全球经济面临的挑战。为保证二十国集团的讨论能够代表众多国家的利益，每年二十国集团的主席都邀请嘉宾国（Guest Countries）参加包括领导人峰会在内的本年度会议。

二十国集团经济体的领导人每年召开一次会议，而二十国集团的财政部部长与央行行长每年会召开数次会议，商讨提振全球经济（Strengthen the Global Economy）、改革全球金融机构（Reform International Financial Institutions）、改进金融规章（Improve Financial Regulation）以及在每个成员经济体实施必要的经济改革（Implement the Key Economic Reforms that are Needed in Each Member Economy）的方式。

二十国集团得到各国际组织提供的分析和建议支持，这些组织包括金融稳定委员会（Financial Stability Board）、国际劳工组织（International Labour Organisation）、国际货币基金（International Monetary Fund）、经济合作与发展组织（Economic Cooperation and Development）、联合国（United Nations）、世界银行（World Bank）和世界贸易组织（World Trade Organization）。这些组织的代表受邀参加二十国集团的主要会议。

③国际标准化组织

国际标准化组织（International Standards Organization，ISO），总部设在瑞士日

内瓦。其他标准制定组织包括国际电工委员会（IEC）、美国电气和电子工程师协会（IEEE）、欧洲标准化委员会（CEN）等。

④亚太经合组织

亚太经合组织（Asia-Pacific Economic Cooperation，APEC）成立于1989年，由亚太地区21个成员经济体（Member Economies）组成，成员包括：澳大利亚、文莱、加拿大、智利、中国（包括香港地区和台湾地区）、印度尼西亚、日本、韩国、马来西亚、墨西哥、新西兰、巴布亚新几内亚、秘鲁、菲律宾、俄罗斯、新加坡、泰国、美国、越南。

APEC组织观察员，有东盟秘书处（ASEAN Secretariat）、太平洋经济合作理事会（Pacific Economic Cooperation Council）和太平洋岛国论坛（Pacific Islands Forum）等，APEC组织观察员可参加亚太经合组织部长级及其以下各层次的会议和活动。

APEC领导人非正式会议每年轮流在各成员经济体举办，承办领导人非正式会议的成员还需同时承办同年的部长会议、高管会议等不同层级的会议。部长会议（Ministerial Meeting）每年在领导人会议前举行一次，专业部长会议（Sectoral Ministerial Meetings）不定期举行。高官会（Senior Officials' Meeting）每年举行3～4次会议，一般由各成员司局级或大使级官员组成。

⑤上海合作组织

上海合作组织（Shanghai Cooperation Organization，SCO）是由哈萨克斯坦共和国、中华人民共和国、吉尔吉斯共和国、俄罗斯联邦、塔吉克斯坦共和国、乌兹别克斯坦共和国于2001年6月15日在中国上海宣布成立的永久性政府间国际组织（Permenantinter-governmental International Organization）。它的前身是“上海五国”（Shanghai Five）会晤机制。

目前，上海合作组织成员国（Members）包括：哈萨克斯坦、中华人民共和国、吉尔吉斯斯坦、俄罗斯、塔吉克斯坦、乌兹别克斯坦、巴基斯坦和印度；观察员国（Observers）包括：阿富汗、白俄罗斯、伊朗、蒙古国；对话伙伴国（Dialogue Partners）包括：阿塞拜疆、亚美尼亚、柬埔寨、尼泊尔、土耳其和斯里兰卡。

上海合作组织的最高决策机构是成员国元首理事会（Council of Heads of State）。下设两个常设机构，分别是设在北京的秘书处（Secretariat of the SCO）和设在塔什干的地区反恐怖机构（Regional Anti-terrorist Structure，RATS）。

⑥世界银行

国际复兴开发银行（International Bank for Reconstruction and Development，IBRD）通称“世界银行”（World Bank），总部设在美国华盛顿。世界银行是联合国经营国际金融业务的专门机构，成立于1945年。

其他重要的国际组织参见表1-1。

重要国际组织列表 表1-1

序号	组织名称	组织英文名	英文缩写	总部地址
1	伊斯兰会议组织	Organization of the Islamic Conference	OIC	沙特阿拉伯吉达
2	裁军谈判会议	Conference on Disarmament	CD	瑞士日内瓦
3	北大西洋公约组织	North Atlantic Treaty Organization	NATO	比利时布鲁塞尔
4	欧洲联盟	European Union	EU	比利时布鲁塞尔
5	美洲国家组织	Organization of American States	OAS	美国华盛顿
6	国际铁路联盟	International Union of Rail Ways	UIC	法国巴黎
7	石油输出国组织	Organization of the Petroleum Exporting Countries	OPEC	奥地利维也纳
8	国际红十字会	International Committee of the Red Cross	ICRC	瑞士日内瓦
9	世界贸易组织	World Trade Organization	WTO	瑞士日内瓦
10	国际劳工组织	International Labor Organization	ILO	瑞士日内瓦
11	联合国粮食及农业组织	Food and Agriculture Organization of the United Nations	FAO	意大利罗马
12	联合国教育、科学及文化组织	United Nations Educational, Scientific and Cultural Organization	UNESCO	法国巴黎
13	世界卫生组织	World Health Organization	WHO	瑞士日内瓦
14	国际货币基金组织	International Monetary Fund	IMF	美国华盛顿
15	国际民用航空组织	International Civil Aviation Organization	ICAO	加拿大蒙特利尔
16	万国邮政联盟	Universal Postal Union	UPU	瑞士伯尔尼
17	国际电信联盟	International Telecommunication Union	ITU	瑞士日内瓦
18	世界气象组织	World Meteorological Organization	WMO	瑞士日内瓦
19	国际海事组织	International Maritime Organization	IMO	英国伦敦
20	世界知识产权组织	World Intellectual Property Organization	WIPO	瑞士日内瓦
21	国际农业发展基金	International Fund for Agriculture Development	IFAD	意大利罗马
22	联合国工业发展组织	United Nations Industrial Development Organization	UNIDO	奥地利维也纳

续表

序号	组织名称	组织英文名	英文缩写	总部地址
23	联合国贸易和发展会议	United Nations Conference on Trade and Development	UNCTAD	瑞士日内瓦
24	联合国儿童基金会	United Nations Children's Fund	UNICEF	美国纽约
25	联合国难民事务高级专员公署	Office of the United Nations High Commissioner for Refugees	UNHCR	瑞士日内瓦
26	世界粮食计划署	World Food Programme	WFP	意大利罗马
27	联合国训练研究所	U. N.Institute for Training and Research	UNITAR	美国纽约
28	联合国开发计划署	United Nations Development Programme	UNDP	美国纽约
29	联合国环境规划署	United Nations Environment Programme	UNEP	肯尼亚内罗毕
30	粮食理事会	World Food Council	WFC	意大利罗马
31	联合国人口基金	United Nations Population Fund	UNFPA	美国纽约
32	国际麻醉品管制署	United NationsInternational Drug Control Programme	UNIDCP	奥地利维也纳
33	联合国亚洲及太平洋经济社会委员会	U.N. Economic and Social Commission for Asia and the Pacific	ESCAP	泰国曼谷
34	联合国欧洲经济委员会	United Nations Economic Commission for Europe	UNECE	瑞士日内瓦

中资企业“走出去”要了解以上国际组织所制定的规定以及在投资项目中应该承担的责任和义务，共同维护好国际组织制定的多边贸易准则和商业规则。

3）国际惯例

国际惯例是在国际交往中逐渐形成的不成文的法律规范，其特点是：经过长期的实践，虽不成文但一经当事人在合同中认可采用，就有相当的约束力。不懂得国际惯例，企业在国际经营活动中就会遭到不必要的损失。

在国际贸易中通行的主要惯例均由国际商会制定，这些规定在BOT项目等投资活动中广泛使用，包括：

①《国际贸易术语解释通则》(2000年)；

②《跟单信用证统一惯例》(1993年)；

③《托收统一规则》(1995年)；

④《国际保付代理惯例规则》(1994年)(国际保理商联合会颁布)；

⑤《见索即付保函统一规则》(1992年)。

总之，对外投资要法律先行，充分认识到法律环境因素是影响投资的直接因素。企业不管是做BOT项目还是其他项目投资方式，都是以追求经济效益为基本前提的。因此，原则上建议律师从项目一开始就要介入，深入研究影响到该项目效益等方方面面的法律因素。目前“走出去”的中资企业经常是商务人员先行，技术人员交流做方案，谈判调研法律人员往往没有及时跟进，到了签署备忘录或者框架协议时，才让律师或法务人员介入，再就合同协议文本文字推敲，此时有可能出现律师或法务人员对项目的前因后果、东道国法律环境等缺乏认知甚至全然不知的情况。实践证明法律环境是投资环境中非常重要的一个指标，而投资环境的好坏甚至比项目的好坏更为重要。投资东道国的种种法律规定以及项目涉及的国际法，决定了企业是否投资，投资是否有效益，这些研究和判断必须由从事法律的专业人员或者机构来落实。因此，国际工程投资启动之前，必须对东道国做一个全方位的法律环境调研，项目法律人员要先行调研。同时项目主要人员也要熟知BOT合同主要协议和条款涉及的法律法规，这样才能保证法律精神贯穿项目投资、建设、运营、移交等全流程。

3. 项目投资的经济环境研判

在开展投资项目前期活动时，还需要考虑一个国家或地区的经济是否发达、市场是否成熟。发达和成熟的市场经济以及相对自由的经济政策，将对投资者有着较强的吸引力，对外来投资项目顺利落地起着决定性的推动作用，这些都将是进行项目投资经济环境研判的主要内容。

（1）经济发展水平和前景

经济发展水平主要指一个国家的工业化水平、国民生产总值、国民收入、制造业产值、国家的城市化发展程度、政府财政收入、国际收支状况、外汇储备、通货膨胀情况、经济持续稳定增长等，同时所谓经济发展前景，也是对上述各项内容在今后一定时期发展趋势的预测。不同国家的经济发展水平、经济发展前景的优劣，决定着其在投资需求和鼓励吸引外来投资方面存在着差异。经济发展水平高、前景好，意味着有更多的投资机会，且对执行和落实投资项目起着至关重要的作用。因此，经济发展水平及其发展前景是以BOT形式对外直接投资中，衡量投资机会的重要指标。

（2）科技发展水平

科技发展水平通常反映在科技发展现状、科技发展结构、科技人员的素质和数量、科学技术的普及程度、现有工业技术基础的水平、产业结构的现代化水平以及与企业经营相关的原材料、制造工艺、能源、技术装备等相关的科学技术发展动向等多个方面。一个国家的科技发展水平如何，在一定程度上影响着对直接投资的吸收和容纳程度，影响投资者对投资取向的选择。在BOT项目全生命周期的几十年时间里，项目要在东道国建设和运营，项目在运营周期内要保持技术上的先进性，落后的产能和科技水平势必会对项目正常运作带来负面效应，投资者对此要有充分的认识。

（3）社会基础设施

东道国社会基础设施的水平是投资者必须关注的重要条件，它直接影响到企业的投资能否顺利进行。基础设施主要是指一个国家的交通运输条件（包括公路、铁路、港口、航空和水运）、能源供应（BOT项目最关切点即各种能源的可获性及其成本），同时还有通信设施和商业基础设施等。良好的社会基础设施是吸引外商投资的重要条件，也是中资企业获得国际工程投资核准的一个重要因素，甚至决定着项目是否可行。例如一个国家的交通运输条件，会影响到企业在该国的厂址选择和营销策略；能源供应，特别是当地电网建设水平，直接影响所投资项目能否持续、稳定地生产；一个国家通信设施的现代化程度直接影响企业的信息传递；商业基础设施越好，则越能在融资、保险、销售渠道、广告、大众传媒等方面为企业开展经营活动提供便利条件。

（4）经济体制和经济政策及其准入程度

虽然当今世界各个国家普遍实行的是市场经济体制，但不同国家的市场经济体制的特点不尽相同，对外商的准入程度也不同。衡量市场的准入程度要看投资所在国的贸易和关税政策，是否积极为外资企业提供特许经营权、税收、自然资源使用（土地、水资源、矿产资源等）、审批、基础建设等方面的优惠政策，对外资企业产品内销的政策等，最大限度呈现市场环境宽松、改革开放、极有市场活力的经济体制必然是外商投资的热点国家。反之贸易保护，政府对企业的经营活动干预程度较高，势必会对企业投资带来重重压力。BOT项目的运作对东道国政府在经济体制和经济政策宽松方面要求度更高，所以要选择市场开放度大，成熟度高，经济政策相对自由的国家作为国际工程投资的重点市场。

（5）生产要素市场的完善程度

投资者在海外从事各项投资活动，需要有健全的市场体系保证经营的正常运行，一般需要有健全的商品市场、资本市场、劳务市场、技术市场、消费市场以及金融市场等。在BOT项目建成后，项目是否能够得到行业管理部门的支持和政策保护，生产的产品能否有容纳吸收的消费市场，东道国是否能够为外资企业提供有效的资金融通渠道，市场是否提供优质的劳动力资源配合投资者等，这些都是BOT项目能否顺利运营、获得经营资源和经营利润的基本条件。比如中国援建坦赞铁路就是一个教训，面对发展中国家市场完善度较低的现状，没有及时制订建营一体化的措施，造成投资后铁路损毁严重的现状。

（6）市场规模

一个国家的市场大小，有无市场潜力，市场对外来产品的准入程度，都直接关系着投资机会的大小，关系着投资后的经营前景。衡量市场规模的指标主要有人口数量及其增长速度，人口分布状况、人均国民收入水平、市场消费水平、消费性质和消费结构，以及本国市场和全球市场的竞争态势、物价水平、产品波动等。同时切记这些指标要以BOT项目全生命周期考虑，预测要“瞻前顾后”30～50年甚至更长时间。

（7）世界经济关联度

对经济环境的分析，除了以上因素外，还必须了解整个世界经济的主要特点，比如世界经济形势、国际经济关系等，其中要重点分析国际贸易体系和国际金融体系。国际贸易体系包括贸易方向、商品结构、国际收支、贸易政策、区域性贸易集团等。国际金融体系包括汇率、国际金融机构、国际支付制度和储备体系等。BOT项目是从事跨国投资和生产经营的活动，随着商品和货币的国际转移，必然要受到国际贸易体系和国际金融体系的制约，因此对这些因素也必须要有充分的了解。

4. 项目投资的自然环境研判

自然环境一般是指非人为因素所形成的环境条件，主要包括自然资源环境、地理位置、地形、气候等因素。海外投资要在全球范围内达到资源利用与生产配置的最优化，寻求最大的竞争优势，因此自然环境因素对投资方向（即选择何种行业的项目）、投资选址、投资规模、投资效益都有着重要的影响，对BOT项目可研阶段项目选址工作的影响尤为突出。同时自然资源作为这个国家的财富，以资源作为还款担保已列入国家金融贷款政策之一。

（1）自然资源状况

自然资源状况主要是指资源的分布、质量以及可使用性。比如石油、矿藏、森林资源、土地资源、水力资源等。对资源丰富的国家而言，可以利用其资源，在当地投资建厂进行生产，并就地销售所生产的产品；对于资源短缺的国家而言，则需要慎重考虑投资建设项目的可行性，除非是东道国国家战略项目并有回款和收益的保证。在BOT项目中要考虑项目全生命周期，保证并锁定30～50年甚至更长时间内资源的供应。

（2）地理位置、地形、气候

地理位置、地形、气候是国际工程投资的不可控因素。了解各国的地理差异，避开自然灾害对经济状况的影响是对国际工程投资环境重要的评估标准之一，它直接影响投资效果，必须经过详实的调查，拿到拟投资地区的历史档案，确认其为非自然灾害高发地区。

5. 项目投资的社会环境研判

社会与文化因素是指企业所在的国家或地区的人们的宗教信仰、价值取向、道德行为准则、教育程度、风俗习惯等，这些因素对投资的国别选择和项目选择以及投资实现的难易程度有着直接或间接的影响，因此也成为评价投资环境不可缺少的内容。BOT项目对社会环境影响的条件要求更加苛刻，通常情况下，影响经济活动社会环境条件有软件和硬件两大要素，人们多重视看得见、摸得着的硬件，软件中也常强调法律、税收等营商环境，而文化、习俗、宗教等要素常常被忽视，而在项目执行中恰恰是这些要素可能会出现问题。

（1）语言文化、地域风俗、种族与习惯带来的冲击

国际工程投资不可避免地要涉及语言与文化传统的沟通和融合，东方人和西方人、白种人和黄种人，肤色各异语言不通，在接触过程中难免产生摩擦，再加上文化习俗不同，导致接触越多可能摩擦越多，容易形成投资障碍。“一带一路”提出人心相通就是在弥合合作中的各种差异，作为成功的国际工程投资者，在新的国度要做到民心相通，首先要做到先尊重、再融入，尊重该国的文化习俗，包括接人待物、饮食习惯、节日习俗、商业习俗等，入境问俗，入乡随俗，并且恰如其分地与之相适应。BOT项目运营期长，要通过了解融入所在国文化来保证有一个宽松的生存空间，和谐、安宁的工作环境。从项目策划开始，始终把同舟共济、互利共赢的理念贯穿到项目参与人员和项目每个角落，通过帮助所在国投资建厂让他们确实感受到给当地人带来的福祉。例如在当地开展工作，哪怕是给投资企业、产品起个名字，都需要考虑当地的宗教信仰、风俗习惯、消费习惯、社会禁忌等，都需要与各方在情感上相互尊重，在心灵上相互融和。

（2）宗教信仰

宗教信仰是社会与文化环境的一个重要组成部分，不同的宗教有不同的文化倾向或戒律，具有不同的价值观念和行为准则，因此，宗教信仰必然影响着投资者对投资方向和市场定位的选择，对企业及其成员的行为准则和道德规范产生影响。在宗教氛围浓厚的国家开展投资，应该秉持尊重、学习、交流、沟通、理解、包容、合作、共赢的原则，尽量避免因宗教信仰问题影响投资合作的开展。

（3）教育水平与人口素质

教育水平和人口素质直接影响投资的能力，教育水平和人员素质低，会导致生产和技术落后，劳动效率低，直接影响对外投资的属地化经营，影响投资效益，会给国际工程投资带来影响，影响投资项目的选择、投资水平、投资结构以及投资安全。在BOT项目中特别要对运营阶段高度重视，提早对当地员工进行培训，以满足项目投产后对工厂运营的要求。

（4）社会心理、价值观念

社会心理因素在一定程度上影响着一个国家对外来人员的接受程度，对外资的接纳程度，对外资经营的态度以及与外资合作的意愿等。要实现“民心相通”并不容易，在BOT项目中要与当地国政府、民间各渠道发生各种密切的联系，要努力适应环境，理解包容尊重各种民族心理、民族意识。既要体现大国的责任和担当，又要保持低调平和的心态和谦逊的态度；在项目进行中，既要保证效益又要尽可能换位思考，尽量照顾项目所在地政府百姓的诉求，坚持绿色发展、共商共建、同舟共济，实现互利共赢。

6. 项目投资的技术环境研判

技术环境研判一般关注行业技术发展和变化、替代产业的技术发展和标准规范三个方面，参见图1-4。

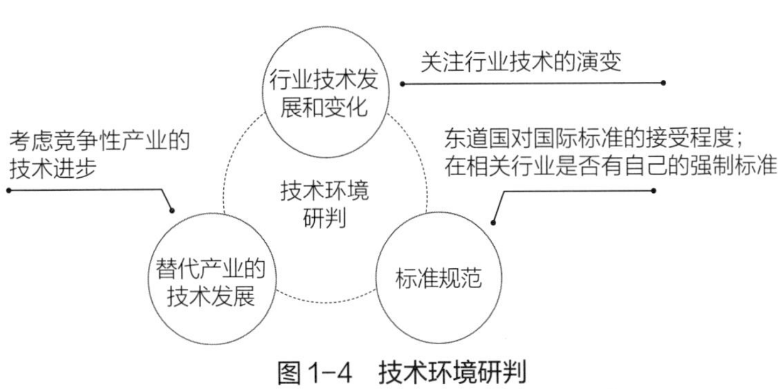

图1-4　技术环境研判

就国别技术环境研判而言，中资企业重点要关注的是东道国对中国技术标准的可接受程度。尽管中国改革开放40年，但不少行业在技术标准上与国际接轨程度不高，很多“走出去”的中资企业对国际标准并不很熟悉。另一方面，大部分中国技术标准的要求并不比国际标准要求低，有的甚至高于国际标准，努力推进中国标准走向国际，是中资企业“走出去”的重要任务之一。因此，在中资企业对外投资中尽量使用中国技术标准：一是便于中资企业顺利实施所投资的项目；二是通过投资带动中国标准“走出去”，以在技术领域争夺国际话语权，为中资企业“走出去”打好基础。所以东道国是否接受中国技术标准，是判断投资技术环境的重要指标之一。

国别技术环境研判值得重点关注的还有国际先进技术发展水平，东道国总体技术发展水平，技术研发能力，行业技术人才构成等。BOT项目特别关注投资项目技术先进性和不可替代性，以保证特许经营期的几十年里技术不被淘汰，尽量保持其工艺技术的先进性。例如光伏行业多晶硅代替单晶硅，高铁开通对航空业的冲击等，都会影响海外投资的经济效益。同时还要关注东道国对投资项目技术要求程度的高低，很多第三世界国家，尽管其本国经济贫困、技术落后，但因历史上是西方发达国家的殖民地，现在的政府官员又大部分留学于英国、美国，因此，这些国家往往对拟建项目技术门槛要求很高。所以，中资企业“走出去”必须了解清楚东道国技术要求，不能被一些国家的落后的表象所误导。

1.1.3 政经民生环境研判的实践指导

上述政经民生环境研判活动从6个维度进行分析阐述，在实践中具体要做到：

（1）在了解投资项目所在国的政经民生环境，做好项目大环境的宏观调查过程中，需重点收集以下关键信息：

1）地缘政治、政策、国情、外交、宗教信仰；

2）与我国政府长期以来的关系；

3）经济、民生、人口状况、资源储备等；

4）基础设施、土地、水电气、运输等；

5）法律法规以及对外商投资的鼓励政策；

6）中外企业在该国的成功和失败案例；

7）拟筹建BOT项目的背景；

8）该国政府是否有强烈的愿望以BOT形式运作项目。

（2）收集这些信息的渠道包括：

1）到中国驻目标市场国家的大使馆、经参处访谈，了解该国宏观政经、民生、投资环境、项目背景情况；

2）到目标市场国驻中国大使馆、经参处访谈，了解目标市场国家宏观政经、民生、招商引资情况，尤其关注其力推的重点行业和项目；

3）拜访目标市场国政府关键部门和拟投资项目行业主管部门；

4）到目标市场国中资企业商会、友好单位走访，了解投资环境和在该国进行经贸合作情况；

5）咨询可靠的第三方经纪公司，与当地知名、成功人士建立联系开展调研；

6）求助有关咨询公司，搜集并分析媒体报道，实地踏访调研；

7）调研走访当地重要商业机构，如银行、保险公司、行业内知名企业等，广泛收集当地商务信息、市场商业运行规则等。

（3）在政经民生环境研判的实践操作过程中，要遵循以下原则：

1）广泛性原则：多渠道、多途径搜集目标市场信息，以便所获取信息的相互验证；

2）可靠性原则：尽量用官方和有知名度的机构发布的信息，确保信息的可靠性；

3）预测性原则：搜集的信息大都是历史性数据，因此需要基于当前信息，采用适当预测模型，对目标市场未来发展态势进行预测；

4）审慎性原则：投资类项目风险大，因此需要遵循认真谨慎的原则；

5）真实性原则：调研要实事求是，避免走过场或者添油加醋过甚其词，力求信息的真实性；

6）计划性原则：调研必须有针对性的大纲，有计划、有目的、有重点，从宏观到微观，提前准备调研大纲。

（4）在政经民生环境研判的实践操作过程中，需注意的问题包括：

1）在诸多发展中国家，投资项目最好要访谈到总统或副总统等决策性人物，获取他们的设想，其他官员能量半径不一定够长，更不要被代理左右；

2）对于诸多发展中国家，政局往往不可控，需审慎评估，要密切关注政府换届，一旦政权更换，会直接影响所投资项目；

3）切忌过度依赖二手信息，尽量多实地踏勘、现场走访政府各个决策部门，以便获取更多一手信息，尤其是书面文字承诺；

4）收集信息时务必全面，最忌有选择性地根据“锚定偏好”来收集信息；

5）不迷信国际知名机构、第三方经纪公司、代理人等提供的各类信息、咨询报告等，要依靠自己深入调查的第一手新鲜出炉的资料。

1.1.4 案例说明

【案例1-3】：中国“走出去”第一个BOOT成功项目——Y国A港150MW电站项目

Y国A港150MW电站项目（以下简称“A港项目”）是中国第一个“走出去”且以BOT模式运作的项目①。从2000年开始跟踪该项目到成功运行发电历时达5年多。该项目2004年9月实现开环发电，2005年12月实现闭环发电，开始全面商业运营。到目前为止，该项目运行平稳，经济效益良好。

1. 项目政经民生环境研判

（1）项目的政治环境研判

总体情况：

1）宗教极端势力前几年比较活跃，但该国政府对其进行严厉打击，有效遏制了极端势力发展；

2）国内统治阶级内部面临均衡和协调的问题，军方势力、宗教势力、前总统的势力、技术官僚势力等几大势力仍在较量、妥协，但总体秩序较为稳定；

3）贫富分化仍然存在，偶有游行示威。但项目所在地比较安定；

4）过去曾发生反华、排华骚乱，近年来华人地位提升较快，此种现象已不多见；

5）贸易保护主义和劳动权益问题引发的政治暴力过去时有发生。

项目所在地远离国家的政治中心，岛上人民生活平静，较少受政治运动影响，远离政治势力的争斗，至今未发生过大面积的种族、宗教或针对华人的流血冲突事件。

（2）项目的法律环境研判

根据该国法律，政府鼓励国外投资，发展其薄弱的基础设施，如电力、交通

① BOT模式为统称，变异BLT、BOO、BOOT等。

等，电站项目的建设符合其法律规定，且该国法律环境较稳定。

（3）项目的经济环境研判

1）经济发展水平

①民生情况

当下该国的贫困问题仍比较突出，有几千万人生活在贫困线以下，且贫富分化较严重。当时新政府上台后，比较重视民生发展，大力建设国家基础设施，加之1997年亚洲金融危机之后该国经济正值恢复趋势，当时投资该国项目有着较好的前景。

②电力需求

该国是一个千岛之国，不可能建设大规模发电设施，只能在每一个小岛上重复建设多个小规模的发电装置，以满足工业生产和人民生活的需要。

该国长期以来电力供应不足，严重影响其国民经济发展和人民生活水平的提高。在这种情况下，该国政府鼓励私营企业投资建设电厂。

A港地处该国S岛南部，由于政府财政状况紧张，迟迟没有投资电厂，岛上人民生产生活用电紧张，长期实行轮流停电，电力需求缺口大。根据实际情况，当地政府鼓励私营企业投资建设电厂，以解决电力需求的燃眉之急。同时该地拟举办运动会，保证用电已成当务之急。

2）基础设施

距离项目场址最近的国际机场是该国首都机场或D国国际机场，A港市机场可起降国内航班，A港与该国首都每日有固定航班，航程为50分钟。公路运输从工厂的西北侧进入，需要修建约0.5km的公路以满足运输要求。

A港市为该国N省第一大港口城市，项目所需设备、原材料均从A港港口卸货，转内河船舶经B河主河道进入，利用在厂区东边300m紧邻×××河支流的有利条件，新建一简易码头，可以满足最大件（燃气轮机97t）运输、装卸。工厂建设所需的大型设备、材料的主要运输方式将采用水路运输。

（4）项目的自然环境研判

1）自然资源状况

在1997年美国D公司受C银行的委托，对S岛地区的40余个气井作了调查、分析和预测，完成了一个研究报告。报告的结论是，该国国家石油天然气公司的燃料供给计划完全能够满足其与业主所签供气购气协议中的承诺。该报告是在对国家石油天然气公司气田的分析，对天然气可采性的评估，对天然气集输系统的可靠性分析，以及对电厂所在地区的燃气供求状态的预测后，得出以上结论的。根据1997年3月由当时的业主FT公司与国家石油天然气公司签订的供气购气协议，年供气量为9600000 MMBtu（或9486 MMcf）。在20年内将向买方提供相当于165655000 MMBtu（或163691 MMcf）的燃气量。这个数字远小于国家石油天然气公司当时已探明储气量的总和（3466999 MMcf）。分析表明，气井产气的质量经适当预处理后，完全满足双方供气购气协议中对气体组分的要求。对S岛地区1997～2018年天然气供需市场的调查和预测表明，加上所有已有的和可预见的潜在用户，当时的气储量和可采气量完全能够满足已经承诺的供气量和已知的潜在新用户用气量。同时，考虑到项目由中方接手后，天然气的消耗量由于发电能力的变化比原方案有所增加，天然气的集输设施（考虑其扩建后）也完全能达到预期输送量的要求。

2）地理位置、地形、气候

①地理位置

拟建工厂位于Y国S省，A港市，项目场址位于A港市东北17km，东面靠近B河，北面400m为国家电力公司已经建成的变电站。

厂址土地权属类别。原项目业主公司在1996 年即完成了工厂用地许可手续，全部土地已经办理了土地使用权证，属项目业主所有。工厂所在地目前没有居民居住，现在场地已经平整，回填到3.5m，等待项目启动，土地没有作为其他用途的计划。

②地形、地貌、地质情况

工程拟建场地地处平原，平均海拔高度1～1.5m，邻近B河，地形平坦，场地土质较为均匀。

Y国由于位于号称“火环”的环太平洋地震带，地震及火山活动非常活跃，全球约80%地震均在这个地震带发生。在项目初期，经过仔细勘查电站所处地理位置，确定场地抗震设防烈度均为6度，场地内不存在滑坡、泥石流等不良工程地质现象及地震断层破裂效应，属抗震有利地段。地震烈度的确定是项目总投资确定的重要依据。

③气候条件

项目场址区域平均海拔高度4m，属热带气候，最高气温36℃，最低气温20℃，年平均温度26.4℃。年平均风速在5～10km/h之间，最大可达100km/h，主导风向为北风。场址区相对湿度为85%，平均湿度为84.7%，最大湿度88.5%。年平均日照

56.6%，最大日照74.2%。

（5）项目的社会环境研判

社会环境趋于稳定。尽管该国总体上说存在较多社会不稳定因素，甚至发生过数量较大的排华事件，但A港位于S岛南部，电厂建成后，将通过国家电力公司输电设施为NS岛地区供电。该地区远离Y国的政治中心Z岛，岛上人民生活平静，未发生过大面积的种族、宗教或针对华人的流血冲突。根据Y国目前整个社会政治环境看，以及从中国驻Y国使馆了解到的情况，Y国正加快民主化进程，人民要求提高生活水平和社会安定的愿望强烈，华人的地位趋于巩固和提高，除党派之间的政治斗争外，没有再出现针对华人的骚乱和动乱，社会环境相对安定，经济环境与政治环境相对独立，为外商投资提供了良好社会环境。

（6）项目的技术环境研判

Y国现有的发电设施技术较为落后，Y国政府鼓励私人投资者开发具备更高技术水平的联合循环发电厂。本项目采用燃气-蒸汽联合循环工艺技术。燃气轮机用于发电，是20世纪下半叶出于军事的需要专门为军用舰艇开发研制的，具有效率高、启动时间短、调节灵活性好等特点。经过几十年的发展，其操作的稳定性得到最大程度的提高，现在已成熟广泛地用于化工、石化和电力等行业。

2. 项目开发过程

（1）第一阶段：以AAA为业主的BOO阶段

1996年开始，该国最大的私营企业之一A公司的子公司与西方一公司联合成立合资公司AAA公司，注册地在新加坡。经过详细的可行性分析和论证，决定以AAA为业主，采用BOO方式承建A港130MW电站项目。项目采用GFCC（燃气-蒸汽联合循环）技术，EPC承包商为美国一知名公司，资金来源为西方某银行贷款，其他条件如贷款协议、天然气销售和订购协议（GSPA）、购电协议（PPA）、政府准证、政府颁发的土地使用权准证等均已办妥。

从1997年开始，Y国遭受亚洲金融风暴严重冲击，经济衰退，西方×××国银行不看好当时的Y国市场，并且认为Y国的国别风险较大，故停止对项目的资金支持，项目搁浅。根据1997年9 月20日颁布的总统法令，此项目被不定期暂停。

（2）第二阶段：以中资企业运作出口信贷阶段

第二阶段开始于2000年3月，时值Y国经济开始复苏，中国CN公司经中间商介绍，开始与项目业主AAA接触，尝试以中国的银行提供出口信贷，由中方作EPC承包商建设此项目。根据设想，还款担保由Y国当地银行出具保函或信用证，并从商业保险公司（中信保）购买中长期还款信用险。

1997年亚洲经济危机后受到各方面的限制和压力，Y国政府严格控制银行对外出具担保或开立信用证。因此，业主无法在Y国国内找到能够让中国金融机构接受的银行提供还款担保。另外，经过与中国国内银行及中信保多次谈判，项目还款担保费太高，造成项目融资成本上升，经过了近一年的努力最终此项目运作构架未能得以实施。

（3）第三阶段：2001年5月确定以BOOT方式进行项目建设

经过仔细研究分析和慎重考虑，中国CN公司与项目业主就启动项目的各种可能性进行了详细的讨论，最终双方认为采用出口信贷支持下的项目总承包方式难以实现。为使项目重新启动，在中信保和中国进出口银行的支持下，最终决定开创中国第一个以BOOT方式承建该电站。

项目的运作框架考虑为：中国CN公司在Y国当地寻找合作伙伴SSS公司，由中国CN公司、SSS共同出资成立项目公司，收购已有的项目公司AAA，取得电站项目的特许经营权，成为项目新的业主。新的项目公司由中国CN公司占股90%，Y国SSS占股10%。规模由130MW增加到3×55MW，依然采用GFCC（燃气-蒸汽联合循环）技术，承包商中国CN公司，工作范围包括15km输气管线及电厂。资金来源除一部分自筹资金外，其余由中国CN公司申请贷款，经政府批准，安排由中国进出口银行提供混合贷款支持，贷款期为10年（含2年宽限期）。分别与Y国国营电力公司和国营油气公司签订购电协议、天然气销售和订购协议，相当于Y国政府为燃料供应和产品销售提供担保，从而保证投资回收和创造效益。另外，Y国国家财政部将出具一封支持信以督促国家电力公司履约。

项目建成后，根据协议，由项目公司负责运营20年，之后将移交转让。

工作节点1.2　区域和国家发展战略研究

In Line with National Development Strategies

区域和国家发展战略研究本身是政治经济民生研判中的重要一环。随着时代的发展，当今世界各国尤其是基础设施薄弱、技术资金短缺的发展中国家，急于上马项目可又苦于资金短缺，必须依靠吸引外资以BOT方式运作，所以要经过一些统筹规划，把急于上马的项目整合排序，纳入到国家发展战略规划中。

中资企业在海外开展的BOT项目基本上都是这些国家国计民生急需上马的项目，也基本被列入东道主国家发展战略规划中。因此，在开展国际投资领域BOT项目的运作过程中，目标市场国家的发展战略研究必须提到一定高度，中国投资企业进入目标国家后，首先要研究目标市场国家发展战略并使自身的企业战略发展规划与目标国发展战略相契合。即，即使项目自身条件非常好，如果项目不是东道主国家发展战略规划中的类别项目，一般还是建议该项目机会暂时不要作为重点机会跟进，除非针对政经民生环境研判时发现存在的问题和风险，可以采取可行和有效的特殊的解决方案和方法。

基于上述考量，将区域和国家发展战略研究单独提出来作为工作节点重点介绍。

1.2.1　发展战略研究的重要作用和目的

一家致力于开展海外投融资业务，并有志于发展成为卓越跨国公司的企业，必须重视对发展战略的研究。这是由以下因素决定的：

首先，企业要成为跨国公司一定要制定本企业发展战略，特别是到海外进行投资的企业必须要以中国国家发展战略作指导，结合企业的主营业务和实际情况制定企业的发展战略，只有把国家的发展战略和企业的发展战略相融合，国际工程投资才能在复杂的国际环境中不迷失方向。

其次，中资企业的海外战略也要与东道国国家发展战略相结合。这样既能够更好地满足对方发展需要，也可以提高中资企业境外投资获取项目的几率和项目生命周期内各项经营的成功率。

企业发展战略、国家发展战略和东道国国家发展战略是国际工程投资必须研究清楚的三大战略，做到三战略深度融合，项目才能落地，同时放眼长远，中国和这些国家之间应当逐步实现生产要素的有序流动，各类资源的高效配制，以及相互之间市场的进一步开放和深度融合。只有做到三战略的深度融合，企业才能既满足中国发展战略要求，又符合东道国战略需求，更适合企业发展战略的项目投资机会，并能够成功进入东道国市场，顺利开展企业的国际工程投资。因此，企业必须要重视战略研究工作。

归纳起来，发展战略研究必须遵循三个核心原则：

（1）战略引领、规划开路；

（2）国计民生、需求为本；

（3）深度融合、合作共赢。

实际操作中，应该遵循以上三个原则开展工作，在深度掌握国家和东道国发展战略和规划的基础上，科学研究和制定企业国际工程投资战略。

1.2.2 区域和国家发展战略研究方法

1. 投资目标国的国家战略研究

这里所说的国家战略研究，主要是指东道国政府干预市场、干预经济的程度和国家发展规划情况。

（1）欧美资本主义国家

发达国家以市场经济著称，对本国经济很少做长期规划，以英美为代表的自由市场经济模式，崇尚市场机制的自发作用。德、法等代表欧洲大陆市场经济模式的国家，则反对自由放任，主张自由原则和国家有限干预原则的结合，众多长期、短期的经济计划，城市大区的规划和国内区域经济的规划相结合。

（2）俄罗斯及独联体国家

在俄罗斯和独联体成员国家，国家计划体制仍然是指导经济运行的唯一合法机制，主要以五年计划来指导、推进工业化建设，重工业尤为突出。

（3）非社会主义国家

东欧原社会主义国家，包括韩国、印度、马来西亚等非社会主义国家，也曾经或正在用五年计划来指导经济社会发展，经济计划指标都务实、具体，可以直接量化和落实。

（4）其他体制的国家

这些国家的政府往往会提出一些经济社会的发展规划和目标，体现出较强的落实规划的“有形之手”运作的特点。

【案例1-4】：投资目标国的国家发展规划举例

（1）非洲——以南非为例：

南非制定的《2030国家发展规划》，该规划进一步明晰了南非发展阶段步骤，如第二个五年计划内（自2018～2023年），南非政府须实现：经济发展多样性，包括进一步发展能源密集型产业，如采矿业。同时有序开展技术密集型产业、商业和服务业等。

（2）中亚——以土库曼斯坦为例：

根据土库曼斯坦国家发展计划，2015年计划开采838亿m^3天然气，其中480亿m^3用于出口。丰富的能源储备保障了土库曼斯坦长期稳定的出口，目前，3条主要天然气管道为土库曼斯坦—俄罗斯、土库曼斯坦—中国和土库曼斯坦—伊朗。

（3）东南亚——以印尼和文莱为例：

1）印尼：根据印尼2015—2019发展规划，政府应加大基础设施建设力度，其中计划兴建49座大型水坝，新增发电装机容量3500万kW（根据印尼官方数字统计目前大约已有近2000万kW以BOT方式签约）；新建或升级改造24个大型港口、15个机场；兴建铁路3258km、高速公路2000km。

2）文莱：制定了《文莱达鲁萨兰国长期发展计划（2035年远景展望）》，根据规划，在信息产业技术方面，重点针对信息综合在线服务、能力建设和电子商务。总拨款11.46亿文元，占总额12.1%。电力方面，提供充足电力，继续改进电力供应质量，全国三大电网并网，满足特别经济区域电力需求，提倡节约能源和电力使用效率。总拨款5.88亿美元，占总额6.2%。在居民住宅方面，总拨款15.56亿文元，占总额16.4%，建造9300套住房，场地11个，包括占地717公顷的6个新场地。

从以上各国发展规划中可以明确看到各国经济发展重点，从事海外工程投资的企业，应善于认真研究目标国国家发展规划，并从这些发展规划中了解他们的发展诉求，捕捉商业信息、发现投资机会，以便早期介入帮助这些国家完成国家战略发展计划。

2. 投资目标国所处区域的发展战略研究

随着区域经济一体化的深度发展，投资目标国所处地区发展战略和规划对该国国内发展规划的影响愈加突显。目前，以东南亚国家联盟、南亚国家联盟、非洲国家联盟、欧盟、上合组织、金砖国家合作机制等为代表的多个区域发展组织活跃在国际舞台上。这些组织与合作机制在促进实现各成员国之间互联互通，加强在基础设施发展领域合作、制定区域重点战略和规划方面发挥着越来越重要的作用。

据统计，现存的政府间国际组织有7356个，非政府间组织有43958个。其中，一些影响巨大的全球性组织，例如联合国、世界贸易组织、世界银行、亚洲开发银行等每年都会发布基础设施建设、投资计划。在“一带一路”沿线国家，通过与中国发展战略的对接，目前已建成中欧班列、蒙内（蒙巴萨-内罗毕）铁路，未来还要修建连接肯尼亚-坦桑-乌干达-卢旺达-布隆迪-苏丹六个国家的跨国铁路系统。“一带一路”规划中的六大经济走廊（中巴、孟中印缅、中蒙俄、新亚欧、中中亚、中西亚经济走廊），在境外设立工业园区（例如埃塞俄比亚的东方工业园）等。

在研判投资目标国家项目时，应充分了解区域地区组织的发展规划，着重分析研究其所在区域组织对该国的鼓励、限制、资源分配、利益分享等政策对项目的影响。以东南亚国家为例，2016年9月6日，东盟在老挝万象通过了《东盟互联互通总体规划2025》（MPAC2025）。该规划主要关注五个战略领域：可持续基础设施建设、数字创新、物流、进出口管理和人员流动。在可持续基础设施建设方面，东盟每年至少需要1100亿美元的基础设施投资以支持未来增长。MPAC2025志在帮助投资者通过完善项目准备，提高基础设施生产力以及支持城市践行可持续发展等方面抓住可持续基础设施建设的投资机会。中国是东盟友好邻邦，中国—东盟“十加一”建立全球最大的共同市场，积极参与MPAC2025是天时地利人和的绝好时机。

3. 战略研究的理论原则与一般流程

（1）抓住切入点

发展战略研究的切入点——战略引领、规划开路、国计民生、需求为本、早期调研、早得商机。

中国国有企业有自身发展战略，但往往缺乏系统的国际工程投资的战略规划。企业国际工程投资要在正确战略的指导下，进而做出科学的投资决策和规划，不能仓促地决策，更不能“拍脑袋”。要实现战略引领，首先必须有切实可行的战略规划。

（2）抓住对接点

企业要将自身主营业务发展战略和国际工程投资发展战略与我国和投资目标国发展战略相对接，着重做好如下工作：

1）企业战略要与我国海外发展战略规划相对接——领会政策

支持中资企业“走出去”，推动“一带一路”沿线建设，加快推进基础设施、三网一化互联互通和国际大通道建设，实现可持续发展、互利共赢，这是当前中国的海外发展战略。企业制定国际工程投资发展战略时，必须领会政策、紧跟国家发展战略，做到自身战略与我国海外发展战略相契合。

2）企业战略要与东道主国家所在地区发展战略规划相对接

东道主国家所在地区发展战略规划一般包括吸引外商投资政策、区域发展计划、区域经济商务服务与发展等规划。要根据自身主业和海外发展战略与东道主国家所在地区发展战略规划相对接。

3）企业战略要与东道主国家计划、财政相对接

抓住对接点的核心：中资企业的海外战略要贯彻中国政府的大战略，更要高瞻远瞩，与东道国国家发展战略对接，主要是与其国家计划、引进外资、财政、税务、央行等机构沟通，弄清楚国家发展计划（特别是列入国家计划的重点项目）、财政计划安排，搞明白企业自身的工作方向和重点。要搞清楚这些国家的发展需求，要有长远战略和规划，才能做到逐步实现生产要素的有序流动、资源互补、资源高效配制，以及相互之间市场的进一步开放、互补和深度融合，这样项目的成功度才会更高。

4）企业战略要与行业发展战略规划相对接

与投资目标国行业主管、协会、国际协会、同业（竞争）机构沟通，了解行业发展规划，紧跟行业发展步伐；同行业民间组织保持信息沟通、互通有无，建立行业间的信任和合作。

5）企业战略要与市场需求对接

在掌握东道国发展战略的同时，企业要深入研究国际市场宏观需求与该国市场具体需求，从而才能有针对性地寻求满足市场需求的投资机会。在市场需求调研时，企业有必要聘请优质的第三方机构开展尽调。但中资企业在进行国际工程投资时，容易轻信项目合作方的陈述，不会及时对项目和市场做深入的尽职调查，目前银行与保险机构越来越重视第三方机构尽调，聘请第三方专业机构对敏感市场和项目关键问题尽调，是防范风险的有力措施，已经成为越来越多投资者的必然要求。

（3）研判机会重点

优质的投资机会一般具备下列特性：

1）符合国家对外投资政策；

2）符合目标国家需求；

3）符合投资主体主营业务；

4）符合金融保险的基本条件；

5）符合市场需求和发展。

（4）绘制蓝图

所谓绘制蓝图即提出项目方案和设想，把拟建BOT项目即将实现的宏伟规划和蓝图呈现给项目所在国家，同时应体现共商共建理念，以实现合作共赢为目标。

绘制蓝图的过程中应体现我国对外投资遵循的基本原则，更有效地利用国际资源、国际市场，利用中国经验、中国资金参与国际分工。应重点关注两个问题：

1）绘制蓝图时要从项目所在国角度提出方案，从正面回应该国关切的问题，最好有中国建设发展同类项目的成功案例，让他们感受到中国成功的经验就是他们未来即将实现的蓝图（如：中国铁路的建设促进了经济发展，以此说服非洲区域的肯尼亚等国开展国家铁路基础设施建设，事实上蒙内铁路作为标杆项目，切实起到了助推肯尼亚经济发展的作用。又如某炼油项目，在拜会国家首相时提交了一副蓝图，并邀请首相到中国参观了已成功建设正常运营的某石化联合企业，首相如期而至深受启发，回国后积极推动在本国建厂，并已与中资企业签订合作协议）。

2）充分体现合作共赢：

项目应满足东道国国家发展战略，让他们感受到项目会有助于推动建立当地的产业体系，对当地经济发展、提高人民生活水平、增加就业等方面发挥积极的作用。项目应是可持续发展的绿色经济且营利性良好，项目可雇佣当地员工创造就业机会，给当地提供技术与服务，增加当地人才培训和教育机会。这样既能够更好地满足对方发展需要，也能吸引外方为实现美好蓝图而共同努力，还可以提高中资企业境外投资合作的成功率。

（5）落实可行性

与政府相关部门落实项目开发的条件和可行性，将美好蓝图介绍给对接部门——征询对方意见，探讨最佳方案，逐项落实条件，使项目落地成为可能。

1.2.3 发展战略研究的实践指导

1. 了解目标市场国家发展战略的途径

（1）从公开途径获得目标市场国家发展规划报告、国家战略相关文件；

（2）拜访政府计划、规划、财政、外商投资、国家经济研究发展等部门；

（3）拜访行业主管部门、企业规划部门；

（4）拜访目标市场国家驻华使馆、中国驻所在国使馆、商务参赞处等机构，与权威人士沟通，了解目标国上述规划文件；

（5）拜访目标市场国家的成功、资深人士及行业专家等。

2. 了解目标市场国家发展战略的原则和注意点

（1）登门拜访原则

在海外市场调查，尤其是当涉及发展中国家、法制不健全国家的项目时，一定要眼见为实，基于一手信息的调查。调查不能仅仅局限于资料，特别要重视对投资东道国政府部门的拜访，访谈沟通体现了尊重，体现了责任，体现了重视。也可以发现项目本身可能存在的，且通过战略规划文件发现不了的问题。需要注意的是，门门拜到还是重点拜访要事先调查，避免纠缠进东道国内部矛盾之中。

（2）真实客观原则

要为做项目而解读，不过分解读外方国家发展计划报告，因为发展规划比较笼统，某些国家过去的发展规划执行情况并不好，不同行业也有差别，分析时要有针对性。

（3）预测分析原则

要注意计划和变化的关系，计划往往赶不上变化，必须关注数据的变化和市场变化带来的诸多不确定性。对搜集的信息和数据，需要基于一手信息，采用预测分析和模型分析，对目标市场未来发展态势进行预测。

（4）眼见为实原则

研判目标国发展战略时应以发布文件为准，口说无凭。

（5）实事求是原则

我国政府明确提出“鼓励有能力的企业‘走出去’到海外投资”，目前中国有些企业在国际工程投资、跨国经营上不具备明显的核心竞争优势和能力，在企业的管理水平、融资能力等方面比较薄弱，加上跨国经营投资人才匮乏，或者项目和本企业战略发展关联度不大等因素，在国际工程投资中交了学费。所以以BOT模式开展国际工程投资目前还不能成为我国企业的首选经济发展目标和普遍战略。企业要以实事求是为原则，海外业务拓展应符合企业发展战略目标，或者符合能够获取我国经济发展过程中所需资源的原则，同时该企业必须要有海外经营的经验和资金优势，这些都应被列为考虑的重点问题，反之不要勉强。总之企业国际工程投资要在正确战略的指导下，投资项目基本符合三战略融合的要求，同时企业自身能力过硬方可参与运作，不能仓促地决策，更不能“拍脑袋”上阵。

3. 目标市场国家发展战略研究的核心要求

（1）企业国际工程投资要符合本企业制定的发展战略；

（2）企业国际工程投资要有国际工程投资发展战略；

（3）企业战略要符合中国政府海外投资的发展战略；

（4）企业战略要符合东道国国家发展战略；

（5）早期调研、发现机会、抢占市场，取得竞争优势；

（6）满足对方发展需要契合，提高企业境外投资合作的成功率。

归纳起来就是：战略引领、战略融合、早期调研、抢占市场、提高成功率。

1.2.4 案例分析

【案例1-5】：中国B公司B岛石化项目

中国B公司的某石油化工项目（下称“BB项目”）是由中国B公司（70%）和A国政府（30%）合资建设的800万t炼化一体化项目。项目建设地点位于A国B岛，总投资约35亿美元，是A国迄今最大的实业投资，项目计划2018年底完工，2019年初投产。作为首批列入“一带一路”的重点建设项目，以及首个全面执行中国标准的海外项目，该项目受到中A两国政府高层的高度关注。

1.项目符合国家“走出去”重大战略

BB项目作为中国民企目前在海外最大的投资项目，以及国家“走出去”重大战略在A国的核心项目，不仅承载了中国B公司战略发展的方向，还助力A国经济多元化，是“一带一路”共商共建共赢原则打造合作多赢的样本。

该项目的实施将有助于深度开发A国石油资源，也有助于增强我国石化产品保障能力，并将实质性深化发展中国家最大的自由贸易区——中国—东盟自由贸易区建设，促进中国与东盟经济发展和全面、深入友好关系发展。

2.项目符合东道国重大战略

油气产业是A国的经济支柱，中国从A国主要进口石油，向A国出口食品、纺织品、家电、建材、通信器材等，双方互惠贸易特征明显。近年来，国际油价暴跌对A国造成巨大冲击，在意识到过度依赖油气资源的风险后，A国政府制定了“2035宏愿”，持续推进经济多元化战略，加强从外国招商引资并规划建设了一批产业园区，这与中国“一带一路”倡议不谋而合。A国政府专门成立了一个外国直接投资（FDI）指导委员会，专门负责协调与解决外商直接投资项目在推进过程中遇到的重点问题，并提供强有力的支持。FDI指导委员会基本上每个月开会一次，讨论并决定×××国整个国家经济战略布局，包括未来油气开发、水资源调配及工业园区规划等。

发展石油化工这种深加工且能够带来高附加值的产业，不仅有利于A国整个经济结构的转型，而且可以带动本地中小企业发展，创造大量就业机会，所以BB项目跟A国整个国家经济发展的规划与目标高度吻合。项目投产后将对A国的GDP、就业率、相关配套产业以及财政带来举足轻重的贡献。

3.项目符合中国B公司战略转型的要求

中国B公司是全球领先的精对苯二甲酸（PTA）和聚酯纤维制造商。财富中文网发布2017年中国500强排行榜，中国B公司排名前百位。中国B公司是国内最大的涤锦纶双产业链的民营石化企业之一，中国B公司从下游一路走来往上发展，必然要走到炼化板块这一步，也就是从炼油到中间的芳烃（PX），到下游的化工原料，再到化纤的贯通，从石化产业来看这整个产业链已经是非常长。因为现在全球市场波动较大，从原油价格到中间原料的价格，再到化纤丝厂的价格变动都会很大，如果不把整个生产链条穿起来，单做其中某一段的话，有可能会在经济波动时造成企业连续几年出现盈利波动，会影响企业持续成长性。而中国B公司将整个产业链打通后，形成良性循环，抵御周期波动风险的能力将得到大幅度提高。项目的投产运营将消除中国B公司PTA-聚酯产业的原料“瓶颈”，形成国内外两个生产基地、两个市场和两个投融资中心的格局，在国内最大的涤锦纶双产业链的民营石化企业的基础上，向国际一流的石化产业集团的目标迈出重要一步。同时该项目对于中国B公司有着战略转型意义，有助于中国B公司的纵向一体化发展战略。

案例说明三战略深度融合，符合东道国战略需求，适合企业发展的战略，得到中国政府的支持，是顺利开展企业国际工程投资的基础。

工作节点1.3　投资机会初步筛选

Prospects Screening

本节点主要阐述在了解目标市场国家宏观发展规划，明晰目标市场国家发展战略，确认对国计民生的重要性和国家迫切需要性，并且具备了良好的投资环境等宏观调查结束后，如何筛选和判断最切合当地实际需要的最佳投资项目和最佳投资机会。

1.3.1 从业务关联度角度研判投资机会

在投资机会初步筛选过程中，可以从企业主营业务关联度方面来研判投资机会，制定企业对外投资战略决策。按照企业竞争战略的完整概念，战略应是一个企业"能够做的"（即企业的强项和弱项）和"可能做的"（即环境的机会和威胁）之间的有机组合。目前，在企业的战略决策或选择经营策略中，最常用的工具是SWOT分析法，参见图1-5。其中，S代表Strength（优势），W代表Weakness（弱势），O代表Opportunity（机会），T代表Threat（威胁），S、W是内部因素，O、T是外部因素。

图1-5　SWOT 分析法

通过SWOT分析法，把拟投资项目机会与企业主营业务的关联度，根据企业自身的既定内在条件进行分析，找出企业的优势、劣势及核心竞争力所在。同时也需要对外部条件（项目机会）进行分析，找出外部条件的机会和威胁等。通过将调查得到的各种因素列举出来，并依照矩阵形式排列，然后用系统分析的方法，把各种因素相互匹配起来加以分析，从中得出一系列相应的结论，而结论通常带有一定的决策性，从而根据研究结果制定相应的战略决策、计划以及相应对策等。

运用SWOT分析法的具体步骤是：

（1）分析环境因素

通过调查，分析企业所处的各类外部环境和内部环境因素。外部环境因素包括机会因素和威胁因素，指所面对的投资机会对企业发展有直接影响的有利和不利因素，属于客观因素。内部环境因素包括优势因素和弱势因素，它们是企业发展中自身存在的积极和消极因素，属于主动因素。

（2）构造SWOT矩阵

将调查得出的各种因素根据轻重缓急或影响程度进行排序，构造SWOT矩阵。将那些对公司发展有直接的、重要的、迫切的、久远的影响因素优先排列出来，而将那些间接的、次要的、少许的、不急的、短暂的影响因素排列在后面。

（3）制定启动计划

在完成政经民生环境因素分析和SWOT矩阵的构造后，便可以制定出相应的启动计划。制定计划的基本思路是：发挥优势因素，克服风险因素，利用机会因素，化解威胁因素。从企业和项目的全生命周期角度，考虑过去，立足当前，着眼未来。运用系统分析的综合分析方法，将排列与考虑的各种环境因素相互匹配起来加以组合，得出一系列企业未来发展的可选择对策和项目启动、推进的计划。

【案例1-6】：SWOT分析案例

某化工行业的国企（CHX）计划投资某拉美国家的燃气电站项目。

1. 对投资项目的机会和威胁分析主要从政经民生环境和国家发展战略两个维度来分析

（1）投资项目的机会（O）

1）政经民生环境：

①A国为全球农业出口大国；

②首都AA为拉美区域主要的贸易中心；

③A国是拉美人均收入最高国家，中产阶级稳固；

④1976～1983年独裁结束后军队对政治无重要影响；

⑤教育体系发展完善，劳动力水平高；

⑥目前的公路及铁路设施可以满足主要出口需求；

⑦农产品及矿产出口量大，为资产资源及农业带来较高利润；

⑧犯罪率低于区域平均值，且没有针对外国工作人员的犯罪迹象；同时无国内及国际恐怖主义的威胁。

2）国家发展战略：

①天然气开采技术的提升推动A国页岩气资源的开发；

②燃气电站是该国发展和推进电力行业的重点；

③新总统当选后，主张取消外汇及进口等管制，改善投资环境，争取国际金融机构及投资者的支持，政治迎合商业利益；

④计划进行教育改革，提升国家教育水平，增加劳动力；

⑤大力发展铁路及水运设施，舒缓公路运输压力，降低运输的金钱及时间成本；

⑥对外国投资约束少，没有设立一般性审批外国投资者的管理机构，外国公司投资一般不需经政府批准。

（2）投资项目的威胁（T）

1）政经民生环境：

①主权债务违约事件影响投资者信心，提升该国利率；

②政府对统计局进行干预，影响官方数据的可靠性；

③选举完成后的政治及经济环境转变带来很大的不确定性；

④地方与联邦政府在政策执行方面存在不一致；

⑤持续维持2位数的通货膨胀率，增加人工成本；

⑥公共基建过时或未开发完全，干旱期间易发生水、电供应短缺现象；

⑦私人产业的国有化减弱投资者的投资热情；

⑧警察机构的贪腐现象使得民众失去信任。

2）国家发展战略：

①2016年受扩张财政影响，通胀率持续维持高位，对国家政策评级不利；

②参议院仍存有左翼力量，造成新总统与立法之间的矛盾；

③工会活动——罢工对商业环境造成负面影响；

④腐败现象影响投资者信心；

⑤贩毒现象呈上升趋势，推动犯罪率上升。

在对东道国和项目进行机会和威胁评估后，再来审视企业自身的优势、劣势以及未来的发展战略。通常从五个维度对企业进行评价：

1）Who am I：主要从企业性质、经营状况、财务状况等维度来评价；

2）What I have：主要从主打产品、优势技术、融资能力、政府关系等维度来评价；

3）What I want：主要从产能输出、市场拓展、战略转型、资源获取等维度来评价；

4）Where I begin：主要从项目EPC总承包、投资控制、运营管理等维度来评价；

5）Where I am：主要从地缘位置、市场现状、竞争对手、管理文化等维度来评价。

2. 企业（CHX）自身的优势与劣势

（1）企业优势（S）

1）本公司是我国成立最早的、最著名的石化行业企业之一，具有丰富的工程施工经验和成熟的管理经验；

2）公司拥有经验丰富的工程技术人员和管理人才；

3）公司拥有经验丰富的海外商务和国际工程管理人才，在国外已有多个成熟的市场，在拉美某些国家已经拥有了较高的知名度；

4）集团公司拥有雄厚的资金，资信资质较好；

5）经济效益较好，施工队伍稳定。

（2）企业劣势（W）

1）从工程承包到为国际工程投资，企业转型升级各方面的基础工作有待加强；

2）企业缺乏具有丰富国际工程经验的高素质工程技术人员和各专业管理人才；

3）长期以来，由于国内任务饱满，员工对“走出去”缺乏激情；

4）该业务营收在公司总数内占比较少；

5）对上游市场份额占比和控制较弱。

完成上述企业优势和劣势，以及投资项目的机会和威胁分析后，将企业的五个分析维度与投资项目的政经民生和国家发展战略两个维度中的各个因素进行交叉对比，给出正面和负面的定性判断，所构造的SWOT分析矩阵示例参见表1-2。

在应用分析矩阵时，需要注意：

（1）待确定项（？）的数量和无显著关联项的数量（#）之和建议不要超过1/2；

（2）待确定项（？）的数量建议不要超过1/4；

（3）给出正面或负面的定性判断后，建议邀请外部专家参与讨论并审核确认；

（4）针对某些交叉对比项可考虑设置较高的权重，甚至是一票否决。

综合分析矩阵中的正面影响和负面影响，如果正面影响对比项数量明显大于负面影响对比项，那么该投资机会可以通过初步筛选。

某国燃气电站项目投资机会研判的SWOT分析矩阵　　表1-2

		1		2				3				4				5			
		企业性质	经营状况	主打产品	优势技术	融资能力	政府关系	产能输出	市场拓展	战略转型	资源获取	施工总包	现汇项目	投资项目	贸易项目	地缘位置	市场现状	竞争对手	管理文化
政治环境	内部政治	+	#	#	#	#	−	+	+	+	?	+	?	+	?	+	+	?	−
	地缘政治	+	+	+	+	+	?	+	+	+	+	?	?	?	+	+	+	+	−
	军事外交	+	+	+	+	+	?	#	+	+	#	?	?	?	+	+	+	?	?
	国际关系	#	#	#	#	#	#	#	+	+	−	#	#	+	+	#	?	?	?
法律环境	司法环境	+	+	+	+	+	−	#	−	−	−	#	#	+	#	#	#	#	#
	重点法律	−	−	−	#	#	#	#	−	−	−	#	#	+	#	#	#	#	#
	国际惯例	+	+	+	+	+	+	+	+	+	+	+	+	+	+	+	#	#	#
	国际条约	+	+	#	#	#	#	#	#	#	#	?	?	?	?	?	?	?	?
经济环境	外汇政策	+	+	+	+	+	+	+	+	+	+	+	+	+	+	#	#	#	#
	通货膨胀	−	−	#	#	−	#	#	−	#	#	−	−	−	−	#	#	#	#
	支付管制	+	+	#	#	#	#	+	+	+	+	+	+	+	+	+	+	#	#
	银行系统	+	+	+	+	+	+	#	#	#	+	+	#	#	#	#	#	#	#
	保险制度	+	+	+	+	+	+	+	+	+	+	+	+	+	+	+	+	+	+
自然环境	自然资源	#	#	+	+	+	#	+	+	+	+	#	#	#	#	#	#	#	#
	人力资源	+	+	#	#	#	#	#	+	+	#	+	+	+	+	+	#	#	#
	物资物流	+	+	+	+	+	#	+	+	+	+	+	+	+	+	#	#	#	#
	地质气候	?	?	?	?	?	?	?	?	?	?	?	?	?	?	?	?	?	?

续表

		1		2				3				4				5			
		企业性质	经营状况	主打产品	优势技术	融资能力	政府关系	产能输出	市场拓展	战略转型	资源获取	施工总包	现汇项目	投资项目	贸易项目	地缘位置	市场现状	竞争对手	管理文化
社会环境	民族宗教	+	+	+	+	+	+	+	+	+	+	+	+	+	+	+	+	+	+
	风俗文化	#	#	#	#	#	#	+	+	#	+	?	?	?	?	#	#	#	#
	教育水平	+	+	+	+	+	+	+	+	+	+	+	+	+	+	#	#	#	#
	语言沟通	#	#	#	#	#	#	#	#	#	#	#	#	#	#	#	#	#	#
	治安环境	–	–	#	#	#	#	#	#	–	–	#	#	#	#	#	#	#	#
技术环境	行业发展	+	+	+	+	+	#	#	+	+	+	?	?	+	+	?	?	?	?
	产业分布	#	#	+	+	+	#	+	+	+	+	#	#	#	#	#	#	#	#
	技术标准	#	#	–	–	#	#	#	–	#	#	–	–	–	–	#	#	#	#
	本地化要求	?	?	?	?	?	?	?	?	?	?	?	?	?	?	?	?	?	?
发展战略	区域战略	+	+	+	+	+	+	+	+	+	+	#	#	#	+	#	#	#	#
	国家需求	+	+	+	+	+	+	#	#	#	#	#	#	#	#	#	#	#	#
	市场需求	+	+	+	+	+	+	+	+	+	+	?	?	?	?	?	?	?	?
	金融保险	+	+	+	+	+	+	+	+	+	+	+	+	+	+	#	#	#	#

注："+"代表正面影响；"–"代表负面影响；"#"代表无显著关联性或中性影响；"?"代表待确定。

1.3.2　最佳实践指导

在投资机会初步筛选实践中，建议参考以下原则：

（1）定性与定量相结合，定量分析为主原则：

使用SWOT分析矩阵进行投资机会研判，其优点在于考虑问题全面，是一种系统思维方式。但，另一方面，SWOT分析采用定性方法，通过罗列S、W、O、T的各种表现，形成企业竞争地位描述，以此为依据作出的判断，不免带有一定程度的主观臆断。所以，在罗列作为判断依据的事实时，要尽量真实、客观、精确，并提供一定的定量数据弥补SWOT定性分析的不足。具体分析时，还要注意：

S分析时，注意挖掘自身企业最核心的竞争优势，而非面面俱到。

W分析时，特别注意对自身无法短时间或无法克服的劣势，以及与竞争对手的相对劣势的分析，不能回避。

O分析时，切忌盲目乐观，识别是“真机会”还是“表象机会”。

T分析时，特别注意未来潜在的可能威胁，以及风险可控性或可转移性。

（2）满意非“最优”原则。避免为做项目而做项目。

（3）风险、收益、战略三方平衡原则。

（4）分析评价指标既要全面也要突出重点原则。

（5）投资人、业主、承包商、运营商四种身份的平衡原则。

（6）邀请专家评审时，专家要具有代表性和均衡性。

【案例1-7】：B国Aa高速公路项目

B国Aa高速公路连接B国首都和德国柏林，是打通B国和中西欧之间的重要交通要道。这条路招标时要求必须在2012年5月31日前建成通车。2009年9月，中国M公司及N国公司组成联合体（下称“联合体公司”），中标Aa高速公路中最长的A、C两个标段，总里程49km，总报价约合4.7亿美元。项目直接由B国政府公开招标，欧盟资助。

过去B国的基建项目主要由欧洲建筑商包揽，这次，B国方面想通过Aa项目的例子，压低国内的整体基建价格。据一位B国政府顾问回忆，由于中国在全球经济危机中表现出色且发展潜力大，当时B国方面十分希望通过该项目，为两国今后更深入的合作奠定基础。2009年9月28日，B国基础设施部部长、B国高速公路管理局局长均出席了Aa高速公路项目A、C标段的签约仪式。

然而，中国某企业在开工不久即因无力支付建材货款及费用而与B国当地分包商发生资金纠纷，被B国政府中途解除合同，中方赔偿1亿多欧元。此案虽然只是中国大型国企在海外的一桩商业奇案，但其从中标到解除合同退出工程市场的整个过程，却充满违背逻辑的种种荒谬做法。

首先，这个工程项目通过“廉价竞标”获得，反映出企业冲出国门走向世界的盲目性和急切心态，以至违反项目管理基本程序。其次，反映出中资企业并不了解欧盟工程市场和社会环境，对在欧盟投资或承建项目时须考虑的相关行为规章一无所知，尤其忽视企业或合作分包商在当地所须承担和支付的社会成本。据了解，“当时就是急着想先拿下项目。竞标前的勘察设计、竞标文本的法律审查、关键条款的谈判等，企业都认为不必过细，他们觉得这一总价应该做得下来，中国公司会有很多低成本优势”。第三，反映出国内某些国有大型企业决策机制缺少论证的弊端，决策程序未得到有效执行，更缺乏决策监督机制，直至造成经济损失。

同时该企业忽视了执行国际工程项目不能套用在国内施工的管理模式，例如项目变更，一条公路或铁路的建设往往耗时数月甚至数年，涉及大量原材料成本的变迁、汇率的变动以至地质条件、环境气候条件的变化，因此往往会出现各种变更。这些变更的范围和方式承包方应该与业主方在合同中做出约定，一般情况下，取得现场工程师的认可以及业主方同意后即可相应调整报价。中方企业不清楚B国市场的特殊性和欧洲法律的严肃性，不认真研读标书合同条款忽视了对投资机会的筛选和分析，而所有这些风险——包括变更的困难——早已呈现在B国公路局发给各企业的标书之中。但凡认真研究标书文件，都会规避这些风险。

1.3.3　项目商业计划书编制

投资机会初步筛选工作进行中还有一项工作需并列进行，即编制项目商业计划书。企业国际工程投资在与东道国政府和企业签订框架协议前必须有本企业董事会对该项投资预案予以批准，批准讨论的依据性文件即是商业计划书，在此，有必要对商业计划书进行介绍。

1. 项目商业计划书（Business Plan，BP）

（1）概述

商业计划书是市场开发部门或项目公司为了吸引投资人而制定的，以便投资人能对拟投资项目做出评判，帮助企业决策投资项目并获得融资。

商业计划书应包括投资商所有感兴趣的内容，从企业经历、产品服务、市场营销、项目盈利、管理团队、股权结构、组织人事、财务、运营到融资等方案，以此吸引投资商，让他们看懂项目商业运作计划、项目利润点，才能使融资需求成为现实，商业计划书的质量对项目融资至关重要。

简而言之，就是要说明以下问题：①你们想做一件什么样的事儿；②你为什么要做这件事儿；③你需要解决什么问题；④市场和竞争情况如何；⑤你打算怎么做；⑥做这件事是否有利润。

工作原则：BP 既要限制可能的风险，又要有利于推进后续各项工作，封闭性与开源性的平衡。

（2）商业计划书的作用

1）商业计划书：是为一个商业发展计划而做的书面文件，在BOT项目中的目标阅读者是投资人或相关利益载体或批准人，说服他们对项目进行投资和支持，向他们展现企业投资项目的能力和投资产生的价值，从而说服他们进行投资或合作或批准。

2）达到融资的目的：一个好的商业计划书是获得贷款和投资的关键因素之一，是争取项目融资投资的敲门砖。如何吸引投资者，特别是国企作为国资的监护人，一份高质量且内容丰富的商业计划书，将会使投资者更快、更有效地了解拟投资项目，对项目充满信心，并批准投资参与该项目，最终达到为项目筹集资金的作用。商业计划书的质量和专业性是企业需求投资的关键点，目前国企和民企在争取获得风险投资之初，首先应该将商业计划书的制作列为重要事项。同时对于已投项目商业计划书也是每年向各级部门、金融机构汇报和报批来年计划的依据性文件。

3）全面判断企业能力和筹划项目：通过制定商业计划书，在项目初期把方方面面的问题系统地列在纸上，做到纲举目张，使企业本身和投资人均能对企业能力有一个全面的判断和定位，才能够在制定战略和战术过程中发现企业本身所蕴藏的机遇、优势、竞争力和不足，帮助你分析目标客户、制定战略规划、形成定价策略、判断市场风险和竞争性，筹划和防患于未然，以求投资成功。

（3）商业计划书的内容

一份BOT项目商业计划书需要包含以下7个方面的内容，参见图1-6。

1）基本介绍：介绍项目背景环境以及项目的由来，阐述投资该项目的缘由；

2）项目介绍：详细介绍项目的规模，涉及的核心工艺和设备，以及项目的可盈利性；

3）竞争分析：阐述现有市场情况，体现项目优势，增强投资人对项目的信心；

4）盈利模式：阐述项目的价值和收益分析，这是投资人进行投资决策时最为关注的问题；

5）市场规模：介绍项目的目标市场情况，是项目未来增长或扩张时需要考虑的重要因素；

6）融资计划：介绍项目融资结构及方案搭建，使投资人知晓需要投入的资金和获得的股权；

7）总体计划：明确项目的实施规划，包括实施方式、实施步骤、时间节点、里程碑等。

在具体实施时，因项目类型和所处阶段的不同，商业计划书具有不同的侧重点，内容不可能一步到位，也是随着项目推进逐步完善，但以上7个方面的内容通常都需要具备，这样才能够有效支撑投资决策。

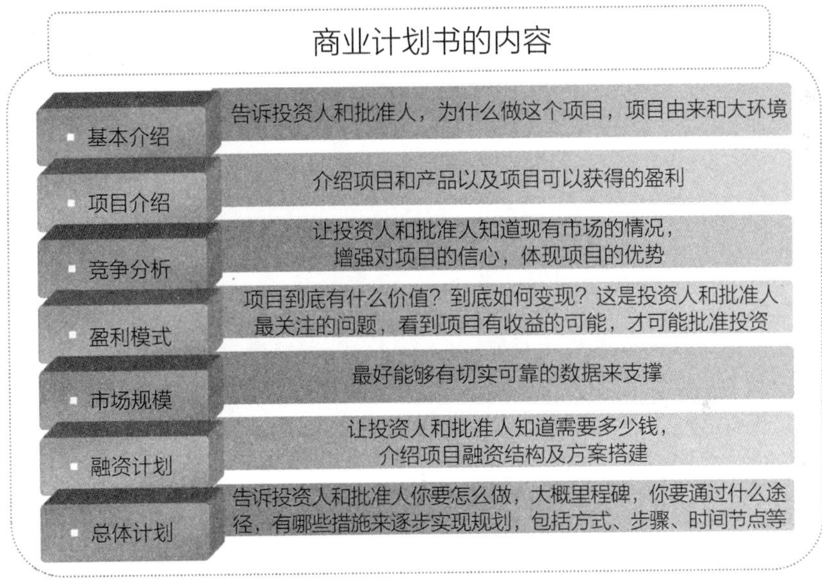

图1-6 商业计划书的内容

2. 用BP做汇报时应注意的问题

在项目初期，企业投资部门必须做到心中有数，根据项目基本条件做出项目计划书，向公司领导、董事会、国资委等上级部门领导（内部人士）汇报。你可能面对的是非技术背景但对计划或者费用有兴趣的人，比如可能的投资人、银行保险、政策机构、各级领导以及合作伙伴、供应商、顾客等，因此，从总体来看，撰写商业计划书的原则是：简明扼要、条理清晰、内容完整、语言通畅易懂、意思表述精确，避免使用过多的专业词汇，聚焦于特定的策略、目标、计划和行动。

投资机会的发现、研判、筛选是投资项目（BOT）的起始点和顺利开展后续工作的基础。通过宏观市场调研、微观市场分析，搜集各方信息，再借助SWOT分析法，提出可能的投资项目。针对可能的投资项目，有针对性地编制商业计划书（BP），以便获取交易各方的兴趣，从而获得实质性项目机会。

3. 案例说明

【案例1-8】：某国光伏项目商业计划书（BP）的目录结构

一、项目概况

1. 项目背景

主要内容包括：项目名称、项目地址、项目公司、项目业主、项目规模、项目来源、主要合作伙伴、政府关系等。

2. 项目概述

主要内容包括：领域、地域、投资额、预期项目收益率、资本金收益率、股东结构、项目进展等。

3. 合作伙伴和投资标的概述（伙伴背景和角色、获取项目模式）

4. 投资模式（控股或参股，设备入股、收购公司、BOT、BOO等各自的优势和劣势）

5. 投资该项目的战略意义（获取EPC工程、高额收益、核心技术和协同效应等）

（1）目标公司概述（股东结构、运营方、工程承包方和设计方，项目总投资额，债股比、股东比例，项目审批情况）；

（2）股东基本情况（背景、综合实力、财务状况等）；

（3）该项目突出亮点（收益保证-PPA、盈利模式、增长空间、核心技术、政策优惠等）；

（4）公司投资该项目的优劣势分析（核心技术、投融资、运营管理、政府关系等）。

6. 公司未来经营计划和实现能力分析（销售额、利润、成长性等）

二、目标国家投资环境分析

1. 国情基本介绍（地理位置、人口、GDP增速、政治稳定性）

2. 国家和地方投资优惠政策、税收、财政补贴、土地优惠、工资水平、技术水平、汇率波动、融资成本等

3. 涉及项目所在地的基础情况分析，如：三通一平、原料供应、市场远近和其他基础设施情况

4. 国际评级机构的评级水平和主要风险评估

三、行业和市场分析

1. 行业背景分析（政府垄断型、完全市场竞争型、介于两者之间）

2. 行业五因素分析（进入门槛、原料供应、市场潜力、替代产品、核心竞争力）

3. 产品系列、市场容量历史和趋势分析、产品价格历史和趋势分析

4. 中国和国际客户分析（背景分析、年购买量、运输方式、购买方式、支付方式，锁定客户方式）

5. 产品物流和营销模式分析

6. 该领域国际竞争对手分析（成本、渠道、价格、品牌和规模等）

四、EPC工程技术基本描述

1. 工艺路线、核心工艺和核心装备

2. 辅助设施、场地条件和HSE

3. EPC承包商、分包商和施工单位资质分析

4. 完成工程项目的主要节点（初设、总设、施工图）和时间进程

5. 装备及配件采购、供应及维护

五、商务合作模式和SPA关键条款

1. Term Sheet初步意向，也可以在尽职调查完成后进入该阶段谈判

2. BOO、BOT、EPC、EP、PPP等合作模式的详细描述和优劣势分析

3. 董事会构成

4. 董事会章程（股东权益和决策机制）

5. 项目组织结构设置和关键岗位设置

6. 重大运营和投资事项的决策机制

六、投融资分析（粗估）

1. 工程总投资测算（成本和收益等）

2. 投资架构（战略投资或财务投资、债股比、股权架构设计）

3. 融资模式（杠杆比例、融资渠道和融资担保等）

4. 收益模式分类和分类收益分析（工程收益、运营收益、运维收益、股权出售收益、协同效应收益和资本市场收益）

5. 估值方法和交易对价（股权或资产并购项目）

6. 项目或股权退出安排

7. 投资收益测算（ROE、IRR、EIRR或EVA等）

8. 收益敏感性分析和收益保障能力分析

七、风险分析

1. 国别政治、主权信用和投资政策风险等

2. 项目内部风险（合作伙伴、关联交易和运营等）

3. 商业风险（商业信誉、合同履约、汇率及支付等）

4. 市场风险（市场容量、市场价格和市场竞争等）

5. 技术风险（核心技术滞后、技术替代和产品替代等）

6. 法律风险（资质、土地、税务、劳工、技术保护等）

7. 收益保障风险

八、行动计划和费用预算（也可在尽职调查完成后提供）

1. 项目机构和小组组成人员

2. 协作单位构成和协作模式

3. 项目尽职调查安排（技术、财务和法律）

4. SPA（股权收购协议）谈判计划安排

5. 尽职调查和SPA谈判的费用预算

6. 其他说明

工作节点1.4　项目概念设计

Conceptual Design

项目的概念设计（Conceptual Design）类似方案设计（Scheme Design）或者叫目标设计，是做概念性的、定性的分析和研究，确定方案和目标才能前行。概念设计方案通常是决策项目上马的前奏，也是展示技术专业水平和项目管理的机会，在国际工程投资中，经常是被作为与业主探讨BOT投资方案的基础。

不过在不同国家不同的项目业主，由于习惯做法上有差别，有时也有采用“项目预可行性研究（Pre-Feasibility Study，Pre-FSR）”或“预前端设计（Pre-FEED）”等活动来开展类似本工作节点中阐述的“项目概念设计”活动。也就是说，此类活动有时不同的业主会采用不同的活动方式和名称，但是主要工作目的和内容还是相

似的。项目概念设计的具体阐述将如下文。

另外本书的"专业任务3　项目可行性研究"，将在识别选定项目投资机会、研究确定项目必要性和可能性、初步选择项目方案、策划投资商业模式和投资架构的基础上，对如何开展项目可行性研究活动也进行了进一步的阐述和介绍。

1.4.1　项目概念设计的含义和目的

在政经民生调研和对项目所在国家宏观分析后，强调项目概念设计就是对BOT项目本身的技术进行研究和定位。概括来讲，项目概念设计就是提出项目的概念和技术的可行性。

1. 项目概念设计的含义

项目的概念设计是由分析业主和用户需求到生成概念产品的一系列有序的、可组织的、有目标的设计活动，类似方案设计，是做概念性的、定性的分析和研究。对于BOT项目，项目概念设计就是提供给业主项目的初步方向性的技术草案、示意图、规划图、项目问题分析、风格趋向、目标市场需求、一幅发展蓝图等内容。概念设计方案的形成过程，就是针对项目所在国需求，把项目的可能性从感性的思维上升到理性思维，再将它有序的、有目标的、按照工程技术规范标准，把预先的想法、思维、理想化的、碎片化的设想逐渐变为现实，绘制成为一幅工厂蓝图。这是一个由粗到精、由模糊到清晰、由抽象到具体的不断进化的过程，是战略愿景与目标技术选择的过程，它也包括落实这些技术要采取的商业模式、战略关键点、管理架构等。

项目概念设计具备两个特点：第一是项目前期工作内容变了，从研究市场和商务转换到研究技术，是针对BOT项目做技术方案。第二是工作主角变了，从市场商务人员变为工程技术人员，因此项目概念设计的工作团队一般由专家、工程技术人员组成。

2. 项目概念设计的目的

概念设计的功能是搭建一个展示平台，和业主探讨技术方案，同时也是展示投资人专业技术水平、项目经验和管理水平的机会和载体；

概念设计方案是通过项目的前期策划，产生对拟上项目的构思，确立方向，这种构思是基于两点：对客观环境的评估预测以及同类项目的经验，即提出实施方案，确定方向，并对实施方案进行初步的技术论证，它的结果将作为项目决策的依据，对项目进行实施和管理，对项目的整个生命周期，起着决定性作用（如技术选择方向性错误将会导致整个项目的失败）。

1.4.2 项目概念设计的主要内容和工作重点

1. 项目概念设计

在项目前期阶段设计者必须对将要进行设计的方案作出周密的调查与策划，分析出客户的具体要求及方案意图，以及整个方案的目的意图、地域特征、文化内涵等，再加之设计师独有的专业技术能力和思维素质以及同类项目的经验产生一连串的设计想法，才能在诸多的想法与构思上提炼出最准确的设计概念。简而言之，概念设计既是模糊创意也是项目构架的搭建，是利用设计概念并以其为主线贯穿全部设计过程的设计方法。概念设计是展示设计水平和服务项目的机会，也是和业主探讨方案的基础。

项目概念设计，也相当于国内的方案设计：根据住房城乡建设部组织编制的《建筑工程设计文件编制深度规定》，建筑工程设计一般应分为方案设计、初步设计和施工图设计三个阶段，方案设计是在项目的方案设计开始之前，提供给业主的初步的方向性设计草图、示意图、规划图、项目问题分析、风格趋向等内容。方案设计文件应满足编制初步设计文件的需要，应满足方案审批或报批的需要（仅适用于报批方案设计文件编制深度）。

方案设计是设计中的重要阶段，它涉及设计者的知识水平、经验、灵感和想象力等。方案设计包括设计要求分析、系统功能分析、原理方案设计几个过程。该阶段主要是从市场调查和业主需求出发，确定实现产品功能和性能所需要的技术系统，并对技术系统进行初步的评价和优化。设计人员根据设计任务书的要求，运用自己掌握的知识和经验，选择合理的技术系统，构思满足设计要求的原理解答方案。

2. 项目概念设计的功能

（1）针对项目所在国需求，把项目开发过程中的关键因素、里程碑、最后目标等蓝图展现给业主；

（2）对项目的初步方案、工艺、规模、技术选定达成初步共识，确定总体目标。确定总体目标是项目概念设计最重要的功能，工程项目是由目标决定任务，由任务决定工程的技术方案和实施方案。所以，项目目标规定着项目和项目管理的各个阶段和各个方面，形成一条贯穿始终的主线。如果目标设计出错，常常会产生如下问题：

1）工程建成后达不到使用功能和效果；

2）虽然可以正常运行，但其产品不符合市场需求；

3）运营费用过高，没有效益，没有竞争力；

4）项目目标的确定很不稳定。追加投资，造成超投资、超工期等；

（3）展示能力和经验以及特有的竞争力的载体，投资者根据目标提出技术方案和总体方案以展示企业自身的实力、能力、经验。通常经验成熟的企业可以类举已建成项目的经验，很快地提出工程技术方案，给外方一个初步蓝图和概念；

（4）工程技术方案是下一步项目建议书的基础和组成部分；

（5）供定义阶段方案比选、讨论。

3. 项目概念设计的依据

项目概念设计的依据主要包括以下内容：

（1）评估投资所处的宏观环境：这里所说的宏观环境评估，是指对项目自身环境和条件的调查，而不是之前反复强调的政经环境。项目自身环境和条件是指技术和生产运营所需要的环境，主要是自然环境、上游资源、地理位置等，它是项目生存发展的土壤，它既为项目活动提供必要的条件，同时也对项目活动起着制约的作用。因此，必须对项目环境和条件进行全面的、深入的调查和分析。只有在充分的环境调查与分析基础上进行分析，才有可能获得一个适合投资开发、安全运营、高效盈利的项目环境，这是项目策划最主要的方法；

（2）目标项目市场的需求；

（3）已建类同项目的经验积累和教训：应重视同类项目经验和教训的分析。项目策划是对拟实施项目的一种早期预测，因此，类同项目的经验和教训就显得尤为重要。对国内外类同项目的经验和教训进行全面、深入的分析，是整个项目策划工作的重要部分，应贯穿项目策划的全过程；

（4）对东道国、意愿、实力、效率、经验、信誉等方面的评估，力求充分显示，满足诉求，达到双赢；

（5）东道国提供的可选择的厂址、交通项目的选线等各类型项目的基本条件；

（6）拟建项目具备所需资源——公共资源。

4. 项目概念设计的主要内容

（1）初步设定的项目规模和产品；

（2）初步确定的技术指标和选定的项目技术方案。

5. 项目概念设计的工作重点

（1）项目环境调查与分析

项目环境调查是确定项目目标，进行项目定义，分析可行性的最重要影响因素，是项目概念设计中正确决策技术方案的基础。开展项目环境调查与分析时，应重点对项目所处的建设环境、建筑环境、自然环境的概念、特征、现状的优势或劣势加以分析和预测。

（2）项目定义

根据项目环境的分析，结合东道国业主需求，提出项目概念、阐明投资方意图，明确投资建设什么产品，明确定义其效益和意义，包括项目功能、规模和技术标准，项目总投资和投资收益的估算，以及项目的总进度。

（3）项目决策策划

项目决策策划包括项目产业策划、项目功能策划、项目经济策划与项目技术策划，其中前三项是项目决策策划的主要内容。

1）项目产业策划

根据项目环境的分析，结合项目投资方的项目意图，对项目拟承载产业的方向、产业发展目标、产业功能和产业标准进行论证和明确。

2）项目功能策划

包括项目目的、宗旨和指导思想的明确，项目规模、组成、功能和技术标准的论证等。

3）项目经济策划

包括分析开发或建设成本和效益，制订融资方案和资金需求量计划等。

4）项目技术策划

包括技术方案分析和论证、关键技术分析和论证、技术标准和规范的应用和制定等。

（4）项目目标确定

项目的目标设计、项目的定义、项目的蓝图说明等。

1.4.3 项目概念设计的实践指导

1. 项目概念设计和项目建议书的区别

项目概念设计和项目建议书的区别在于两者侧重不同，深度不同，目的和作用不同，具体对比参见表1-3。

项目概念设计和项目建议书对比 表1-3

	时间	目的作用	论证重点	论证深度	经济评估和投入	结论
项目概念设计	项目机会研判选择初始	申请项目在本企业立项向项目审批机构“打招呼”	为项目所在国画蓝图示美景	影子项目模糊概念	根据经验判断投入少、成本低	决策项目是否启动
项目建议书	项目决策启动	企业内部项目决策依据	对项目投资建设的几个重要因素侧重宏观角度论证投资建设项目的可能性和必要性	对项目投资建设的几个重要因素用同类项目类比法、预估法提出设想方案，估算允许误差20%～30%	初步评价经济效益、市场效益、社会效益等，以静态估算为主，只审查投资利税、投资利润、投资回收三项指标。要投入各专业人员	从投资机会判断项目是否正确、是否有前途，投资建设该项目是否可行

2. 具体实践时应注意的问题

工程项目的概念设计必须经过富有同类项目经验的工程技术人员推敲和论证。因为在确定方向时错误的判断将会导致整个项目的失败，而且这种失败常常是无法弥补的。

然而项目概念设计阶段的工作并没有引起人们足够的重视，项目工程技术、工程经济、工程管理专家和财务专家或没有介入，或介入太少，或介入太迟。在许多项目策划过程中存在着如下现象：

（1）不按科学的程序办事。长官意志或搞形象工程，直接构思项目方案，直接下达指令做可行性研究，甚至直接插手项目的前期工作，定调做工程设计；

（2）在概念设计阶段不愿意花费时间和精力深入调研。在项目商机研判初始，刚刚产生一个构思就跳跃到要上马这个项目，既不做深入、系统的调查和研究，又不做细致的目标和方案的论证，就和外方推出项目具体方案。有经验的投资企业非常重视概念设计阶段，而且时间投入最多，他们认为判断投资机会阶段是确定战略的重要阶段，不打好这个基础，后面工作只会徒劳；

（3）在做项目目标设计时，许多人过多地考虑自己的局部利益。为了使投资项目能够获得上层的批准，掩盖风险，拍脑袋提方案做过于乐观的策划，或对东道国过分夸张项目所带来的利润和效益，或将导致项目失败。

我国对外投资实践证明，国家专业公司和实体企业有实力、有经验，具备技术人才也非常重视这个阶段的工作，项目管理专家早期介入项目，咨询工程师甚至承包商在项目目标设计、构思阶段就介入项目，这样不仅能够防止决策失误，而且能够保证项目管理的连续性，进而保证项目的成功，提高项目的整体效益。而非专业的窗口公司，或者非主业企业国际工程投资往往容易犯以上类似错误，这些问题应该引起高度重视。

在具体实践时，应注意如下问题：

（1）因地制宜

既要发挥经验优势，又要避免经验主义。在概念设计工作中必须考察现场，进行环境调查，并对环境发展趋向进行合理的预测。要因地制宜，避免将国内施工技术和经验完全套用其他国家。

（2）调查全面

项目技术方案是基于对客观环境的全面评估与预测，在做现场调查的同时，要对投资建设项目的各方面条件和影响因素进行全面调查。

（3）精心策划

在整个过程中有一个多重反馈的过程，要不断地进行调整、修改、优化，甚至放弃原定的构思、目标或方案以满足东道主国家和项目所涉及的各方需求。

（4）设立节点（项目里程碑）

在项目目标设计中，阶段决策是非常重要的。在项目总体计划中必须设置几个里程碑，对分阶段工作结果进行分析、选择、调整。

项目里程碑（Milestone）是指项目中的重大事件，在项目过程中不占资源，是一个时间点，通常指一个可交付成果的完成。项目里程碑定义的核心是围绕事件（Event）、项目活动（Activity）、检查点（Checkpoint）或决策点，以及可交付成果（Deliverable）这些概念来展开的。

（5）越俎代庖

要防止市场商务人员代替工程技术人员现场考察或者套用同类项目原有技术方案。

3. 项目概念设计的原则

（1）依据以往经验和创造性思维，既要有前瞻性又要有可行性；

（2）项目方案策划过程的科学性；

（3）举纲抓目，侧重整体，搭建结构；

（4）从模糊到清晰，允许存在偏差；

（5）投入少，成本低，效率高；

（6）边调研、边研判、边筛选、边更新，为投资项目提供决策依据。

1.4.4　案例说明

【案例1-9】：M港口项目

S国位于红海入海口，是亚欧航线的咽喉要道。M港位于S国东南沿海海湾的南岸入口处，濒临亚丁湾的西南侧，是S国的最大海港，也是东非最大的现代化港口之一。

2013年1月，中国N公司与S国港口和自由贸易区管理局签订协议，以1.85亿美元收购S国港口有限公司23.5%的股份。

先天不足的港口条件制约了M港的进一步发展。首先是水深问题，M港现有泊位14个，最深的泊位也只有12m深，限制了一些大型及超大型船舶的停靠。而M港正位于繁忙的红海航道上，扼红海进入印度洋的要冲曼德海峡（仅宽54海里），地理位置十分重要，是连接亚、非、欧三大洲的十字路口。在此经过的大型船只非常多，而M港有限的水深条件使得很多大型船舶无法停靠，影响了M港的未来发展。

其次是港口位置问题，现在的港口位于S国首都西北部，距离其首都市中心只有1km的路程，诸如总统府、外交部等政府机构以及使馆区都距离港口很近。尤其是坐落在港口内的壳牌、美孚以及道达尔公司的油库，对首都市区安全已形成隐患。

中国N公司参与该项目时，S国政府正在策划老港口改扩建，当初方案是投资6亿美元，吞吐能力提升20%。在S国总统和中国N公司领导沟通投资项目时，该领导当即表示不赞成改造老港口的方案，因为这个老港已运营80年，吞吐能力350万t，最多仅能停靠2万t的船舶，且码头破旧，“就像一件旧衣服，会越补越破”。根据中国港口建设经验，提出了一个新的方案（概念设计）：

（1）功能——在距离老码头15km处新建一个现代化的多功能深水港，将老港区港口业务整体搬迁；

（2）项目的产品和规模——可停靠15万t级船舶；

（3）总投资——造价低于6亿美元，且吞吐能力比老港口高出一倍；

（4）附加功能——在新港口后方，可开发一个园区。老港区则可改造为中央商务区和金融中心。

在距离老码头15km处的新址有着得天独厚的优势。首先，水深平均为20m，完全可以满足大型集装箱船、超大型油轮以及航空母舰的停靠。其次，它比S国老港更向海湾内部延伸，终年基本上没有大风浪，是一个天然良港。另外，它距离S国至埃塞俄比亚干线公路的入口处只有5km，交通十分方便，新港建在此处，也避免了由于货运卡车频繁进出首都市区造成的交通问题。

中国N公司的新方案不仅彻底解决了M港城冲突，而且适应了船舶大型化趋势，为S国国际航运中心建设提供了有力保障。初步测算，到2025年，可以带动S国GDP在15亿美元基础上翻两番达到60亿美元，解决10万人就业，相当于可就业人口的近20%。

起初S国总统对这个设想表示怀疑，但在考察了中国N公司蛇口公司，详细了解中国N公司把深圳蛇口从三十几年前的小渔村建成了一个现代化都市的伟大历程，并目睹了中国N公司开发蛇口总结的“前港、中区、后城”模式后，他对把蛇口工业区的理念和经验注入S国，将“前港-中区-后城”模式在S国进行复制推广的做法非常赞同。这就是一个非常好的案例，提交了一个概念设计，为项目所在国画蓝图展示美景，根据经验判断投入少、成本低，也显示了中国N公司的能力和经验。

工作节点1.5　框架协议签订

Cooperation Framework Agreements

签署框架协议是国际工程投资中，投资方与东道主国家双方达成一致意见后形成的一种书面形式，实际此项工作从商业机会研判就已经开始，在与东道主国家落实各项投资必备的基本条件过程中随时要以备忘录、会议纪要等有文字记载的书面方式，锁定投资机会。

预可研工作进度，参见图1-7。

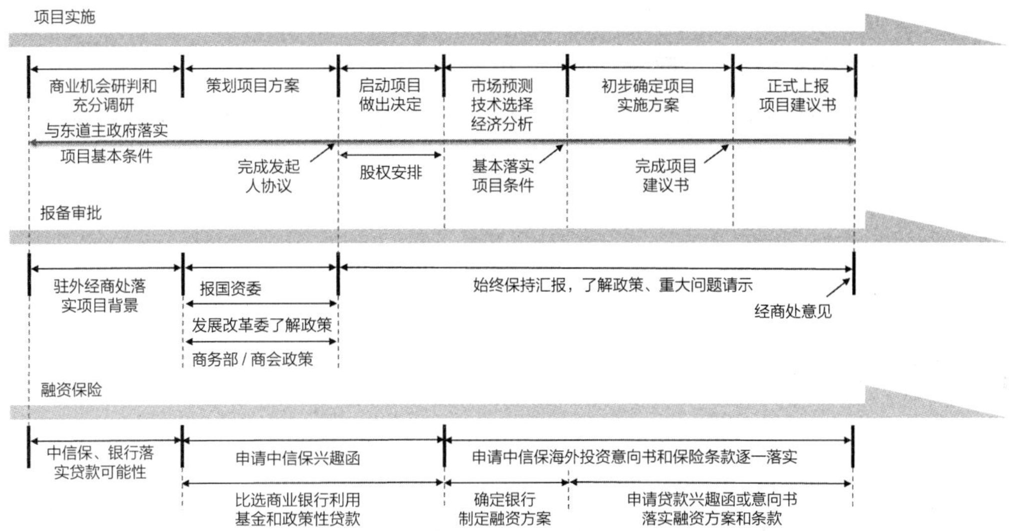

图 1-7　预可研工作进度表

1.5.1　签订框架协议的目的

BOT项目的实施一般分为四个阶段，参见图1-8。

预可研阶段签订框架协议的目的是锁定投资机会，达成基本条件和排他性的合作意向。从第一阶段开始，为推进项目要不断锁定投资的基本条件，为正式签订各种合同做好准备工作。

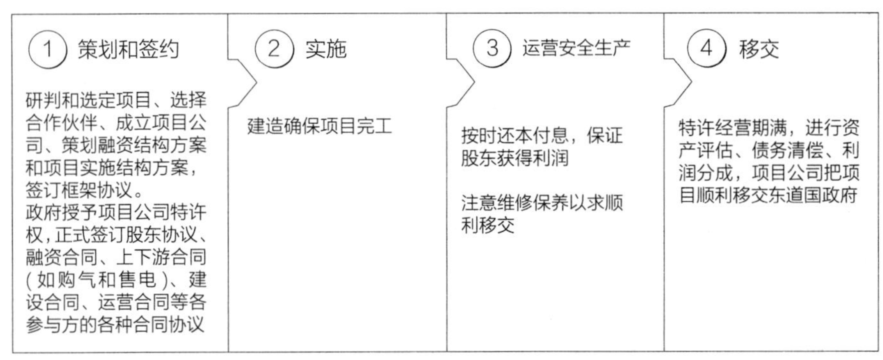

图 1-8　BOT 项目实施的四个阶段

1.5.2 框架协议的基本内容

一般BOT项目实践中所涉及的六项主要框架协议（简述）：（有关投资协议的详细内容在本书专业任务5中做详细介绍）

1. 项目发起人协议、项目发起人出资协议

（1）项目发起人协议：项目的实际投资者（股东）或主办人提出项目并取得经营项目所必要的许可协议，并将各当事人联系在一起，制定经营范围、注册资本、股权结构、组织机构、权利义务、违约责任等，从组织上负有督导该项目计划落实的责任。一般来说，发起人中最好包括一家当地境内企业，会有利于项目的获准与实施，降低项目的政治风险；

（2）项目发起人出资协议：决定投资者的权益分配，是投资者成功后的收益凭证，也是失败后分清责任的依据，包括规定股本总额、认购份额、各股东出资额、投资者之间的责权、履行出资责任以及放弃和豁免等。

2. 项目所在国政府支持性文件或者相关政府机构的投资许可

在国际工程投资项目中，东道国政府的作用是提供政府支持函、投资许可协议、项目经营特许权协议，通过政府部门或受政府控制的部门对项目注入间接的股本资金，在BOT项目全周期经营中给予相关行业各项优惠政策，最好充当项目产品的最大买主，以保证将来投资人可以顺利退出。

3. 项目生产原材料供应意向协议

项目能源及原材料的长期供应和它们的固定价格直接影响项目预期收益的实现，对国际工程投资项目起着十分重要的作用，只有以长期的优惠价格和条件为项目供应足够的能源和原材料，才能避免无米之炊，保证项目在经营期间10～50年正常运转，为项目顺利进行提供了必要条件。所以必须要首先促成此意向协议的达成。

4. 项目产品意向销售协议或产品收购意向协议

国际工程投资项目中的项目包销合同和原料供应合同一样重要，统称上下游合同，上下游合同的锁定是BOT项目的重中之重。因此，为保证项目建成后有足够的现金流量用于还本付息，必须要确定产品的承购商并签订产品购买包销协议，即：保证购买和保证支付（Take or Pay）。产品最好包销，减少向市场公开零售，以减少或分散项目的市场风险。

5. 项目厂址土地出让或使用意向协议

投资建厂选址要保证地理位置、厂址状况和公用设施优势等，厂址要多个比选，可不止一个，待项目确定后再办理土地权属证。

6. 项目拟采用的专利和技术转让授权意向协议

项目需要引进技术和知识产权保护时，一定要提早磋商安排，签署意向协议。

1.5.3 签订框架协议的作用和意义

1. 签订框架协议的作用和意义

投资者在经过前期的初步考察和机会研究基础上，与政府相关部门签订项目投资开发谅解备忘录、会议纪要等，表明双方同意投资者在一定期限内就该项目做深入的可行性研究，约定项目的基本条件、双方的权利义务，促成PDA（项目开发协议）的签订。

（1）绑定合作关系

框架协议表示双方当事人对合作的标的达成意向，解决与谁合作的问题，在法律上确定了双方的合作关系，如同双方“定了亲”。

（2）初步约定要做的事情

框架协议确定合作的具体内容，解决怎样合法合规合作及合作的具体内容。

（3）排他条款锁定投资机会

签订合作框架协议代表双方达成了初步合作的意向和排他性，在排他期内排除了其他竞争者，双方才可以就进一步合作深入开展工作。如同双方“定亲”就不能许给其他“婆家”。

（4）需要落实的基本条件

至少以下内容（BOT项目的基本条件）要写入框架协议：

1）项目发起人协议、项目发起人出资；

2）项目所在国政府对BOT支持性文件或者相关政府机构的投资许可意向性意见；

3）项目生产原材料供应意向性意见；

4）项目产品销售协议或产品收购意向意见；

5）项目厂址土地出让或使用意向意见（可不止一个）；

6）项目拟采用的专利和技术（转让）意向意见；

7）项目所在地环境影响初步评价文件（可能与预可研同步开展），项目厂址的水文、气象、地质、地貌及测绘资料；

8）项目建设和销售运营的意向书或初步方案书；

9）项目所在国政府对BOT项目的优惠政策；

10）项目融资意向意见。

（5）双方工作内容分工

双方要根据框架协议第2点和第4点所列工作内容和BOT项目需要落实的基本条件等工作进行分工，逐一落实。

（6）时间表

确定BOT项目各里程碑和大概时间表。

（7）保密协议

确定保密义务，框架协议未经另一方事先书面同意，在双方约定的期限内不得向任何第三方透露或公开。

（8）前期费用

明确前期费用的分摊，包括项目选址、调研、立项、可行性研究及其批复，项目用地勘查、公共配套设施、委托第三方机构等。很多BOT项目在项目公司成立前，政府主管部门已经完成了前期准备工作，前期费用的分摊或出资方均要明确。

签订框架协议是投资人介入BOT项目的重要法律文本之一，也是未来签订特许经营协议和一系列合同的基础，投资人应明确基本义务和责任，并清楚地认识到此义务和责任连带的各种风险，在与政府一方签约前的投标和谈判过程中要认真调研，以投资人、建设者、运营商的身份，对BOT项目全生命周期进行风险预测、转移、管控，才能确保BOT项目各种权益不被潜在的各种风险损害。

2. 框架协议的特点

（1）框架协议在法律上初步确定双方的合作关系，类似缔约协议，表示双方有意向合作，具有排他性，但没有合同的具体内容即不具有合同的效力。双方磋商谈判中可以随时修改、完善协议内容，违反框架协议只负缔约过失责任，而合同是有具体详细内容的文本协议，违反合同内容属于违约，需要承担违约责任；

（2）框架协议确定合作的总原则和基本内容，将对未来双方签订正式合同具有指导意义，合同内容必须在这个框架基础上去细化，基本不能与框架协议冲突；

（3）框架协议一般没有约定违约条款，所以法律的约束性比较低；

（4）框架协议在双方谈判中主动性、探讨性、合理性、开放性机会更多；

（5）针对BOT项目程序复杂、参与者关系复杂、合同内容复杂的特点，签订框架协议具有确定项目主体、理顺各方关系、明确各方任务、纲举目张、确定大纲的作用，也可为项目推进奠定良好的基础。

1.5.4 签订框架协议的实践指导

1. 相关国际惯例与法规

（1）当地国约束力高于《合同法》的法律；

（2）双方约定的第三国《合同法》；

（3）项目所在国的民法、商法，如公司法、合同法、投资法、税法、劳工法、知识产权法、海关税则及环境保护法规等；

（4）项目所在国对外商投资的法规及鼓励政策、负面清单；

（5）我国政府对境外投资的政策和法规；

（6）投资方上级主管部门的审批规定。

2. 框架协议准备的原则

（1）首先是转变观念，从工程承包商转变到国际工程投资商，角色的转换是否成功，企业产业转型升级转变经营方式后，内部和外部环境是否匹配这种转换直接影响投资的成败。要求企业负责人必须转变经营理念，要有高视野、细布局，站在投资商的高度按照国际惯例精心策划项目全局，要对投资项目的每一个环节胸有成竹，了如指掌，才能做到纲举目张、带领团队全方位推进项目；

（2）尽可能地选择能与国际法规和标准接轨且最适用、最熟悉、最有保护功能的中国法律法规，既要遵从当地法律法规又要避免使用东道国的法律体系，尽量弱化东道国司法管辖权的影响。项目律师要早期介入，并聘请和要求国际或当地律师事务所适时介入，仲裁可以选择国际投资争端解决中心（ICSID）、国际商会（ICC）等；

（3）由于前期工作磨合时间较长，要使用合同、协议、备忘录的有效期或生效期等方式规避各种风险，约定至少能够覆盖投资前期的工作期间；

（4）要求参与项目人员必须熟悉国际工程投资的国际惯例和相关法规，通读我国和项目所在国的法律法规；特别是负面清单，要避免在合同和协议中出现赔偿条款；

（5）精细化管理，避免急于求成和侥幸心理，自觉系紧安全带。

3. 具体实践时的注意点

（1）在进入磋商谈判前要做好功课，根据拟投资项目草拟谈判纲要和框架协议要点，注意围绕BOT项目和项目融资的基本条件和特点进行，且绝对不能有漏项，要有所准备地与东道国争取最优惠条件；

（2）框架协议要重点突出大原则和基本条件，而非细枝末节；

（3）框架协议要尽量固化前期双方已达成的重要原则、成果，尤其对有利于我方的条件要用文字固定下来，但又不能束缚住后续工作的灵活性；

（4）框架协议要有排他性；

（5）BOT项目商务、技术、融资等方面要签订诸多类型协议，要关注协议和协议之间千丝万缕的内在关系，仔细推敲他们内部的逻辑关系，避免出现自相矛盾的误区；

（6）框架协议一般不列违约条款，所以需要特别注明生效的条件和自动失效条件，在上级政府审批前，不要签订任何具备法律效力的协议。

4. 其他需注意的问题

（1）重视合同和协议的文件管理，文本要完整，签署要规范，原件要归档；

（2）尤其要重视合同和协议等修订文件的管理，在投资合同生效前，其合同和协议的修改不可避免，谈判过程中双方达成的共识成果以及有利于我方的条款要随时以补充协议（Amendment）或用文字的方式及时固定下来；

（3）在发起人协议签署后，尽早起草公司章程（草案），以便明确各投资人的权利、责任以及公司的基本架构，有利于项目的推进；

（4）重视项目建设地（厂址外环）基础性资料的搜集，如水文、气象、地质、地貌及测绘资料、人文社会资料、环境保护相关资料，确保资料的真实性。例如：在某电站的咨询公司专家评审会上，专家提出企业应该提供电站所在国国家档案馆水文地质资料，不能只凭介绍和了解断定当地没有发生自然灾害，没有文字记载的结论不能作为判断的依据，为此要求企业对此项工作重新调研。企业当即派人在国家档案馆找到原始资料，证明此地50年内没有地震山洪海啸的档案记录；

（5）各国绿地开发项目的投资开发程序规定以及要签署的协议种类各异，程序也有所不同，本节上述框架协议主要适用于东南亚等国的电站项目，下面再推荐两个国家的情况以供参阅变通，其前期开发形式又有不同，要求企业要因国别而异，因项目而异，做好项目前期框架协议签订工作。譬如：

1）老挝水电项目开发规定的程序大体是：政府与有意向的项目投资开发商首先签署谅解备忘录（Memorandum of Understanding，MOU），授权其研究项目—项目基本研究成熟，政府与潜在投资开发商签订项目开发协议（PDA），基本锁定开发商的开发权，并对投资人投资意向、条件、责任、义务和项目开发中政府责任、义务做出规定—投资人之间签署项目公司的股东协议—成立项目公司—政府与项目公司签署特许经营权协议、土地使用权协议、水资源协议等—购电商（老挝国家电力公司）与项目公司签署买电协议（PPA）；

2）巴基斯坦水电项目开发的程序大体是：有意向的投资人通过投标或议标从政府获取项目兴趣书（Letter of Interests，LOI）—投资人开展项目可研等前期工作—政府电力机构审批可研报告—投资人向买电机构申报电价，并开展谈判，最终获得可研阶段电价审批—政府颁发项目支持函（Letter of Support，简称“LOS”），这在法律上就锁定特许经营权—投资人间签署股权协议，成立项目公司—项目公司开展EPC招标并谈判、签署EPC合同—项目公司与政府签署特许经营权协议、土地使用权协议、水资源协议—项目公司向购电机构申报EPC阶段电价，并通过谈判获得EPC阶段电价审批—项目公司与购电机构签署PPA等。

1.5.5 案例说明

【案例1-10】：A国B港BOOT电站项目工作进展流程

项目规模：3×55MW电站项目；

项目所在地点：A国B港市；

项目介入时间：1996年底；

项目启动时间：2000年3月；

项目建成时间：2004年8月；

项目投产时间：2004年9月，2006年2月实现闭环发电；

项目移交时间：2024年完成；

目前投运转正常。

该项目进程：

2001年5月，企业提出了收购项目公司、以BOOT方式建设该电站的设想，签署了MOU；

2002年5月，完成项目建议书并上报国家计委；

2002年6月，企业与A国国家电力公司就中方成为项目新的发起人达成框架协议，在该框架协议中提高了电站的规模（由130MW到150MW）和电力收购系数（由80%到85%），这两项改变为运营期增加了售电收入；

2002年7月8日，按国家计委的要求，中国国际工程咨询公司完成了对项目建议书的评估报告；

2002年10月8日，经报请国务院批准后，国家计委对项目建议书进行了正式批复；

2002年11月，完成可行性研究报告并上报国家计委；

2003年2月6日，国家计委正式批复项目的可行性研究报告。

工作节点1.6　项目建议书编制

Preparations of Project Application Proposal

在“项目概念设计阶段”或“预前端设计阶段”或“预可行性研究阶段”（以下将主要以基于预可行性研究活动作为此阶段的典型案例来具体阐述），通过对投资机会的研判和深入调查，锁定了投资机会，初步落实了以BOT方式开展项目的基本条件，这些工作的最终成果要通过项目建议书呈现，所以要组织完成编制项目建议书。

1.6.1　项目建议书编制的由来和目的

1. 国际惯例与法规

（1）国际惯例

联合国工业发展组织（UNIDO）所制定的《工业可行性研究报告编写手册》（参见图1-9）、《项目评估指南》、《BOT指南》等规范，是大多数国家和地区政府和国际企业界、金融界进行投融资活动的评估准则和依据。UNIDO开发和使用的项目可行性分析与报告第三代专家系统模型更是为国际投融资界作为规范化项目分析与评估的权威软件系统。

图1-9　《工业可行性研究报告编写手册》（联合国工业发展组织1978年出版，有新版）

UNIDO成立于1966年，系联合国系统中的专门机构，致力于推动170多个成员国合作促进和加速发展工业化进程及实施可持续性发展战略。在投资与技术促进领域，经过近40年的发展，UNIDO目前已经成为全球多边投资与技术及项目融资体系中的重要组成部分。UNIDO已在世界范围内形成了比较完整的多边投资与技术促进系统并建立了一个庞大的投资与技术促进系统网络和数据库，能够迅速鉴别，及时准确传递国际投资和技术市场信息。

因本书面对的读者应该从事境外投融资业务，故推荐采用UNIDO推荐的预可研大纲，并以工业项目预可研的要求为例。大家深入理解UNIDO《工业项目可行性研究报告编制手册》《项目评估指南》《BOT指南》等，结合学习我国政府部门制定有关编制项建的要求，既要适应和遵守全球化经济中的国际惯例和习惯做法，又要符合我国和东道主国家的法规和要求，下面为国际上惯例和做法：

UNIDO在《工业可行性研究报告编写手册》中将投资分为三个时期，参见图1-10。

图1-10　投资的三个时期

在投资前时期，应完成以下工作内容：

1）鉴别投资机会（机会研究）；

2）初步的项目选择（预可行性研究）；

应该将预可研阶段视为机会研究和可行性研究之间的一个中间阶段，他们的区别在于随着时间的推移，获取资料的深度不同，细节不同，项目限定条件逐渐清晰，编制项目建议书增加了经济和技术上的选择方案。比如项目选址、项目规模、生产能力、技术选择、计划和销售、原材料投入、财务分析和技术经济分析等；

3）项目拟定（可行性研究）；

4）最后评价和投资决定。

（2）中国国家法规：预可行性研究（Prefeasibility Study）

预可行性研究是我国各行各业项目建设管理过程中普遍执行的管理程序和做法，我国发展改革委发布工程项目建设程序分为以下几个阶段，参见图1-11。

图 1-11　工程项目建设程序

发展改革委对预可研和可研部分发布过规范性文件予以指导，预可研阶段最终成品为项目建议书。项目建议书是项目发展周期初始阶段的成果，是政府审批项目的依据，也是可行性研究的依据，涉及国际工程投资项目，在项目建议书批准后方可对外开展实质性工作。

2. 什么是项目建议书

由于项目条件还不够成熟，对项目的具体方案还不够明晰，在项目早期把拟投资建设项目的机会和设想变为概略的投资建议，一个项目的总体轮廓、设想或者以初步方案的形式形成的文件称为项目建议书。

项目建议书重点研究论证投资环境、投资方向、市场预测、建设内容、项目规模、技术选择、经济分析、投资回报，用经过市场初步调研的数据和现状客观论证项目建设的必要性，同时初步分析项目建设的可能性，方案和估算均比较粗略，允许误差较宽泛。

项目建议书又称为项目立项申请报告，是企业向政府部门申报项目的申请报告，是对未来投资项目的目标和方案的初步论证，是政府审批项目的依据，也是可行性研究的依据，涉及国际工程投资项目，在项目建议书批准后方可对外开展实质性工作。

3. 项目建议书的用途

论证拟投资建设项目的必要性和可行性，对拟建设项目提出框架性的总体设想。

（1）作为拟投资项目的设想变为初步方案和投资建议的依据；

（2）作为拟投资项目发展周期初始阶段基本情况汇总的依据；

（3）作为拟投资建设项目主体上报有关部门审批决策的依据；

（4）作为拟投资项目项目建议书批复后编制可行性研究报告的依据；

（5）作为项目建议书到可研报告这个时段工作重点和指导的依据。

随着国家经济体制改革，非政府投资类项目改为备案制，中小型项目属地化管理，有些项目建议书和可研报告可根据项目的时间、规模、难易程度等合并考虑。

1.6.2　项目建议书的内容

1. 项目建议书的主要内容

由于行业不同，项目建议书内部各章节有所不同，但是所遵从的原理是基本一致的，除开篇介绍项目申报单位概况外，具体包括以下内容：

（1）项目建设的必要性和意义

项目提出的背景和依据以及项目投资建设的必要性和经济意义。

（2）市场需求预测

产品国内外市场供需及价格现状，包括过去、近期、未来需要量，是否有替代产品和项目是否唯一。

（3）投资建设项目的规模和进度以及工艺技术的选择

建设内容和建设规模、工厂技术选择以及项目建设进度等总体思路和方案。

（4）建厂条件

简述原料、燃料、水、电、气、交通和运输、公共设施等配套条件和实现这些条件的方案。

（5）厂址选择方案和环境评价（重点分析）

项目拟选址和水文、地质、环境基本条件。

（6）投资估算及资金筹措

估算生产成本和总投资费用，说明资金来源及筹资渠道。

（7）项目组织与管理

项目实施的规划、进度以及工厂管理。

（8）效益及风险分析（重点分析）

分析说明项目实施将产生重大的经济效益和社会效益，但同时存在各种风险并进行评估。

（9）结论。

2. 项目建议书编制中需重点分析的内容

编制项目建议书时应重点分析评估选址、环境影响评估、风险，工作要有深度，问题要落实清楚，不回避、不掩饰，提出问题、甄别风险，并提出防范风险的措施。

（1）项目选址和环境评价

1）认真调研，掌握建厂选址的基本条件：自然条件和社会条件；

2）对环境的影响和措施；

3）厂址选择和费用估算。

（2）风险评估

1）国家风险；

2）商业风险。

3. 项目选址和环境评价需要注意的具体内容

（1）选址的基本条件（自然条件和社会条件）

自然条件参见表1-4。

选址的自然条件　　表 1-4

自然条件	工程地质资料	1. 地形地貌描述 2. 地质构造：岩性、走向、成因类型、基岩深度、地基上允许承载能力、不良地质现象如喀斯特熔岩、滑坡、塌陷、流沙、冲沟、断层、崩塌、岸边冲刷、水分布和侵蚀性、地质均匀性 3. 土壤类型 4. 地震海啸：从历史记载档案中查找工程场地是否存在地震风险，避开地震易发地区，同时分析项目是否有诱发地震灾害的风险，重大建设工程及可能发生严重灾害的建设工程须有地震安全性评价报告

续表

自然条件	气象资料	气温、湿度、气压、降雨、风、日照时数、历年雾天日数、历年、雷暴日数、历年洪涝灾害
	建厂地水源及水文资料	1. 可用水源状况，河水、地下水或其他类型水源可取用状况，位置，每小时可取最大量 2. 水质分析（分别列出洪水、枯水季节的水质全分析数据） 3. 厂区的海拔标高 4. 工程场地周边河水的50年、100年一遇的最高和最低水位，历史最高洪水位

社会条件应包括地势、运输设施、供水电气、劳力、财税及法律、生活条件等，参见表1-5。

选址的社会条件　　表1-5

社会条件	土地状况	厂址土地面积及土地征购费，可租用的施工用地数量、地理位置、土地面积利用情况、厂址土地权属（要附证书）。厂址要有备选方案
	交通运输状况	1.港口水路：航道等级、通航船型、运费、里程、洪水期最大通航能力、大件设备运输条件，是否需要进行航道整治及费用估算；现有港口（码头）类型、吞吐量、机械化程度 2.铁路：线路名称、等级、（客、货）列车队数、设计通过能力、限制坡度、接轨站名称及等级、站线有效长度、信号系统及交接方式，是否有调车机车、编组能力；最大允许超限设备运输限制尺寸、重量 3.公路：地区公路网基本情况、等级、路面结构及尺寸、造价、当地运输能力、通过能力、装卸能力、运费装卸、与场址距离等
	当地城市发展规划	主要了解交通、供电、供热、供水、水利、环保等设施、供电情况及电价。区域变电站或/和发电厂位置，装机容量、台数、电压等级、可能提供的出线回路、目前负荷情况、上网和进厂条件
	其他社会条件	法律、征地、拆迁、移民、居民区、噪声、废气、水库等，厂址与文物、宗教、旅游景点及居民区的距离，当地商业、医疗设施、教育、文化和体育设施等情况简介

（2）对环境的影响和措施

主要分为：环保要求、环保条件、影响环保因素、环保措施。

论证工程建立和经营将对人口就业、基础设施、公用设施等的发展、生态、自然景观等方面的预期影响，坚持高标准的资源环境保护要求。环境评价参见表1-6。

环境评价　　表1-6

环境评价	场址环境和生态现状	阐述场址自然环境现状、生态环境条件、现有污染情况,为拟建项目环境评价分析提供依据
	对生态环境的影响	拟建项目可能对环境产生的破坏因素和破坏程度，如废水、废气、废物、粉尘、噪声等对生态环境的影响

续表

环境评价	生态环境的保护措施	按照当地环保标准及总量控制指标制定减排、回收处理、再利用的各种措施,强化污染治理、绿色环保可持续发展理念，不能有任何侥幸心理 节能方案不可忽视，提出节能减排措施满足国家和国际标准

（3）厂址选择和费用估算

详细说明所选择的厂址情况以及选择理由，要有备选厂址，要进行费用估算。

4. 风险初步评估需要注意的内容（简述，详细内容在本书专业任务7中介绍）

（1）国家风险

主要评估与国家政权行为相关且无有效制约措施，企业行为无法左右的导致投资方经济损失的风险，主要体现在：主权风险、政治风险，项目的经济效益是最值得关注的主要风险。

国际信用评级机构（标普、穆迪、惠誉）对国家信用进行评价等级，是识别国家风险的重要依据之一，如果某国主权信用评级等级在投资级以下，则说明该国投资风险较大。

国家风险参见表1-7。

国家风险　　表 1-7

国家风险	政治风险	项目所在国由于政治条件或外交条件发生变化而导致以下变化 1. 国有化、取消、扣押、征用没收 2. 战争 3. 项目的唯一性（减少项目竞争，能源基础设施问题多） 4. 法律变更 5. 项目审批延误 6. 政府的无所作为或负面作为 7. 当地合作伙伴的可靠性 8. 现有设施状况和相关规定（要项项落实） 9. 税收政策 10. 政治不可抗力 11. 政府中止合同（最近发生很多，包括伊朗、非洲） 12. 停止支付费用 13. 对产品实行禁运

（2）商业风险

指由于经济环境、企业经营战略、经济决策变化导致经济损失的变化，包括自然风险、外汇风险、汇率风险、经营风险等。商业风险参见表1-8。

商业风险 表 1-8

商业风险	市场和收益风险	1. 收费、收益不足（价格要合理） 2. 资源条件发生变化（合同控制） 3. 原材料和辅助材料的供应和价格发生变化（上游锁定） 4. 市场对产品需求发生变化（下游锁定） 5. 市场波动导致产品收费困难（合同） 6. 市场不规范及治安混乱（偷窃） 7. 政府对利润和收费的限制
	建设风险	1. 土地拆迁与补充 2. 设备、材料进口限制 3. 成本超支 4. 融资成本突破 5. 工期、质量、安全风险 6. 承包商违约 7. 项目公司（特许BOT经营公司）违约 8. 工程变更引起的工期、成本变化 9. 环境破坏（潜在的、突发的、引发后患的） 10.不可抗力
	金融风险	1. 通货膨胀、掉期等一借用金融工具 2. 利率 3. 外汇兑换率及可兑换性 4. 税收风险
	运营风险	1. 项目公司违约 2. 运营商能力欠缺 3. 公司或股东内部矛盾 4. 环境破坏（潜在的、突发的、引发后患的） 5. 运营不可抗力 6. 劳资纠纷 7. 技术问题 8. 设备问题
	法律风险	1. 各方合同协议引发的争端 2. 项目公司破产 3. 设施抵押权和出租权 4. 设施所有权 5. 违反融资合同和担保合同 6. 股东内部矛盾

（3）风险识别

项目建议书阶段虽然是初步阶段，但项目的基础条件要落实，没有这些基础条件的确立会导致前功尽弃。但建设风险、金融风险、运营风险等满足项目基本条件，工作深度可以放在可研阶段进行。

（4）风险评估和应对

1）不可控风险：

①政治风险应对：投保或尽可能多地寻求所在国政府、中央银行、税收部门或政府机构的书面保证，或利用地区发展银行或国际知名银行（多边投资担保机构、世界银行亚洲开发银行、巴黎银行）等机构一起安排贷款，或在东道国寻找知名人士为合作伙伴等；

②法律风险应对：早期安排律师（中方、外方）全面认真研究当地法律，在合同中制定防范措施；

③经济风险：项目初期认真调研，按照预可研和可行性研究的要求，利用金融衍生工具规避。

2）可控风险：

包括建设风险、完工风险、运营风险、销售风险等。

通过加强合同控制、利用合同合理分摊风险；投保以规避；加强管理。

国际工程投资项目将面临各种各样的风险，各种不确定性因素的影响对经济活动都可能产生风险和损失，关键在于对风险的合理分配和严格的管理，避免风险、防止风险带来的损失。要高度重视、主动识别、不回避，杜绝侥幸心理、及时制定防范措施，既包括定性的分析，也包括定量的评价，制定一一对应的措施和应对的办法，要建立多层次、立体化的风险防范体制和自我防范机制，给每一个风险扎上一条合适的安全带。在项目机会研判这个阶段，可参照以上风险防范措施。

1.6.3　项目建议书和可行性研究报告的区别和类同点

整体来讲，项目建议书和可行性研究报告结构基本相同，两者深度不同，目的和作用不同，参见表1-9。

1.6.4　项目建议书编制的实践指导

1. 项目建议书编制需研究的重点问题

预可研阶段是项目成败的关键阶段，要抓住重点深入调研，通过技术、管理方案和经济数据来论证以下问题：

项目建议书和可行性研究报告的区别和类同点 表1-9

区别	时间	目的作用	论证重点	论证深度	经济评价	结论
项目建议书	项目初始	申请项目立项，为项目审批机构提供做出初步决策的依据	对项目投资建设的几个重要因素侧重宏观角度论证投资建设项目的必要性	对项目投资建设的几个重要因素用同类项目类比法、预估法提出设想方案，估算允许误差20%～30%	初步评价经济效益、市场效益、社会效益等，以静态估算为主，只审查投资利税、投资利润、投资回收三项指标	从投资机会判断项目是否正确、是否有前途，投资建设该项目是否可行
可研报告	项目建议书批准后	项目决策依据，并正式列入国家或政府计划	从建设方案投资估算以及资金筹措和还贷方式等方面系统分析做出具体方案	对项目重大方案、重要布局，均要进行技术经济比选和充分论证，概算允许误差10%以下	全面测算和评价项目各主要指标，以动态分析为主，还要进行不确定性分析	确定项目可行，推荐优化方案，提供决策依据

注：此处的“可研报告”，通常是指项目详细可行性研究阶段，或初步设计阶段（Basic Design），或前端设计阶段（FEED），即当完成此阶段工作时，通常还可以同时编制出误差±10%左右的项目费用估算（Cost Estimate）来指导和作为投资决策的依据。

（1）项目的战略及项目技术方案；

（2）市场和营销方案；

（3）原材料和产品保证；

（4）项目所在地、场址和环境；

（5）项目的优势和风险；

（6）项目估算和项目资金筹措来源。

2. 编制项目建议书的依据

（1）我国和东道主国家经济和社会发展的长期规划，部门与地区规划，经济建设的指导方针、任务、产业政策、投资政策和技术经济政策以及国家和地方法规等；

（2）经过我国和东道主国家批准的意向性协议等；

（3）由东道主国家批准的资源报告、国土开发整治规划、区域规划和工业基地规划，对于交通、电力项目建设要有有关江河流域规划与路网、电网规划；

（4）我国和东道主国家经贸政策、外汇政策、进出口政策、关税政策、负面清单等；

（5）东道主国家拟建场址的自然、经济、社会等基础资料；

（6）我国和东道主国家环境标准；

（7）有关东道主国家、地区和行业的工程技术、经济方面的法令、法规、标准定额；

（8）由国家颁布的建设项目可行性研究及经济评价的有关规定；

（9）国际惯例和各种市场信息、第三方市场调研报告等。

3. 具体实践时还要注意以下几点

（1）建议书要特别突出自身参与本项目的独特优势和价值增值性；

（2）项目建议书要特别突出合作双方的共赢性；

（3）项目建议书最好能切合我国和东道主国政府政绩发展和民众需求；

（4）项目所有可能的实施方案应当被类比、筛选过，寻找和发现影响投资建设项目的不利因素；

（5）项目的设想被证明值得进行详细的可行性研究，预可研阶段可能要开展一些专题研究，如市场调查、技术方案比选、场址的比选；

（6）场址的水文、地质、环境影响评价（Environmental Impact Assessment，EIA）是必要的；

（7）对政治风险、国别风险、信用风险、金融风险、法律风险、产品市场风险、建设风险、能源和原材料供应风险、生产运营管理风险等严格甄别，识别风险、控制风险，对项目全生命周期的风险宏观的定性分析和定量评价，并提出大概的、初步的分摊和化解风险的措施和建议；

（8）项目建议书编制时要特别注意推理的逻辑合理性；

（9）要认真严谨、实事求是、数据真实，避免漏项。

1.6.5 案例分析

【案例1-11】：中国第一个海外BOOT项目的项目建议书的精彩之处

1. 在投资机会研究中判断项目可行性的最有利条件

A国BOOT电站项目经过了近两年的调研，企业经历了两个阶段，即从BOO模式企业做设计分包，到利用出口信贷做EPC+F，对电站项目政府各相关部门的意见和项目所处的软环境（社会稳定、政治风险、政府对BOT方式的支持态度等）作了全面考察，认为项目大有三大优势、六个有利条件，必须审时度势抓住机会。

三大优势：

（1）2004年A国主办全运会，原股东1994年启动已完成了电站的大量基础设施建设及前期工作（如选址、土地购置、土地平整、发电批文等），但金融危机银行退出，如果抓住这个时机进入，既可以以低成本收购原有公司全部股权，为电站项目节省较大前期投入，经过深入工作和深入审核，还可以在原有工作的基础上得到技术验证和支持，并缩短了前期工作的时间；

（2）南亚运动会迫在眉睫，该项目必上无疑，在此背景下，A国国电公司和相关政府部门对该项目非常重视，政策上大力支持，在设备进口免税、天然气供应价格、电力销售协议等方面均获得不同程度的优惠，这也是做BOT项目的必备条件；

（3）正值党中央提出有能力的企业要“走出去”，中国政府各部门也在积极推动中资企业开创BOT项目的先河，中国B公司抓住了时机，主动挑战，争做“第一个吃螃蟹”的人，得到了我国政府各部门及金融机构的全力支持。

六个有利条件：

（1）社会环境稳定：项目位于A国C岛南部，该地区是远离A国的政治中心的岛，岛上人民生活平静，未发生过大面积的种族、宗教或针对华人的流血冲突。社会环境相对安定，经济环境与政治环境相对独立，为外商在A国投资提供了可能性；

（2）项目所在地自然环境有利，建厂条件具备：厂址选在河边，电厂运行期间的冷却水源丰沛，且便于设备运输；项目公司已取得建厂厂址的土地使用权。在距电厂厂址400m处，由A国国家电力公司承建的变配电站已竣工待用。该地区近50年内没有较大洪水和地震的记录；

（3）原有项目公司打下了良好基础：涉及原有的电厂燃料、发电销售已有初步的框架协议，尚有可谈判的余地。在此基础上进行经济分析，调整和提高了电站规模和电力收购系数，为与A国电力能源部门最终完成BOT项目最重要的购电协议、购气协议和售电协议打下了良好的基础；

（4）气源及供气设施充分：根据美国第三方机构公司1997年的研究报告，A国国家石油天然气公司的燃料供给计划完全能够满足所签订供气协议中的承诺，即满足了BOT上游锁定的重要条件；

（5）项目技术可靠：原项目公司采用燃气-蒸汽联合循环工艺技术，燃气轮机用于发电，是20世纪下半叶开发研制的，具有效率高、启动时间短、调节灵活性好等特点。经过几十年的发展，其操作的稳定性得到最大程度的提高，现在已广泛地用于化工、石化和电力等行业。本项目采用此项技术，既能保证其成熟性和可靠性，又能降低项目的初次成本，对项目的成立大有好处；

（6）经济效益可观：经过调研和测算，该项目总投资大约1亿美元左右，建设期2年，生产期20年，财务内部收益率为15.02%，投资回收期为8.02年。

2. 判断BOT项目的风险和最不利条件

（1）政治风险

项目所在国A国的主要政治风险是政府政权的动荡与更迭，对华人的排斥与歧视，征收和国有化，战争、暴动和宗教冲突等。

经济危机之后，国际组织的干预使之更加市场化，现行机制也使A国的政治与经济发展日趋独立。且经济危机后中国的国力明显强于A国，加之A国华人具有雄厚的经济实力，使政府不可轻视，其经济利益受到保护。中资企业与其他外资企业享受保护政策，华人的地位日趋提高和认同，华人的节日、华语媒体、华文学校等已合法化，很少可能再发生针对华人的暴乱。针对征收和国有化，战争、暴动和宗教冲突等，中国B公司采用投保海外投资险的方式予以规避。

（2）收购原有公司带来的隐形风险

A国政府授予本项目的建设经营特许权，随着项目公司股权的转让、项目公司股东的更迭转入中国B公司控制中。在收购原项目公司股权的过程中存在一定的财务风险。主要表现在：项目公司可能存在的应付（而未付）的债务和税务；忽略或恶意隐瞒的债务、纠纷；项目暂停或中断时未了结的合同责任（包括付款和其他履约责任）；项目公司对可能存在的下属子公司的行为责任等隐形风险。为了最大限度地避免和减小风险，中国B公司聘请第三方机构，对项目公司的财务状况进行审查和审计，最大程度地得到了可靠的第一手材料，最大限度地化解风险。

（3）汇率和汇兑风险

汇率主要有两种风险：美元和A国货币的汇率风险，美元和人民币的汇率风险。

1）针对美元和A国货币的汇率风险，在PPA中规定的电价计算公式，电价只与当期汇率有关。同时在PPA规定支付方式保证卖方实现发票上规定的汇率（或按市场实际的汇率）收到美元。针对电价中以A国货币支付的部分虽然存在一定的汇率风险，但在电价的计算中已经用相应的物价指数进行了修正，且此部分A国货币将直接用于工人工资、维修、管理等在A国国内的费用，可以理解为美元兑A国货币的汇率对其影响不大。

2）针对美元和人民币的汇率风险，结合该项目贷款特点，在人民币兑美元不断升值的背景下，A国公司在贷款未偿还完毕前不进行现金分红，经营产生的净现金流全部用于还款，提前2年归还完全部贷款。一定程度上可规避美元兑人民币的风险。

（4）技术风险

本项目的技术风险有项目工厂设备机组运行的能力和消耗指标，机组运行的连续性和稳定性，环境影响以及气源供应。中国B公司具有丰富的在国内外总承包项目经验，同时具有建设电站的丰富经验。设备选用最先进的燃气-蒸汽联合循环机组技术，该技术已有国内外成功运行经验。项目所在地水源水量充足，厂址条件优越，近50年无自然灾害记录，没有污染排放，气源丰富。

（5）市场风险

项目的市场风险主要是市场需求量变化和物价变化。鉴于项目公司已与A国国家电力公司签订长期售电协议，且从中长期考虑A国C岛地区电力市场仍将处于不饱和状况，公司维持正常生产运营并无重大战略风险。通过不懈的协调与沟通，采取及时调整发电负荷的方式，最终A国国家电力公司同意延续将项目公司作为同等条件下最后执行压低负荷指令的电厂。

（6）运营风险

项目营运期风险主要是上下游协议违约风险、工厂管理和操作几方面的风险。

电力销售方面，由于项目公司的生产必须满足A国家电力公司的生产安排，作为公司唯一产品的唯一购买方，A国国家电力公司有权力根据电网的即时状态、电网片区其他电厂的生产情况、电网片区内的企业和居民用电情况，下达电力负荷调度指令。这些中国B公司都会在合同条款内确定区间范围加以限制。天然气供应方面，燃料供给计划完全能够满足所签订供气协议中的承诺。在工厂管理和操作方面，中国B公司具有丰富的电厂管理经验和在A国执行项目近20年的经验。中国B公司的A国公司管理人员精干，经验丰富，聘用国际管理人才和当地人员并及早进行技术操作培训。为保障公司发电机组的日常操作和维护工作，中国B公司从国内停产电厂聘请了36位专业技术人员，有超过一半的人员有海外工作经验。

（7）前无BOT经验的风险

该项目为中国在海外第一个BOT项目，前无经验，要靠中国××公司积极摸索、慎重推进。中国B公司采取的措施是熟读法律，律师早期进入；主动识别风险，全员分析风险，提出风险化解和转移措施，对项目的每个环节提出防范措施自觉“系上安全带”；严审合同，对所有提及的风险在合同条款中加以限制；健全内部管理机构，严格执行各项合同。

3. 技术方案比选和调整

2002年6月，与A国国家电力公司就中方成为项目新的发起人达成框架协议，在该框架协议中提高了电站的规模（由130MW到150MW）和电力收购系数（由 80%到85%），这两项改变为运营期增加了售电收入，使项目的经济效益更加良好。

工作节点 1.7 总结回顾

Summary

投资机会发现-研判-选定专业任务是国际工程投资项目BOT的第一个专业任务，也是开展此类投资项目的起始点和顺利开展后续工作的基础。通过宏观市场调研、微观市场分析，搜集各方信息，再借助SWOT分析方法，论证拟投资项目是否可行以及是否必要。

针对可能的合作项目，签署框架协议，有针对性地编制项目建议书，以便获取投资人、贷款人、政府的批准，同时获得东道主政府的兴趣，从而获得项目机会，实现双赢的结果。

参加BOT招投标或者参与收购以及以BOT方式进行国际工程投资时，在项目初期如何组织开展投资机会研判、项目选定与项目建议书编制，可以通过以下步骤进行。

项目在投资机会研判阶段首先判断是否具备实施BOT项目的必备条件：

（1）由政府授予已注册的公司特许经营权；

（2）要与项目产品的购买者也就是使用者签订长期购买合同PPA；

（3）项目发起人协议。

以上述三个必备条件为目标做工作，分为两步走：

1. 筹备阶段

（1）筹备阶段工作：

签发起人协议、组织项目联合团队、筹建项目公司、编制项目建议书。

（2）筹备阶段的成果：

1）发起人协议要完成，初步形成股东结构，项目公司注册；

2）国内投资的初步许可（比如双边协议、经济贸易协议、政府提议等）；

3）投资意向书或MOU，为BOT项目组建的董事会或项目公司或筹备组，确定其承担的权利、责任、义务，包括股份、股比、出资比例，约定项目成功或不成功的费用分担等。界定清楚项目公司与东道国业主以及投资人的关系；

4）工作计划、工作目标、工作团队、核心人物、组织架构基本形成，从推动和培育项目发展到项目模块形成，工作计划明确，时间节点清晰，工作目标心中有数，从联合团队作战发展到各部门组织架构形成。

（3）完成以上成果至少要包括以下功能组：

商务法务组、融资组、技术工作组、财务税务组、综合管理组。

2. 项目实施前的工作

1）让筹备阶段形成的协议合同等尽快生效；

2）对项目公司注资；

3）签订EPC合同，锁定项目成本，由项目公司和承包商签订各项合同。特别是大型国企三位一体，既是投资人又是承包商还是业主兼运营商时，每个合同主体一定要独立、分离，不要和业主、投资人、承包商混淆不清；

4）正式签订购地租地合同，有关资源使用合同；

5）签订运营（O&M）合同，要确定运营团队和运营总体方案。投资人和贷款人会对此严格审查。

练习题

【案例分析题】×国家经济落后，石油工业空白，国内成品油长期依赖进口，走私油品猖獗。2005年该国石油公司在其边境和公海与西方一个跨国大公司合作，探明该海域有较大石油储量，后又成功勘探第一口井，双方签署确定继续勘探打井，并对打出的油井签署了分成协议。基于以上情况，×国政府将给予优惠条件和授予特许经营权，希望中方以BOT方式尽快建设一座炼油厂，经营10～20年帮助该国建立自己的炼油工业，满足该国市场需求，逐渐改变国内成品油长期依赖进口的现状，故邀请中国公司参与议标。请分析综上所述的条件是否满足BOT项目基本条件？请简述原因。

专业任务 2

商业模式与投资架构策划

Commercial Model & Investment Structure Planning

导读

通过前述章节的阐述，在开展国际工程投资时，特别是在策划时期，当对东道国国别环境、市场需求，以及项目概况有了基本的了解后，在进行项目预可行性研究、编制项目建议书及准备项目的可行性研究时，就应结合过程中所识别和分析的各种积极和消极的因素和可能的风险，认真考虑商业模式和投资架构策划等问题。这些问题关乎项目机会能否真正落地、能否继续往项目实施方向推进，十分关键。

“专业任务1　投资机会研判与项目建议书编制”中讲到，在政经民生环境研判部分，通过分析政治因素（Political）、经济因素（Economical）、社会因素（Social）、技术因素（Technological）、环境因素（Environmental）、法律因素（Legal）6大因素，对在开展国际工程投资的组织经营活动外部影响因素进行了研判。本专业任务将对其中的法规政策因素、投融资相关的融资保险考察、投资安全措施，以及投融资形式合规性等方面进行阐述和评估，然后再进一步介绍如何准备项目商业模型构建以及如何设计税务筹划和投资架构等。

本章将着重研究以下问题：

（1）两国政府的政策法规如何，是鼓励、允许、限制，还是禁止？

（2）有哪些融资渠道？项目的可融资性、可保险性如何？

（3）投资安全是否有基本的保障措施？法律、契约、收益等保障机制是否可行？

（4）项目商务模式、融资形式是否可行？

（5）搭建项目商务架构要考虑哪些因素？如何平衡相关方利益？

（6）如何在税费筹划的基础上设计投资架构？

在上述问题明朗之后，就可以深入开展项目本身的可行性研究、投资协议商洽、项目投资审批、融资保险协议谈判了。

因此，本章很关键，只有可批准、可融资、可保险，投资安全有保障、各方利益能平衡、投资架构能落地，后续工作才有意义，项目才能成功。

工作节点 2.1 法规政策因素评估

Political & Legal Factors Evaluating

本节点主要评估中国和投资东道国在法律、政策方面相关的支持性或限制性的规定，从而判断“让不让去”“该不该去”“去不去得了”的问题，以免走弯路和做无用功。

2.1.1 评估“让不让去”问题

评估“让不让去”，实际上是分析中国公司在开展国际工程投资时遇到的阻力问题，包括有没有不让去的规定，是谁不让去，不让去的原因等。

对“走出去”投资形成关键阻力的因素，首先是东道国和我国的相关法律政策的规定，其次是国际上一些约定俗成的惯例，再次是本行业、本单位的相应管理规定。

1. 两国政府的约束

资本输出国和东道国都会出台法律政策，对国内企业对外投资、外商投资进行监管。

对于东道国，一般有《外商投资法》《国家安全审查制度》，以及各种投资许可、投资审批规定等。这些法律政策，从管制类型看，就有禁止类、限制类等种类。管制类行业是不让外商进入的；限制类虽然外商可以投资，但要达到要求，比如需要与东道国企业合资合作、外资不能控股、企业的管理要由东道国人员主导、一家外资不能同时做多个项目、需要专门特殊许可等。从管制理由看，有的是以国家安全为由，如军事安全、能源安全；有的是担心政权受影响，如经济命脉被控制、意识形态被渗透；有的是担心竞争力被削弱，要保护本国经济、产业和就业。另外，除了法律政策明确规定的禁止或限制外，在实际操作中还存在政治倾向、舆论绑架、人为拿捏等情形，比如有的会受资源民族主义、环境保护问题、国别关系状态等影响；有的特别强调投资者品格，对外国的国企特别警惕；有的因审查部门和官员的自由裁量权较大，可能还会以“莫须有”的理由被拒绝。对于资本输出国，比如我国，对于中资企业对外投资，通常就包括国家发展改革委的《项目核准和备案管理办法》、国家商务部的《境外投资管理办法》、国家外汇管理局的《境内机构境外直接投资外汇管理规定》、国务院国资委的《中央企业境外投资监督管理办法》及负面清单等，这些政策法规对项目审批、投资审批、外汇审批都有明确要求，对央企、国企等的投资监督和项目类型选择也有规定。比如哪些要备案，哪些要审批，哪些要先行审查等。

2. 国际惯例和行业、企业的约束

在国际惯例方面，许多国家都有明确的反腐败、拒绝商业贿赂的规定，对污染环境、毒品、军工等投资也普遍拒绝，有的对舆论宣传、教育培训类的投资也限制很多。

在行业层面，有同业协会约束和内部协调机制，主要目的是为了防止因恶性竞争，因企业专业能力或企业实力不足导致项目失败，这样不仅企业会出现经济损失，也将导致中国企业形象受损。

在企业层面，既有发展战略、决策标准的限制，也有人为因素的影响。项目开发团队以为机会难得的好项目，但集团公司按发展战略中的国别选择、规模大小、项目类型、控股并表等要求一比对，可能就是碰都不能碰的项目了。即使可以碰，如果再按是否能战略协同、是否无重大风险、是否有足够能力等尺子一衡量，可能开发团队认为信心满满的项目，也变成鸡肋了。

2.1.2　评估“该不该去”问题

评估“该不该去”，实际上是分析中国公司在开展国际工程投资时具有的动力问题，包括国家是否倡导、是否鼓励、是否有优惠政策，企业是否有“走出去”的内在需求，是否有“走出去”的足够实力。

在东道国方面，法律是否清晰、是否有法可依且有操作性；法律是否完善、外企是否有国民待遇、外商的投资保护是否明确、资金进出是否自由；是否出台了投资鼓励政策、产业政策、免税政策、汇兑政策、土地政策等；其他投资环境是否优化，国别关系是否改善，双边投资协议落实，东道国的经济形势、国际多边关系也理顺了等。

在资本输出国方面，政府是否号召、推动企业“走出去”。就像现在，中国政府鼓励各企业积极响应“一带一路”倡议，利用国内国外“两种资源、两个市场”，成为国际化企业；政府是否有鼓励、支持“走出去”的政策和配套措施，包括政策的支持、资金的倾斜、审批的简化，甚至表彰评比等。

在企业自身方面，一是有没有“走出去”的必要性。如果国内发展空间小了，竞争优势没了，“走出去”就变得势在必行；二是有没有足够的实力。包括资金实力、专业实力、风险承受实力等；三是有好机会。如果找到正好对方有困难需要我们合作，而且风险小、收益好，自己又擅长的项目，那就可以果断介入。

2.1.3 评估“去不去得了”问题

评估“去不去得了”问题，实际上是分析中国公司在开展国际工程投资时所具备的能力和时机的问题，即在让去、该去的前提下，自己有没有能力去、有没有干扰因素的问题。

在自身能力方面，一是可能技术能力不足。就像对于东道国关于发电厂的等效利用小时要达到7446小时，达不到就要罚款的要求，专业能力不足的企业就会心虚。对于水分超过40%的燃煤、对于水下采煤，如果没有一定的燃烧、采掘经验，就不敢接手。二是可能没有资金能力，无法在短期内完成融资。因为企业信用不够，或者资金出境受到制约。三是缺乏项目实施管控能力，工期可能拖延，投资可能突破。

在干扰因素方面，两国关系紧张、对外投资政策突然收紧、投资行业和资金流向受限，以及东道国形势突变，出现了经济、政局、安全问题等，都会对“走出去”造成干扰。

综上所述，在准备国际工程投资中的项目预可行性研究和项目建议书时，既要对项目方案的技术和经济等方面进行研究和评估，同时还需考虑“让不让去”、“该不该去”、“去不去得了”这三个问题，而且在具体把握这些问题时，还需重点关注一些基本原则：

（1）“不越红线”原则：红线的底线是法律政策，如果法律政策不允许，则应坚决放弃。世界那么大，项目机会很多，没必要去撞法律政策的“南墙”；

（2）“以我为主”原则：我国鼓励支持东道国有政策优惠，这是好事。但关键还是首先要立足企业自身内在的需求，要把项目本身的“经济账”算清楚；

（3）“量力而行”原则：既要看效益好坏，也看风险大小，还要看自身能力是否具备。这样，面对国外“遍地是金”的诱惑，企业才能有定海神针，不光只看该捡的，而且只拣能捡的。

工作节点 2.2 融资保险考察评估

Financing & Insurance Assessment

在国际工程投资中，项目资金的落实渠道和解决方法也十分关键。本节点主要分析可能的融资来源、各融资机构和保险公司对目标市场和目标项目的融资保险兴趣，以及投资者倾向的融资方式和保险要求，即投资项目能否融资、找谁融资的问题。

2.2.1 评估“能否融资”问题

“能否融资”取决于贷款机构对项目可融资性的判断。包括项目好坏、开发模式、融资者能力、保障程度、东道国投资环境等。为此，首先应分析有哪些可以贷款的机构，其贷款原则、特点、优点和不足有哪些。其次，将项目情况与贷款要求结合，判断能否获得融资，需做哪些工作以符合融资条件。

1. 主要贷款机构及放贷特点

（1）传统世界多边金融机构

世界银行：一是利率和期限的优势突出；二是其介入可带动其他金融机构踊跃跟进；三是“条件性”问题突出，贷款时附加的经济、社会甚至政治改革的要求不少，比如东道国金融与经济改革、反腐败要求、公务员制度改革、公共财政管理优化，甚至还有司法改革、社会特殊群体保护等。

亚洲开发银行：区位优势明显；利率和期限优势明显：审贷严格，包括隐形的经济政治原则、环保要求、公开招标要求等；审批时间长、贷后管理严，尤其是在分包管理、环保管理、社区协调方面高度关注。

（2）新兴世界多边金融机构

亚洲基础设施投资银行：没有明显的政治因素，不介入公共管理和政治领域；致力于在商业性与政策性之间的平衡，不过多介入贷后微观管理；也要符合环境防治、资源效率、社会影响、脆弱群体保护、文化资源、工作条件、社区习俗、劳工使用等评估要求。不得违反东道国法律或国际公约。

金砖国家新开发银行：目前主要投向是清洁可再生能源项目和城市建设、环保项目。价值理念和运作方式与传统国际多边金融机构相近，但投向更倾向于金砖国家和发展中国家，更少考虑东道国意识形态的因素。

（3）国内政策性金融机构

国家开发银行：全球最大开发性金融机构，“走出去”信贷的中坚力量，投向侧重于“两基一支”，实力强；包括项目融资、买方信贷专项贷款、专项投资基金；长期贷款可15年，利率根据中国人民银行规定、客户信誉、项目情况调整；专业性强；融资利率和条件偏高。

中国进出口银行：政策性金融机构，除了项目融资、买方信贷专项贷款、专项投资基金外，还有“两优”贷款。贷款方向以设施联通、经贸合作、产业投资、能源资源合作等为主；其他与国家开发银行相似；风格似乎更为灵活。

（4）商业性金融机构

境内商业银行：一些商业银行在海外分支机构众多，较为方便，并购所需的过桥贷款是其强项；有些商业银行也在做项目投资贷款，但专业性有所欠缺，对做项目融资的专业能力尚在提高中。

境外商业银行：不少可为中资的境外投资提供中短期贷款、再融资等服务，但贷款规模比较有限；有的比较灵活、效率较高，在反应速度、服务态度、贷款条件变通等方面似乎比传统大银行有优势。

（5）专项投资基金

丝路基金：能提供中长期的股权投资和贷款，能协助解决资本金不足问题，还能撬动其他贷款和投资的跟进；对“一带一路”项目有所倾斜；按市场化、国际化、专业化原则运行，风控要求也不低；项目选择倾向于与中国发展战略、与东道国发展需求相对接；在贷款审查、客户配合方面还在快速磨合。

其他投资基金：比如企业设立的海外投资专项基金，规模较小，投向特定项目、特定客户。以少量投入带动其他配资，对项目回报的要求不低，时间也不长，3～8年内就要退出。

（6）境外发债

境外发美元、欧元债的越来越多了，发债成本往往低于长期项目融资；但往往需要对公司进行评级，许多企业觉得为难，要获得理想评级也不容易。

（7）机构投资者

机构投资者很多，有的还是“国字号”的，既可债权，也可股权，还有规模不俗的基金。既可直接参与项目，也可作为公司战略投资者，比较灵活。要求的回报条件合理，也不要求控股，不参与管理，很受欢迎；但多数机构投资者实力有限，要求的合作条件也不相同。

（8）保险机构

在项目融资时，贷款银行和企业本身往往都会要求承保政治险，因此保险机构也十分重要。

中国出口信用保险公司（简称“中信保”）：中信保是我国唯一承办出口信用保险业务的国有政策性保险公司，为企业国际工程投资提供出口信用保险和海外投资保险。海外投资保险中的政治险是重要的险种，其承保条件包括适格的投资者、适格的投资、适格的东道国等。中信保在承保时会充分考虑国别因素和项目因素，风险大的国别和项目可能不愿意承保，或者保费较高。超过3亿美元的政治保险还需经过财政部等的批准。

世界银行多边投资担保机构（MIGA）：MIGA是世界银行向外国私人投资者提供政治风险担保的机构，主要针对发展中国家。其承保条件也包括适格的投资者、适格的投资、适格的东道国等要求；承保的投资要符合经济合理、能给东道国带来良好经济社会效益、遵守东道国法律政策、与东道国发展目标和发展重点一致、在东道国可得到公平待遇和法律保护等要求。MIGA的费率相对高些，中国企业获保的项目也较少。

2. 怎么判断能否融资？

和项目投资者不同，相对于高额回报，银行更关注项目收益的稳定性、风险的可控性。银行评估可融资性，包括项目是否符合投资国别、融资政策的要求，是否有稳定的收入保障，项目的主要风险是否有锁定措施，投资者、建设方、运营方、合作方是否有实力、有信用、有经验。

从实践看，对于“一带一路”国别，对于央企，对于长期投资项目，从我国的政策性银行获得有限追索的项目融资的可能性还是很大的，当然对企业也有不低的配合要求，比如母公司担保等。国内其他商业银行虽也积极，但以参与银团融资方式为主。中资企业从传统国际多边金融机构、中国设立的新兴多边金融机构，包括一些区域性基金筹措资金进行境外投资的不是很多，有的融资成本也没有优势。中国设立的诸如丝路基金这类专项基金，更多的是做股权投资项目，如果企业需要投资合作伙伴，专项基金是一个选择渠道。

（1）国别影响因素：

一是东道国的国别投资环境。如果投资环境不好，国别风险评级高，则可能银行不愿意贷，或者贷款利率要更高，或者额外保障要更强；二是有没有政治外交等因素的影响。如果东道国政治不稳定、两国之间关系紧张，则或者上级不让贷，或者自己不愿贷。

（2）政策限制因素：

如果外汇出境政策突然收紧、国家的投资审查和监管突然强化、外交关系紧张、银行自身贷款政策改变等，都会影响融资。

（3）其他限制因素：

一是股东限制。如果股东是央企、国企，如果双方已有良好合作的历史，如果股东或母公司的实力强、专业能力突出，则更容易融资；二是贷款品种限制。如果是符合政策且有保障的项目，则可以做有限追索的项目融资甚至完全项目融资，否则一般只能做中短期贷款、过桥贷款、发债等。

（4）项目的稳定性：

一是市场要有充足需求，或者有机制保障；二是技术、工艺要成熟；三是项目建设的工期、质量、投资要可控；四是生产要能够连续稳定，产品质量、经营目标能够达到预期；五是生产运营没有原料供应、运输销售的重大制约。

（5）风险的可控性：

一是完工风险，已通过设定物理完工、财务完工条件来锁定；二是资金风险，已通过设立偿贷准备金、限制分红条件来限制；三是经济评价风险，已通过对模型合理性、边界条件取值裕度严格把关；四是东道国环境风险，已通过政府担保、明确国际法律救济机制来缓释；五是市场风险，已通过签订有量价保障的产品购买协议来化解；六是政治风险，已通过购买政治险，对征收、汇兑限制、征战与动乱等风险加以锁定。

2.2.2 评估“找谁融资”问题

在有人愿意提供贷款时，融资方也要权衡“找谁融资”的问题，因为不同机构的融资成本、融资条件、融资效率都不一样。

1. 融资条件

一是明确是否能做完全项目融资或有限追索的项目融资，是否还需母公司担保，担保形式是物理完工担保还是财务完工担保，担保的具体要求如何等；二是明确对项目经营有哪些限制。包括限制还款期分红的条款，对解除担保的具体要求；三是明确是否一定要投保政治险；四是明确是否可以提前还贷或再融资；五是明确对股东出资比例的具体要求，以及提款和用款计划的灵活性等。

2. 融资成本

一是明确利率高低，是浮动利率还是固定利率；二是明确前端费、杂费、安排费等费用；三是明确还贷计算基数，是剩余融资额、实际提款额还是合同额；四是在国际发债时，还要考虑聘请国际中介机构、发债路演等的成本费用。

3. 融资效率

一是明确是否能够按时融资关闭，制定加快进度或超时补偿的机制；二是明确如果政治保险未按计划获批时能否先行放贷；三是确保银行的后台风控部门与前台业务部门的沟通顺畅、业务团队专业、与融资方合作融洽；四是明确是否由一家银行提供全部融资，抑或是需要采用银团贷款。

综上所述，在国际工程投资项目的融资工作中，既需要关注相关的法规、惯例和制度，包括融资、保险的上级审批规定、内部评审制度，带“条件性”的行业惯例，包括企业对确保关闭时间、不做股东融资、严控母公司担保的内部要求等；也需要把握一些融资原则，既要包括做到收益稳定、风险可控，确保“能够融资”，也要通过竞争、沟通的艺术，选择有经验的、较专业的机构，以实现融资条件、成本、效率的优化。

工作节点 2.3 投资安全措施评估

Investment Safety Precautions Evaluating

开展国际工程投资，在分析和评估工程项目建设活动的相关风险的同时，还需考虑项目投资活动的风险。项目投资的风险主要来自于国别环境和项目条件本身，但如果通过一定的保障措施能够将风险锁定，风险就能得到缓释。

本节主要评估投资的安全保障措施和可实现性，包括法律保障、契约保障、收益保障、实施保障和管控保障等。

2.3.1 评估法律保障问题

评估法律保障，主要是评估双边保护投资协定、区域协定和多边公约、避免双重征税等双多边关键协议，这些协议是保护投资者利益的重要法律依据。

1. 双边保护投资协定（BIT）

BIT很关键，它关乎在东道国投资是否有基本的投资安全保障，比如是否允许外资准入，是否对外资有公平待遇，是否投资会被征收，是否有有效的争端解决机制，发生争端时的国际救济行为是否有效等。如果两国没有签订BIT，风险肯定更大，中信保一般也不愿承保政治险，所以投资就得更加谨慎。

除了应有BIT协定，还应评估BIT的有效性和BIT的保护水平。有的可能还没生效，有的生效了但有“黑历史”，有的保护水平很低，如保护标准不明确、可仲裁事项的范围过窄等。此时就应考虑进行投资者国籍筹划和投资路径规划，以获得更高水平协定的保护。

BIT一般包含投资定义、准入、待遇、代位权、征收条件和补偿以及争端解决程序等条款，但不同国别的BIT其内容往往相差很大，要认真分析。

一是对投资的定义。有的定义比较宽泛，连勘探权、EPC合同也算。有的则明确指出“非法投资”（如存在商业贿赂）不受保护；二是对投资者的定义。有的只要求有资本输出国的国籍即可，有的还在东道国要有住所，有的还要求在资本输出国有“实际经营”的行为。

二是对准入与待遇。美式版本的BIT没有外资准入的要求，倾向于无条件开放。但不少国家的BIT都有一定约束，有自己的外资投资许可清单。对于外资待遇，美式BIT要求国民待遇或最惠国待遇，其它则多数只要求外资获得“公平和公正的待遇”及“不低于第三国投资者待遇”。公平和公正待遇一般都有规定不得存在对外资的明显武断或歧视、不得拒绝司法、不得威胁或虐待投资者及高管等。对投资者的保护，虽然BIT中有保护伞条款，但不同的BIT适用范围有所不同。有的明确应保证遵守BIT中所作的承诺，有的则强调应遵守以协议、合约或合同形式做出的书面承诺，且商事合同义务的违反不构成对BIT的违反。但保护伞条款不一定能将合同争议提升为可诉诸条约仲裁的争议，因此投资者应争取在投资协议中纳入ICSID仲裁条款，以便直接据此提起投资仲裁。另外，不少BIT都会规定，东道国应采取合理和必要的治安措施保护投资。对于战乱损失补偿，一般是不得低于本国或任何第三国投资者的待遇，但前提是东道国对本国或其他国家的投资者给予了赔偿。

三是对于征收的保护。BIT一般都有规定不得被国有化、征收或间接征收，除非有本国公共目的（或公共利益）且按法律在非歧视性基础上给予（公平公正）补偿。但补偿方式不易，有的按真实价值，有的按市场价值。

四是对利润汇出的保护。对利润、资本清算所得及征收补偿等收入，有的BIT规定允许在“合理期间内”自由转移，有的则可“自由和及时”地转移。

五是对于争端解决方式。BIT一般都规定是先协商、后提交东道国内有管辖权法院、再提交ICSID等仲裁机构。

综上所述，BIT很重要，可以部分减轻政治风险，应该把选取有BIT且条约保护水平较高的资本输出国别作为必要条件，但不能把其作为充分条件。应该注意国别政治、经济、社会、安全等风险，同时杜绝腐败等非法行为，争取在与东道国政府签订的投资协议中纳入允许诉诸ICSID仲裁的争议解决条款。一旦出险，应综合运用协商、调解、外交和法律等多种手段寻求解决方案。

2. 区域协定和多边公约

海外投资保护的国际法规则包含了BIT、区域协定和多边公约，如《能源宪章条约》《关于解决国家和其他国家国民投资争端公约》(《华盛顿公约》）以及《多边投资担保机构公约》(《汉城公约》）等；自由贸易协定（FTA）中也有部分涉及投资的章节。

（1)《能源宪章条约》(ECT）

ECT是能源领域投资保护的重要国际协定，目前有60多个成员国。中国企业可通过在ECT成员国设立子公司向最终目的国转投资的形式间接获得保护。

（2)《华盛顿公约》

这是解决投资者与东道国争议的程序性规则。其中规定了投资争议的仲裁程序和调解程序，并设立了国际投资争端解决中心（ICSID)。

ICSID是最重要的国际投资仲裁机构，其裁决是终局的，不能上诉，也不能申请国内法院撤销裁决。裁决在150多个成员国有执行力，胜诉者可在任何一个成员国申请强制执行败诉国财产。

（3)《汉城公约》

依据《汉城公约》设立的多边投资担保机构MIGA，可对156个发展中国家的投资项目承保政治险。MIGA可保股权投资，保险金额可达100%投资额+500%投资收益；也承保贷款，保险金额可达100%本金+150%的利息。

3. 避免双重征税协议

避免双重征税协议也是很重要的国家间的法律保障之一。我国已签署100多个避免双重征税协定，多数协定已生效。

避免双重征税协议既可以避免双重征税，在东道国税收解释与来源国不同时，可通过“识别冲突”原则加以解决；也可以直接减少税收，比如外派员工的劳务所得只有停留超过183天才课税，比如股息、利息和特许权使用费，课税可能明显降低。

2.3.2 评估契约保障问题

契约是指东道国政府与外国投资者签订的，旨在通过政府信用对外商投资行为提供保障的相关协议，如国家契约、政府担保、实施协议等。

1. 国家契约（State Contract）

国家契约是指东道国政府和外国企业间的经济发展合同，且大多以特许权或特许协议形式存在。它不同于国际条约，也不同于国际商事合同。国际条约则是主权国家间签订的政府间的国际协定。国际投资的商事合同一般是外国投资者与东道国投资者签订的国际投资合同，双方都是私人公司。

国家契约一般是特别许可的法律协议，约定投资者在一定期间、指定地区，在一定条件下享有专属于国家的某些权利，从事公用事业建设或自然资源勘探开发等投资的特殊经济活动，其规定内容为投资者应该向东道国政府交纳报酬的金额与支付方式，并确定投资者在投资开发及经营等活动中应遵守的准则。

国家契约有BOT合同、合作勘探开发自然资源合同等。BOT合同通过项目特许授权，由外国投资者融资、建设并按约定年限经营和获得收益，约定期满后将项目无偿移交给东道国政府。而合作勘探开发合同则是东道国特许外国企业在约定区域内勘探开发自然资源，所获收益由外国企业和东道国政府按比例分享。国家契约争端有单方面撤销修改国家契约和国有化两种。不少国家契约都有“卡尔沃”条款，主张维护国家主权，外国人与本国人待遇平等，对外国投资者国有化或征收是主权国家的天然权力。对于违约补偿，卡尔沃主义只认适当补偿，而不是充分、及时、有效补偿。对于争端解决，卡尔沃主义主张排他的国内管辖，拒绝外国投资者母国的外交保护。

针对该风险，企业的对策：一是投保政治险；二是在订立国家契约时坚持加入相关条款，如：

（1）稳定条款。东道国政府承诺不通过立法等行为改变合同约定，不以立法、行政等手段减损我方权益或改变双方立约时的法律环境。一旦有争议，对方至少有国际道义和国际声誉的顾虑；

（2）重新谈判条款。如果需要修改契约时，允许当事人对契约自动调整。实质是平衡东道国与外国投资者间的实力悬殊，侧重保护外国投资者；

（3）ICSID仲裁条款。ICSID是针对外国投资者和东道国政府之间的投资争端设置的，国家契约争端自然也包括在内。中国是缔约国，可以在海外投资的国家契约中全盘接受ICSID仲裁条款。

国家契约有时以实施协议（IA）方式体现，其中会对项目实施中的许多具体内容加以明确，如开发模式、特许期限、项目开发权是否得到东道国议会批准、东道国责任与保证、投资优惠条件、权益保护和非歧视政策等。

2. 政府担保

政府担保主要还是对外资企业投资中的关键要素进行担保。比如电厂投资，可对购电方违约进行担保，一旦外商与东道国企业签订的购电协议无法执行，政府将督促执行甚至代为支付电费。可对配套燃料运输设施提供担保，一旦电厂投产后燃料无法运输，则政府也提供损失担保。

政府担保协议也要关注纠纷处理条款。比如争端解决适用哪国法律、纠纷解决程序如何、可将争端提交国际仲裁等。

3. 政府批文和许可

如政府机构向项目公司颁发投资批准书，发电许可证、施工许可证、环保批文、水资源开发许可证、引水路线和电力线路许可证等。

2.3.3　评估收益保障问题

收益保障一般通过一系列确保原料供应和产品销售，减少政治、经济风险的协议来锁定。比如：

1. 产品购买协议

以发电厂的购电协议PPA为典型，它作为最重要的收益保障协议之一，明确了售电方利益怎么保障、协议的公平性和严谨性如何体现等重大问题，对购电方违约、东道国电力市场化改革时处置方式也有规定。

2. 政治保险

通过投保政治保险，可以对战争与动乱、政府征收、汇兑限制甚至违约事件进行保障，保险赔付高的达损失额的95%，保险期限长的达15年。

当然投保政治险也需要付出代价，保险费率和赔偿条款需要谈判，与国别情况、项目情况等均有关。出险后的赔偿期也需要明确，比如政府征收损失，一般在征收6个月后应进行赔偿。

3. 汇率、利率掉期

通过汇率、利率掉期等措施，可缓释可能的还贷风险、收入汇兑风险。

（1）利率掉期

利率掉期的目的是为了锁定风险，不是利用掉期措施来挣钱。因此标准的掉期方法是将浮动利率转为固定利率，如贷款利率为LIBOR + C%，锁定后为固定利率X。而不是采用与利率区间挂钩等掉期方法，这种方法且不说超出区间时企业会亏损，关键是风险并没锁定。

（2）汇率掉期

汇率风险是最大的经济风险之一，不仅因为对效益影响很大，而且汇率很难预测，有效的避险工具不多。

外汇掉期是以约定的价格在未来的约定日期用货币B反向交换同样数量的货币A的方法。外汇掉期的本质也是利率产品。由于外汇干预在许多国家都会发生，所以外汇走势极难确定，因此长周期的外汇掉期很少见。

4. 原料供应协议

数量、质量、价格稳定的原料供应是项目成功的重要因素。比如发电厂的燃煤供应协议，就得明确是购电方负责供煤、坑口电站还是共同招标确定供应商的问题，煤场、码头储卸能力问题，煤矿矿权、储量、量质价锁定问题，获得燃料的手续问题（如用气指标、供气管道许可）等。

2.3.4 评估实施保障问题

通过融资协议、EPC协议、O&M协议、业主工程师协议等，对项目执行中的利益、责任加以明确，确保项目顺利实施。

2.3.5　评估管控保障问题

通过股东协议、公司章程、合作协议等，明确各合作方的责任、义务和权利，明确管理界限，减少内部纠纷，强化我方对项目实施过程中的控制力，又好又快地做好项目实施。

综上所述，在项目开发过程中，关注和落实投资的各种保障措施是十分重要的。

为了做好该项工作，应该把握几个原则：一是有比没有好。不要轻信眼睛和耳朵，不要轻信口头承诺，要把风控措施体现在协议上、行动中；二是通过合同协议把双方责、权、利界定清楚。宁愿先多花点时间把细节谈清楚，也不要因合同协议太简单而造成日后的合作纠纷；三是请融资机构尽早介入把关。银行敢贷款，风险小一半。

工作节点 2.4　投融资形式合规性评估

Compliance Assessment

在开展国际工程投资时，还需考虑项目模式、融资形式、投资主体、安全要求等是否符合东道国政府的监管要求。

一些国家在《外商投资产业指导目录》等类似规定中对此会加以明确，但不少国家还存在法规缺失、分散、模糊，互相抵触、变化频繁，且与国际投资法律原则和惯例相悖的现象，应高度关注。

对投资主体，需了解对外商财务报表、业绩包括在东道国的以往表现有何要求，是否要求做企业评级，会不会限制外国的国企投资等。

对项目模式，一是可能要求与当地合资，对当地公司性质、股比、回报率、一定时间后对东道国企业转让部分股份或控股权也有要求；二是可能有行业限制或禁止进入，或者对产品或原料进出口有专门要求；三是可能会有经营管理权和雇佣职工的限制；四是可能要求设备、材料属地化；五是可能会要求市场换技术。

对融资，不仅对融资关闭时间、融资保函有要求，有的国家对融资银行如国有银行还很反感，或者对资本弱化也有限制。

比如对安全，要么因担心威胁国家安全需要专门进行国家安全审查，如能源、通信、国土、军事类；要么担心会严重削弱本国竞争力，需要进行反垄断审查，如高科技、农业；要么对中国资本格外担心。

还有其他要求，包括地方政府的规定、宗教的要求、对工会组织、政党组织的设立和活动的要求，以及政治外交因素影响、民众情绪的影响等。

工作节点 2.5　项目商业模型构建准备

Investment Commercial Model Study

本节点主要讨论如何为建立商业模型准备最基本的数据材料。如通过与合作方签订保密协议，获取最为细致详尽的项目信息；通过开展专项尽职调查，获取详尽的法律财务和技术数据；通过理清和项目相关的利益相关方，对利益关联方进行分类，构建利益平衡模型，并可以协助在项目可行性研究和项目建议书准备时，就如何选择和构建项目的合适商业模型提出建议。

2.5.1　获取项目数据资料

要对项目的可行性进行分析，就必须获取项目数据资料，以充分了解项目的技术经济数据、项目及相关方背景、项目开发历程、项目转让原因等情况，并据此结合市场、国别环境等的评估，结合尽调的印证，以判断项目的可行性。

1. 签署保密协议

这是获取数据资料的常用做法。但保密协议也有法律问题，不要掉以轻心。对保密期限、责任、泄密类型等要格外注意，对必要的保密教育和手段要加以重视。

2. 分析数据信息

本阶段对数据信息的分析重点是对方为何转让，项目来源和合作伙伴背景、能力、信誉，项目真实性和可行性初步结果，市场情况、竞争对手情况、政策情况等。同时要想方设法核实印证，比如实地调查、多方印证等。不要轻信正规报告的数据信息，有的是工作水平、工作深度问题，有的也会人为作假。更不要轻信对方的口头介绍和保证，有的是不专业，有的是故意夸大其词。横向比较很重要，不要只盯着本项目数据，还要了解经验数据、东道国其他项目信息。

2.5.2 开展专项尽职调查

现场的尽职调查很重要，不能只看对方开放的数据信息，必要时还需要请第三方机构评估。

对第三方机构，要处理好成功费与尽调结论的关系，尽调机构得有当地办公室，对当地情况才真正了解，要制定并落实好尽调目标。除了规范的尽调格式内容外，我方决策需要、已有资料和自己研判中需要印证的内容要作为重点。

尽调作用要充分发挥。除了印证判断、发现问题，还需要提出解决方案。

本阶段尽调的重点，包括市场判断、投资政策和产业政策判断、法律核实（尤其是劳工、投资保护、环保、税收）、项目许可和准证核实、项目技术经济数据和开发条件的现场判断等。

2.5.3 建立利益平衡模型

只有了解利益相关方并平衡各方利益，才能最终获得项目机会，才能做好项目执行。利益相关方不少，但最需要重视的是以下几方面：

1. 项目（机会）拥有者

要通过（项目）开发权转让协议、合资合作协议、股东协议、其他合同（如分包合同）等来平衡责权利。

利益谈判时应把握谈出底价、参考业内可比价格、在成本核算中体现、与效果挂钩的原则。承诺利益条件时还应关注合法性问题，比如干股、代理费、指定分包行不行，我方全额超股比融资担保行不行等。

2. 项目代理

代理既可成事，也可坏事，哪怕是项目已经开始执行也会被搞砸，需要重视。代理的利益最好尽早明确，也是按照前述观念和原则进行谈判，也要考虑合法合规问题，尤其是要明确工作内容、责任，强调不得拿钱干违反两国法律的事。

3. 融资银行

银行利益的焦点，除了利息，更关注本金安全，即收入的稳定程度、风险的锁定程度。

利益的条件不完全是谈出来的，因为银行往往是相对强者，尤其是时间。但也需要认真谈判、有效沟通。

融资协议中特别要关注容易忽略的条款，如各种费用、偿贷准备金、对正常经营的限制、贷中检查要求、担保解除条件等。

4. 产品购买方

通过产品购买协议来平衡利益。

5. 服务商利益

通过EPC、O&M、原料供应等协议来平衡利益。

要关注最低价中标、定额包干、乙方“挣钱靠索赔”等问题；要关注关键责任的明晰和保障，如原料断供责任和补救措施、施工质量与安全事故等。

6. 保险公司

通过保险合同来平衡利益。

对于政治保险，要关注电费回收保不保、保险理赔的可操作性等问题。对于商业保险，要重视保险经纪的作用，重视理赔难度问题。

7. 政府

与东道国政府的协议，并不是铁板一块，有的条件也是可以谈的。政府担保也有不同等级，保障程度不一样，有的是上升到东道国法律层面的。

工作节点 2.6　税务筹划和投资架构设计

Tax Planning & Investment Structure Design

在开展国际工程投资时，需要进行项目的税收筹划，并进一步搭建合适的商业模式和投资架构。本节点将介绍如何进行初步税费咨询和筹划，并从税费筹划的角度设立投资架构。

2.6.1 税务筹划

对于跨国投资，不同东道国、不同国家间的税费规定都不一样，所以要提前、认真做好税费咨询和筹划工作。税收筹划是境外投资的必修课。

1. 税费咨询

要做详细的税费调查。不光是一般性了解，要结合外企、结合项目特点、结合可能的商务架构进行分析。不仅要提出减少税费的建议，而且提出投资架构设计建议。

税收环境同样重要。要看税收法规是否健全、规范、透明，是否有税收歧视，是否会随意检查处罚，是否有税收腐败等。

除了税费的问题要特别关注，有时费比税还多，还不好处理。

税费调查要“两条腿”走路，既要请当地专业机构咨询，也要自己了解、印证。

2. 税收筹划

税收筹划虽然本质上也是避税行为，但通过对经营及财务活动的提前安排以规避或减轻纳税，不同于在生产经营活动中转移、隐匿应纳税的财产及收入来逃避纳税。但随着各国对避税港、税基侵蚀与利润转移、实质交易主体与行为问题的重视，以及在涉税信息交换方面共识的形成，税收筹划越来越受限。

境外投资中包括多种税收，如东道国的所得税、利润回流时的股息预提税、投资退出时的资本利得税、融资利息的利得税、项目执行阶段的相关税负等。要关注税收协定的缔结情况，了解避免双重征税、优惠税收的规定。对于税收条件不佳的国别，就得考虑避税港的利用，采用间接控股架构，在一个或多个国际避税地设立控股公司，以减少或免除股息、利息和资本利得汇回过程中的税负。对于建设阶段的税收筹划，可通过合同拆分、自建模式、充分利用免税冗余额度等进行节税。对于运营阶段的税务筹划，应充分争取和利用东道国税收优惠政策，如减免税、备品备件关税、员工收入税收优惠等，对于跨国供应链管理，可通过转让定价设计，进行关联企业间不同税收管辖权下的最优利润分配，达到税务优化。

2.6.2 投资架构设计

1. 要设立什么公司?

必须要有的公司。如在东道国设立的项目公司，以作为BOT、PPA等协议的签订主体；如便于税收或经营运作的离岸公司，既作为“防火墙”，也有利于税收减免。

根据需要设立的公司。如税收筹划需要的中间层（可能多层）企业；如项目管理需要的合资、合作公司。

2. 投资架构设计要考虑什么因素?

一是基于避险目的，二是基于管控目的，三是基于战略目的，四是基于获得项目机会，五是基于财务目的，比如税收筹划需要。

如果两国间税收协定友好，在东道国税负较低，跨国汇出的利润、利息等预提税合理，则可以选择“直接投资”方式，即由中国境内公司直接持有境外实体的股权。反之，则以“间接投资”方式操作。

间接投资的优势：一是在引入投资、集团重组、利润汇回以及资产退出时有更大的灵活性；二是能够更好地控制法律、税务以及业务运营的风险；三是通过设立中间控股公司，可以降低或免除所需缴纳的境外预提所得税，并充分利用境外税收抵免。对于将对外直接投资作为公司长期发展战略的企业而言，在境外设立中间控股公司，还可以将境外企业利润分红资金保留在境外，用于境外再投资发展，避免外汇的汇进汇出。

3. 设立公司时机

为了锁定工作成果，如项目开发权承接、保护可研成果，可及时成立公司。

为了共同开展工作，如需要通过合资公司共同注资、共同开展进一步的前期工作或项目执行工作时，可成立公司。

需要作为协议签订主体，如BOT、PPA协议签订主体，项目中标主体（含并购）时，需要成立公司。

需要作为税务筹划、资金通道、并表运作主体时，可成立公司。

公司设立的原则：一是先做好投资架构设计；二是用尽量少的注册资本金；三是找专业的人设计和办理手续，尤其是项目并购，或者要设计多国、多层的公司架构，且需要在短时间内完成注册，难度很大，专业要求高；四是做好实体化经营准备，有的税收减免需要有此要求。

工作节点 2.7 案例

Case Study

电厂并购的投资架构设计——以欧洲R国某电厂并购为例

1. 基本情况

某中资企业A（在中国香港地区注册）发起，联合另一中资企业B（也在中国香港地区注册），拟联合并购欧洲R国某集团公司下属的C电厂的65%股份。

2. 架构设计

（1）卖方和买方在新加坡、中国香港地区设立相应公司

即欧洲R国集团公司通过其战略投资人（关联企业）在新加坡设立新加坡公司1和新加坡公司2，同时通过这两个公司又合资在新加坡成立C电厂公司，股比分别为35%和65%。中资企业A和B则在中国香港地区合资成立一家香港SPV公司，参见图2-1。

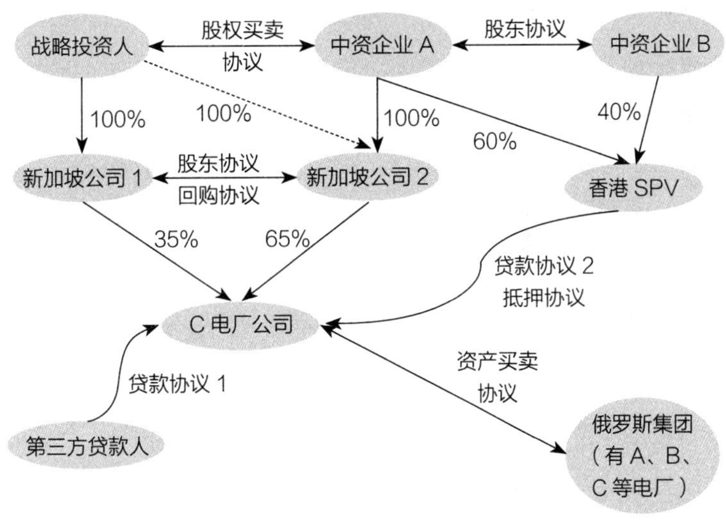

图 2-1 架构设计图

这样做的目的是为了在新加坡交割欧洲R国资产时，一是减少税收；二是届时中资企业只需要收购在新加坡的C电厂公司即可，而不需要收购欧洲R国企业，减少外资在欧洲R国收购资产时涉及的俄方各种监管、审批要求。

C电厂公司的股东股比之所以如此设计，是为了中资企业收购方便。届时中资企业只需要收购占股达65%的新加坡公司2即可。

中资企业A、B之所以要在中国香港地区设立香港 SPV，除了作为合资公司需要外，也是为了实施贷款协议2（后述）。

（2）新加坡C电厂公司购买欧洲R国C电厂的资产，并通过贷款将并购款支付给后者

设立新加坡C电厂公司的目的是为了获得欧洲R国集团的C电厂的资产，并将欧洲R国C电厂的资产转移到新加坡。

为此，先由C电厂公司与欧洲R国集团签署资产买卖协议，以购买其中C电厂的所有资产；然后，C电厂公司与第三方贷款人签署贷款协议1，目的是先期获得用于购买65%股份C电厂资产所需资金的短期贷款；同时，新加坡公司1也向C电厂公司注资，注资额为购买C电厂资产总价的35%；最后，C电厂公司就将筹得的100%股份的资产购买对价支付给欧洲R国集团，后者将相关资产移交给C电厂公司。至此，该资产买卖合同执行完毕，新加坡C电厂公司拥有了欧洲R国集团C电厂的100%资产。

（3）中资企业收购新加坡公司2

首先，由中资企业A与俄方的战略投资人签署股权买卖协议，以1美元价格收购后者持有的新加坡公司2的100%股权。为控制风险，中资企业A还有卖出权。新加坡公司1、2需共同签署回购协议，以便在下述情况时中方能退出：

1）电厂运营执照等失效时。回购价格为贷款2项下未偿还本金和利息的110%。

2）交割后的3年内，因非政策或法律变更的原因、非自然原因（如气候变化、自然灾害等）导致C电厂公司的获批产品销售价格（容量电价、电量电价及供热价格）不能满足经营测算值时，回购价格同1）项；三是贷款协议2本息还款履行完毕后，若中资企业有意退出时，对方的回购价格也为1美元。

其次，在注册C电厂公司时由新加坡公司1、2签署的C电厂公司股东协议、公司章程，亦需按中资企业要求修订，以保证中资企业的权力。

另外，上述4份协议的修订、签署工作需同步完成。

（4）香港SPV向C电厂公司以贷款方式注资，支付股权对价款

首先，由C电厂公司和香港SPV签署贷款协议2。C电厂公司获得购买65%股比所需的长期贷款。C电厂公司经营收入优先还贷，还贷之后才能分红。

贷款协议2内容包括：①C电厂公司9年期内等本金偿还前述长期贷款对应的美元；②年利率13%；③本贷款为一级债；④新加坡公司1 及其股东提供担保，以全额偿还未偿付的贷款。

其次，由新加坡公司1、2、C电厂公司及香港SPV共同签署抵押协议。合同标的为新加坡公司1、2持有的C电厂公司股权、C电厂公司资产，抵押给香港SPV。

最后，C电厂公司用贷款协议2的资金一次性偿还贷款协议1的债务。至此，贷款协议1执行完毕。

3. 本案例特点

（1）这是并购项目，属于典型的“菜齐上桌、偷工省力”的架构；

（2）这是有长期容量协议的电厂，也是热用户垄断的电厂，电厂收入稳定、有保障；

（3）投资架构中有比较多的基于规避风险的架构设计：

1）尽调不充分，可以不交割；

2）协议管辖法为英国法，争议提交中国香港国际仲裁中心仲裁；

3）要求对方对于实施情况的陈述保证真实、完整、无歧义，直至股权交割完成日；

4）避税：并购新加坡公司，与中国香港地区之间无额外收税；

5）减少审批风险：并购新加坡公司，是外资收购外资，减少外资在欧洲R国收购资产涉及的欧洲R国各种监管、审批要求，降低交易不确定性风险；

6）避免汇率风险：偿还美元，锁定汇率；

7）避免经营风险：通过对方回购设计，把经营证照失效问题、电热价不达标问题造成的风险考虑到了，避免无法正常运营；

8）一级债设计；

9）担保设计；

10）相关协议由中资企业审定，配套生效；

11）如果签订协议后6个月内没完成一切正常经营和法律许可等手续，没能实现交割，每增加一天减少对价5‰；

12）锁箱机制：收购协议时签订时锁定价格，交割日若无重大变故，交易价格不做调整；

（4）管控：

1）中资企业董事3人且担任董事长，对方2人。董事会议事规则为简单多数通过。首席执行官由中方提名；

2）中资企业派出管理骨干和专业骨干；

（5）赢利：

1）C电厂公司经营收入优先还贷，还贷之后才能分红；

2）以贷款方式获得收益，且13%利率；

3）签订协议到交割完成期间的收益归新公司。

专业任务 3

项目可行性研究

Project Feasibility Study

导语

就国际工程投资而言，投资环境研判、投资机会选择主要是从宏观层面研究目标市场投资环境，寻找理想的投资机会，获取可以深入研究的项目资源，而项目是否真正具备企业投资的条件，主要是通过项目可行性研究阶段的工作做出准确判断。因此，项目可行性研究，是国际工程投资的重点工作，其研究结论是在投资人给定的特定条件和项目所处市场环境下，对项目的技术、经济、社会、环境、风险是否可行做出的客观判别，是项目投融资决策的主要和关键依据。本章结合我国国有企业及民营企业参与国际工程投融资的特点，对项目可行性研究工作的组织、研究过程中涉及的技术标准体系选用、项目可行性研究阶段划分与重点、项目可行性研究依据要求及行业侧重、项目可行性研究报告内容深度及报告编制、项目可行性研究技术审查等实务内容进行介绍。

工作节点 3.1　可行性研究组织工作

Preparations of FSR

鉴于项目可行性研究工作的重要性，项目投资开发商应该精心组织好可研阶段各项工作，确保取得其所希望获得的可靠研究成果。

投资人在可行性研究阶段的组织工作主要包括如下几个方面。

3.1.1　专业机构的选择

对于实业型国际工程投资企业而言，除非是从事技术研究、设计的企业自己从事海外项目投资外，绝大多数企业需要外聘专业技术机构开展项目可行性研究工作。为了保证可行性研究工作的质量，选聘合格、能胜任的专业技术机构，是可研组织工作的第一步。

1. 对象选择

项目可行性研究的核心是技术可行性研究，对大多数投资人而言，自身一般有能力进行项目宏观投资环境研究和项目经济分析工作，因此，选择可行性研究的专业机构，首先要侧重选择具有较强技术能力的专业机构。

目前，无论是国内还是国外，从事技术咨询和技术研究的专业机构众多，如何在众多机构中选择符合自身要求的机构，往往需要花费较大精力。实践中我们总结出如下几个选择原则：

（1）首先是要选择技术对口的专业机构，即必须是专业从事项目所在行业的技术咨询机构或专业设计研究院。直接从事土木工程施工的企业或制造业企业一般不宜承担项目可研工作，跨行业技术机构一般也难以达到本行业技术机构的可研工作专业要求；

（2）要选择经验和能力对口的专业机构。尽管是同一行业的专业机构，各个机构的专业特长、所从事过研究的项目类型、总体专业工作能力也各不相同，因此，投资人应该根据自己项目的规模、类型、特点选择曾经从事过类似项目研究、设计且整体专业能力较强的机构。譬如，同样是搞水电工程设计的研究院，有的擅长高水头坝工设计，有的擅长低水头坝工设计，如果是高水头水电项目就不宜选择擅长低水头坝工设计的机构做可行性研究；

（3）综合考虑国内外技术机构。现在，许多国际技术咨询机构涉足国内项目，在中国开展了不少技术咨询工作，这类机构在国际上影响力很大，在许多国家都从事过技术咨询工作，拥有很强的国际工程咨询经验。因此，我们从事国际工程投资，国际咨询机构也是可选择的对象。但问题是国际咨询机构存在两个弱项：一是咨询费用通常较高；二是对中国技术标准不熟悉。因此，单纯选择国际咨询机构作海外项目可研，有时也会遇到许多问题和矛盾。正常情况下，如果项目涉及众多强制性国际标准要求，我们可以要求中国的专业机构与外国咨询机构组成联营体来承担我们的可行性研究任务；

（4）综合考虑性价比因素。大型项目的可行性研究费用是十分巨大的，一个大型水电项目的可研咨询费可能高达几亿甚至10多亿人民币，而可研的费用投入还是风险投资，如果可行性研究的结论是项目不可行，或者因其他客观原因使项目最终不能成立，那么，所有可研费用（包括前期的市场研判、投资机会选择所支付的费用）就付之东流。因此，在保证所选机构能力和工作质量的同时，拟选机构要求的可研费用高低，也是选择过程中应重点考虑的因素，超过项目实际需要选取“高大上”的专业机构也是不必要的。

2. 选聘方式

可行性研究专业机构的聘用算得上是企业的重大采购事项，按照国有企业现在的规定，重大采购一般要采用公开招标方式进行采购。因此，正常情况下，可研专业机构选聘必须通过招标方式进行。但是，国际工程投资具有较大的特殊性，故在下列情况下，选聘方式应该有所变通：

（1）时间紧：国际投资项目往往在与东道国签署了相关协议（如项目开发协议、上文所说的框架协议等）后，东道国给出的项目建设开工时间往往很紧，如果通过公开招标程序，就可能因耗时太长而失去投资机会。这种情况下，企业可以采取有限邀请招标甚至单一来源采购谈判方式与有限的专业机构进行招标或谈判，以抢出可研工作所需要的时间；

（2）资源的稀缺性：某些项目的可研专业要求很高，市场上可以从事这类项目可研的机构稀少，这种情况下，也可以不采用公开招标方式选聘；

（3）前期有紧密的合作：国际工程投资往往在可研阶段前就有大量的技术研判工作，以宏观判断项目是否可行。在这一期间，企业往往请相关长期合作的专业机构免费提供技术服务（如对东道国提供的技术资料甚至可研资料进行复核）；这种背景下，所述机构已经较深地介入项目，对项目情况掌握得很熟悉，如果由其承担可研工作，可以节省很多的时间。况且，可研工作招标与物资采购不一样，一般要求投标人在投标文件中提出自身对项目的理解性文件和可研期间的工作方案，由于所述机构对项目了解很深，可以编出较为符合要求的标书，其他参与投标的机构因接触时间短，难以编制出更好的投标标书，因此，即使公开招标，所述机构中标的几率也是最大的。鉴于上述原因，投资人宜采用单一来源采购方式选聘专业机构。

3. 合约签署

与选定的技术研究机构签署可行性研究工作合同时，应关注如下几点：

（1）共担风险机制：由于可研工作是风险投资，投资人可以商请专业机构以共担风险的方式承担可行性研究工作，即在可研阶段投资人只支付可研费用总额一定比例，剩下部分待项目最终成功后再予以支付，如果项目不能成功，则由专业机构自行承担；

（2）价格条件：可行性研究工作有的是可定量的（如现场勘探钻孔），有的只可定性，因此，在合同价格条款制定时，应尽可能采用定量条款，即使是定性条款，应尽可能将价格的边界条件讲清楚；

（3）时间要求：合同条款应该设立时间里程碑条款，对关键阶段工作做出时间安排；同时，将支付时间与里程碑完成情况紧密结合；

（4）工作边界条款：可研工作的很多方面是无法定量规定的，因此，除了价格条款外，其他工作也要尽可能把边界条款规定清楚，哪些事由投资人负责，哪些事由专业机构负责，以免工作起来相互扯皮，耽误工作进程；

（5）安全责任条款：境外作业，特别是在某些第三世界国家现场作业，生产安全、社会安全风险较高，而国内对安全管理的要求又特别严格，因此，合同必须对安全责任条款写得特别清楚，严格规定双方各自责任，以提高专业机构安全生产的责任感，保证实际工作中安全管理到位。

3.1.2 可研工作任务范围

这里所说的可行性研究工作任务范围，是指投资人对可研工作范围和深度的要求。投资人在聘请专业机构开展可研工作之初，就把工作范围和工作深度做出明确、具体的交代，以保证可研专业机构方向明确、目标清晰地开展工作，避免其在可研工作过程走弯路而影响工作进程。

需要特别说明的是，国际上项目可研的习惯做法与中国有很大的差异，正常西方公司做的可研在技术深度上比中国公司要浅很多，有的项目可研相当于中国的预可研，他们的理念是，项目详细可研和具体设计工作是由EPC承包商完成的。但是中国的习惯做法是，如果达不到真正的可研深度，企业内部难以批准项目投资，政府相关部门也不会审批项目（如果有政府审批的话）。因此，投资人应该结合中国国情和国际通行惯例制定可行性研究的工作范围和深度，在确保技术方案可靠的前提下，适当降低可研深度要求，将相关过细的技术工作留待EPC阶段完成，以避免前期投入过大。

特别值得一提的是，专业机构在接受可研任务后，首先要制订可行性研究大纲。投资人对可研大纲要认真对待，应组织业内专家对大纲进行精细的评估，看其是否符合投资人对可研工作范围和深度的要求，是否充分体现和贯彻投资人意志。如果大纲与投资人意志不符，必须要求专业机构进行修改，直到投资人满意为止。

3.1.3 可研工作过程把握

在专业机构开展可研工作过程中，投资人必须把好过程关，不能一包了之，放任不管。一般从如下三个方面进行过程的把握：

（1）定期检查可研工作进展，听取专业机构工作报告，对专业机构工作过程中提出的关键性问题及时研究解决，属于需要投资人决策的事项，及时研究决策；

（2）及时组织开展可研工作阶段性审查，对于审批过程中发现的重大技术缺陷或方向性的问题，及时指令专业机构予以纠正和完善；

（3）组织专业机构与投资人相关部门、机构（包括从事投资环境研判、投资机会研判阶段相关机构和人员）的交流，保证专业机构工作过程中及时获得投资人各方面信息和要求，使专业机构的可研工作一直在投资人指导下开展。

3.1.4 可研结果内部审批

这里所说的内部审批，主要是投资人企业内部审批，即专业机构提供了可研工作的阶段性成果和最终可研报告，投资人内部必须对其进行审批，很多由专业机构提出的重大问题，应由投资人在审批过程做出最终决策。因此，投资企业应该建立项目可行性研究内部审批流程，例如，是组织内部专家还是外部专家进行成果评估和审查；内部评估的主要内容是什么；由哪个部门、机构或组织最终审核、批准成果等，都应做出明确规定。可行性研究审批工作对投资人而言十分重要，方式、程序上不能随波逐流、流于形式。

内部审查工作的具体内容详见工作节点3.6。

3.1.5 可研成果外部审批

可研成果的外部审批主要指东道国的审批。

国际工程投资项目位于国外，尽管是中资企业出资兴建，但东道国对项目功能设计、资源利用、社会安全等是有严格要求的，有的国家的项目投资开发体制（如巴基斯坦）甚至把工程投资额与项目投资回报率紧密挂钩（成本加回报方式）。因此，他们对可行性研究报告是否可行、是否合理十分重视。

外部审批必须重视把握3点主要原则：

（1）认真对待、及时沟通。东道国审批可研，是国际工程投资过程中一个十分关键环节，既涉及项目开发进程是否顺利，也涉及项目投资的长远利益，投资人要认真对待这项工作。在东道国审批项目可研过程中，会与投资人举行多次技术交流会、澄清会，对此，投资人应该认真组织能胜任的专业人员参加会议，并事先做好充分的准备，以保证通过会议交流和澄清使对方专家、官员充分理解我们的设计理念、技术方案。同时，投资人也可以主动与东道国审批人员保持积极的沟通，在正式审查前做好相关人员的工作，争取审查人员理解和支持我们的工作成果；

（2）坚持原则、据理力争。由于使用标准、技术理念、技术水平的差异，东道国审查过程中往往会对投资人可研标准、方法、成果提出很多否定意见。对此，投资人在关键问题上必须坚持原则、据理力争，努力说服对方接受己方的工作成果。譬如在所用技术标准问题上，重大技术方案和技术措施上，重要工程造价计算上等，如果投资人确认自己的选择是正确的，就必须据理力争，不能轻易让步；

（3）机动灵活、有进有退。外部可研审查的过程，实际上也是商务谈判的过程，任何商务谈判总是有进有退，最终达到双赢或多赢。因此，在外部技术审查交流过程中，投资人也应把握机动灵活、有进有退原则，一味坚持己见是难以达成一致的。在非关键、非原则问题上，投资人可以适当做出让步，有些问题上确实是己方考虑不周，也应该诚恳接受对方的意见，以进一步完善可研工作。

工作节点 3.2　技术标准体系

Technical Standard System

开展国际工程项目可行性研究，首要面临的就是技术标准体系的选择问题。本节简要介绍中国两类四级技术标准体系，国际、区域、行业、国家及企业五类技术标准体系，及面向国际工程的技术标准体系选择策略。

3.2.1　中国技术标准体系

1. 概述

我国技术标准体系的起源受苏联影响，总体沿袭“计划经济体制下政府主导”的苏联模式。随着我国改革开放发展及全球化的趋势，我国标准体系逐渐演化转变为“两类”（强制性标准和推荐性标准）“四级”（国家标准、行业标准、地方标准、企业标准）的技术标准体制。

（1）强制性标准和推荐性标准

强制性标准是国家通过法律的形式，明确要求对于一些标准所规定的技术内容和要求必须执行，包括强制性的国家标准、行业标准和地方标准，违反强制性标准的当事人将承担法律责任；推荐性标准则是国家鼓励自愿采用的具有指导作用而不强制执行的技术标准。

（2）国家标准、行业标准、地方标准、企业标准

国家标准是在全国范围内统一执行的技术要求；行业标准是在没有国家标准的情况下，需要在全国某个行业范围内统一执行的技术要求；地方标准是在前两种标准没有而需要在某一行政区域内统一执行的技术要求；企业标准是在其他三种标准都没有的情况下在某一企业内部统一执行的技术要求；在上一级标准出台后，低级别的标准应相应废止。

截至目前，我国已经颁发工程建设国家标准500余项、行业标准近3000余项、地方标准约1500余项，涵盖土木工程、建筑工程、线路管道和设备安装工程、装修工程、拆除工程等工程类别，涉及房屋建筑、城镇建设、城乡规划、公路、铁路、水运、航空、水利、电力、电子、通信、煤炭、石油、石化、冶金、有色、机械、纺织等行业领域，贯穿勘察、规划、设计、施工、安装、验收、运行维护、鉴定、加固改造、拆除等建设环节，基本可满足我国工程建设发展的需要。

2. 中国水电行业技术标准体系

以中国水电行业为例，根据水电水利规划设计总院及中国电建集团北京勘测设计研究院有限公司于2015年6月编制完成的《水电行业技术标准体系表（讨论稿）》，中国水电行业技术标准体系框架根据标准体系的内在联系特征及水电行业技术的特点，采用电站各阶段和相关专业序列两条主线，基本涵盖了规划、勘察、设计、施工、建造、验收、运行、管理、维护、加固、拆除（或退役）等水电行业全生命周期技术标准，收录截至2015年3月与水电行业有关的技术通用、规划设计、设备、工程施工和运行维护、工程退役等方面的技术标准，包括已颁布、在编和拟编的有关国家标准（GB）、电力行业（DL）、能源行业（NB）标准及部分水电行业现行有效的SL、SDJ、JB、HB、AQ标准，共计534项。

（1）通用及基础标准（T）

主要内容包括标准化、术语、标识、安全、质量控制、节能环境、征地移民、水电监管、信息、档案等，共计18项标准，其中GB标准1项，DL标准9项，SL标准1项，其他7项。

（2）规划及设计（A）

主要内容包括阶段工作深度、安全、劳动卫生、规划及设计综合性通用标准，水能规划、水文泥沙、经济评价等规划专业，工程地质、工程测量、工程勘探、工程物探、岩土试验、水文地质测试、岩土和水体监测等工程勘察专业，水工综合、挡水建筑物、泄水建筑物、输水建筑物、电站厂房、边坡工程、水工模型试验等水工专业，机电综合、水力机械、电气一次、电气二次、暖通、消防等机电专业，压力钢管、钢闸门（含拦污栅）、启闭机、清污机等金属结构专业，施工综合、导流、料源、施工方法、施工工厂、交通、施工布置、施工进度等施工组织设计，征地移民实物指标调查、安置规划设计，环境影响评价、环境保护、水土保持及节能降耗设计，投资匡算、估算、概算、决算工程造价等，共计209项标准，其中GB标准4项，DL标准92项，NB标准41项，其他72项。

（3）设备（B）

主要内容包括水轮机、水泵水轮机、发电机、发电电动机及其附属设备、控制保护、变频启动装置（SFC）等机电设备技术条件，闸门、启闭机设备等金属结构设备及安全监测的主要监测仪器、仪表等的技术条件，共计64项标准，其中GB标准16项，DL标准37项，NB标准5项，其他6项。

（4）建造调试及验收（C）

主要内容包括施工管理、导截流、施工工厂设施、场内交通等综合性通用标准，水工混凝土、水工沥青混凝土、砂石料、外加剂等材料及施工工艺试验，土石方开挖、支护、基础处理、混凝土工程、土石坝工程等土建工程，水力机械、电气设备等机电设备的安装调试，压力钢管、闸门（含拦污栅）、启闭机、清污设备等金属结构制造（现场）、安装及调试，施工（作业）安全，征地移民实施与验收，环境保护实施与验收，质量评定与验收等，共计193项标准，其中GB标准6项，DL标准117项，NB标准9项，SL标准1项，其他60项。

（5）运行维护（D）

主要内容包括水库、发电、防洪、通航等调度、运行的综合性通用标准，水工建筑物运行检查、评价，结构及材料老化、缺陷评估，缺陷处理，库区运行管理及灾害防治，水轮机、发电机及其附属设备、监控保护设备等机电设备，压力钢管、闸门（含拦污栅）、启闭机等设备运行等金属结构设备，水工建筑物安全监测的设计、施工、仪器安装、资料整编、运行管理，环境监测、后评价、安全保障、应急、预警等，共计49项标准，其中GB标准2项，DL标准35项，其他12项。

（6）退役（E）

主要内容包括综合技术要求、退役评估、工程退役方案设计、土地使用、环境保护及评估、遗址安全管控等，共计1项计划立项的NB标准。

3.2.2 国外技术标准体系

经过多年的发展，发达国家和地区基本上形成了以“技术法规—技术标准”为主的制约体系，在大部分的发达国家得到较为完整的实施，并在近年来不断完善和改进，逐步向趋同的国际技术制约准则的目标迈进。

“技术法规”是一种法定权力机构所接受的约束性文件，一般由技术要求和管理要求构成。目前，国际上公认的技术法规的通行原则是对直接涉及公众基本利益和国家长远利益的技术要求实行强制执行的原则。在技术要求部分，制定的原则是以性能为基础或者以目标为基础。以性能为基础能使技术法规紧跟技术发展，具有很高的时效性；以目标为基础，突出法规的重点核心内容，能保持技术法规较强的稳定性。

“技术标准”是由公认的标准化机构批准，为了重复或连续应用而制定的，是对不涉及公众基本利益和国家长远利益的技术要求，以及为保证实现强制性技术要求而采取的途径和方法。在大多数国家和地区，技术标准都是自愿采用的。由于技术标准都是针对具体的标准化对象逐一设定的，所以每个国家的技术标准的数量都很庞大，并且随技术发展而随时修订，具有较大的灵活性。

技术法规是制定技术标准的法定依据，技术标准是制定技术法规的技术基础，两者是相互联系、协调配套的有机整体。技术标准中被技术法规引用的部分属于法规的组成部分，是强制执行的。技术标准必须满足技术法规的要求，技术标准不能有与技术法规相抵触的内容。因此满足技术标准的产品，就可视为满足技术法规的要求，允许其进入建设市场；而对于没有技术标准依据的产品和技术，经过评定符合强制性的技术法规的要求，允许不执行非强制性的技术标准。

按照标准的使用范围，国外技术标准可划分为：国际标准、区域标准、国家标准、行业标准及企业标准五类。

1. 国际标准

国际标准是指国际标准化组织（ISO）、国际电工委员会（IEC）和国际电信联盟（ITU）制定的标准，以及国际标准化组织确认并公布的其他国际组织制定的标准，在世界范围内统一使用。

目前被国标组织确认并公布的其他国际组织包括：国际计量局（BIPM）、国际人造纤维标准化局（BISFA）、国际食品法典委员会（CAC）、时空系统咨询委员会（CCSDS）、国际建筑研究实验与文献委员会（CIB）、国际照明委员会（CIE）、国际内燃机会议（CIMAC）、国际牙科联盟会（FDI）、国际信息与文献联合会（FID）、国际原子能机构（IAEA）、国际航空运输协会（IATA）、国际民航组织（ICAO）、国际谷类加工食品科学技术协会（ICC）、国际排灌研究委员会（ICID）、国际辐射防护委员会（ICRP）、国际辐射单位和测试委员会（ICRU）、国际制酪业联合会（IDF）、万围网工程特别工作组（IETF）、国际图书馆协会与学会联合会（IFLA）、国际有机农业运动联合会（IFOAM）、国际煤气工业联合会（IGU）、国际制冷学会（IIR）、国际劳工组织（ILO）、国际海底组织（IMO）、国际种子检验协会（ISTA）、国际理论与应用化学联合会（IUPAC）、国际毛纺组织（IWTO）、国际动物流行病学局（OIE）、国际法制计量组织（OIML）、国际葡萄与葡萄酒组织（OIV）、材料与结构研究实验所国际联合会（RILEM）、贸易信息交流促进委员会（TarFIX）、国际铁路联盟（UIC）、经营交易和运输程序和实施促进中心（UN/CEFACT）、联合国教科文组织（UNESCO）、国际海关组织（WCO）、国际卫生组织（WHO）、世界知识产权组织（WIPO）、世界气象组织（WMO）等。

2. 区域标准

如欧洲共同体标准（CEN）、欧洲电工标准化委员会（CENELEC）标准、欧洲航空标准化协作组织（ECSS）标准、欧洲电信联盟（ETSI）标准、非洲地区标准化组织（ARSO）标准、中美洲和拉丁美洲区域性标准化机构（COPANT）的泛美技术标准等。

以欧洲共同体标准（CEN）为例，为消除技术贸易壁垒，规范和协调成员国之间的法规和技术标准，欧盟委员会在2004年10月18日的“欧盟政策和法律框架中欧洲标准的作用”的通告中，建议采取行动，促进欧洲政策和法规，在更大范围内使用欧洲标准，应对欧洲标准化所面临的全球挑战。欧洲标准主要是以德国标准和英国标准为主，由CEN成员国投票产生，各成员国必须将欧洲标准等同转化为其国家标准，并撤销与欧洲标准相冲突的国家标准。在欧洲标准（EN）制定期间，所有成员国都必须立即停止相同内容的国家标准制定活动，以便把资源集中到欧洲标准的制定上来；任何成员国也不得出版与现行欧洲标准不一致的新标准或修改版标准。

3. 国家标准

如美国（ANSI）、加拿大（CSA）、英国（BSI）、法国（NF）、德国（DIN）、日本（JSA）、澳大利亚（AS）、巴西（NB）、俄罗斯（GOST）、印度（BIS）、中国（GB）、南非（SABS）、泰国（TIS）等国家标准。

以美国国家标准学会标准为例，美国国家标准学会（American National Standards Institute，简称ANSI）成立于1918年，是非营利性质的民间标准化团体。美国政府商务部、陆军部、海军部等部门以及美国材料试验协会（ASTM）、美国机械工程师协会（ASME）、美国矿业与冶金工程师协会（ASMME）、美国土木工程师协会（ASCE）、美国电气工程师协会（AIEE）等组织都曾参与ANSI的筹备工作，ANSI实际上已成为美国国家标准化中心，美国各界标准化活动都围绕它进行。ANSI使政府有关系统和民间系统相互配合，起到了政府和民间标准化系统之间的桥梁作用。

ANSI协调并指导美国全国的标准化活动，给标准制定、研究和使用单位以帮助，提供国内外标准化情报。同时，又起着美国标准化行政管理机关的作用。

4. 行业标准

如美国电气与电子工程师学会（IEEE）标准、石油协会（API）标准、机械工程师学会（ASME）标准、材料试验学会（ASTM）标准、钢结构协会（AISC）标准、仪表协会（ISA）标准、阀门及配件制造工业协会（MSS）标准、消防（NFPA）标准、混凝土协会（ACI）标准、铝协会（AA）标准、纺织化学师与印染师协会（AATCC）标准、轴承制造商协会（ABMA）标准、煤气协会（AGA）标准、齿轮制造商协会（AGMA）标准、航天工业协会（AIA）标准、航空航天学会（AIAA）标准、信息及图像管理协会（AIIM）标准、官方分析化学师协会（AOAC）标准、空调与制冷协会（ARI）标准、声学协会（ASA）标准、质量管理协会（ASQC）标准、焊接协会（AWS）标准、建筑小五金制造商协会（BHMA）标准、国防电子器材供应中心（DESC）标准、电子工业协会（EIA）标准、运输部联邦航空管理局（FAA）标准、电路互联与载体学会（IPC）标准、国家航空航天局（NASA）标准、全国电气制造商协会（NEMA）标准、全国信息标准组织（NISO）标准、全国卫生基金会（NSF）标准、电阻焊接机制造商协会（RWMA）标准、动力机械工程师协会（SAE）标准、金属散热与空气调节承包商协会（SMACNA）标准、防护涂料协会（SSPC）标准、通信工业协会标准（TIA）标准、保险商实验室（UL）标准及德国电气工程师协会（VDE）标准等。

以美国机械工程师学会（ASME）标准为例，美国机械工程师学会（ASME）（American Society of Mechanical Engineers）成立于1880年。现今已成为一家拥有全球超过125000会员的国际性非营利教育和技术组织。由于工程领域各学科间交叉性不断增长，ASME出版物也相应提供了跨学科前沿科技的资讯，涵盖的学科内容包括：基础工程、制造、系统设计等方面。ASME是世界上最大的技术出版机构之一；每年召开约30次大型技术研讨会议，并举办200个专业发展课程；制定众多美国机械工程师协会的工业和制造业行业标准。现在ASME拥有工业和制造行业的600项标准和编码，这些标准在全球90多个国家被采用。

5. 企业标准

如美国凯洛格公司、鲁姆斯公司标准，日本的日晖公司、三井公司标准，德国的乌德公司、联邦铁路公司（DB）标准等。

以德国联邦铁路公司（DB）标准为例，德国联邦铁路公司（DB）标准是德国铁路工程建设技术标准的主体和核心，涉及铁路工程建设的所有专业；企业标准化机构围绕新产品开发、提高工艺水平、组织专业化协作、按用户需求和有关标准组织生产、建立完善质量体系方面开展工作。德国铁路工程建设标准的研发由政府主导，企业出资研究开发，完成的标准或标准设计作为技术专利全部归德国铁路公司所有，但参与开发的公司有该标准或标准设计的使用权，其他公司则需高价购买专利使用权。德国铁路公司负责管理标准规范和标准设计，并有义务对所发布的标准规范和标准设计及时修订升级。

3.2.3　技术标准体系选择

1. 世界技术标准发展趋势

技术标准是一种产业和经济的秩序，也是产业存在的技术方案。标准对内可以促进产业、分工和贸易的发展，对外意味着技术壁垒和产业壁垒。对垂直链条意味着产业利益的分配工具，对横向竞争者意味着产品差异化能力的降低。随着标准时代的到来，一方面发达国家纷纷从技术战略发展到标准战略，从技术立国到知识产权立国，发达国家和垄断企业通过国家标准战略、企业标准战略、国际标准组织和规则，将知识产业和标准体系糅合在一起，占据各个产业的发言权，制定有利于自己的标准体系，维护有利于自己的标准秩序，而且希望和迫使后发展国家及企业遵从自己建立的标准体系和标准秩序；另一方面，后发展国家对标准化规则进行深入学习并积极参与制定，世界从简单标准时代向复杂标准时代过渡，发达国家和垄断企业控制标准和产业能力下降，世界逐步形成更加复杂和更加均衡的标准秩序。

2. 技术标准体系选择考虑的因素

基于当前世界技术标准和秩序发展现状及趋势，结合国际工程项目的特点，综合考虑项目所在国国情、融资来源国政策、不同技术标准适应性等因素，合理选择国际工程项目执行的技术标准体系。

（1）项目所在国国情

一般而言，各国在技术标准应用上，根据国情的不同各有惯例，如西方发达国家，都应用自己本国标准，第三世界国家根据其历史形成不同的技术标准应用惯例：过去是英国、法国殖民地国家更多应用的是英法标准，南美国家更多应用泛美技术标准，但对于巴西，可以用其本国水电标准体系或历史宗主国葡萄牙技术标准体系，对于厄瓜多尔，还可考虑历史宗主国西班牙技术标准体系。

（2）融资来源国政策

对于中国国有企业而言，在投资国际工程项目过程中应尽可能使用中国标准，这是因为：一是既然作为投资人，处于投资项目的支配地位，中资企业应该以投资为龙头带动中国标准“走出去”，这是我国实施“走出去”倡议所倡导的，也是我国在国际技术领域争夺话语权所应该做的；二是由于需要动用中国资金，企业需要满足中国行业技术标准要求，供行业主管部门、融资机构进行技术审批和投资决策；三是中资企业对国外技术标准尚不十分熟悉，使用中国标准便于中资企业顺利实施项目建设，技术风险可控；四是中国标准总体基本达到国际技术标准水平，有的甚至高于国际标准的技术水平。因此，使用中国标准能够保证项目建设质量。

（3）技术标准适用性

由于中外不同技术标准体系的出台背景不同，对于同一技术问题可能存在不同的技术要求。此种情况下，需要分析不同技术标准体系的适用性，按照从严要求选择。当中国标准规定达到或严于国际、国外标准时，应努力争取使用中国标准；当中国标准低于国际或国外标准，或设备、材料规格、型号不通用时，宜同时列出两种标准规定的内容，并给出应用时的选择条件。如我国拟对外投资的东南亚某国某水电站，由于规模较大，由我国某几个大型国有企业组成中方联合体，并联合项目所在国及潜在受电国企业组成工作组，以我国企业为牵头方进行投资开发；在进行项目可行性研究时，优先采用了中国水电技术标准体系，完成中国国内项目投资决策；报送项目所在国进行审批时，根据项目所在国政府聘请的西方咨询方尽职调查意见，对于设计洪水标准及相应的设计洪水采用国际大坝协会（ICOLD）的技术标准公告（Bulletin）有关规定，同时采用中外有关标准进行了复核分析计算。

工作节点 3.3　项目可行性研究阶段划分及重点

Key Elements and Phases of FSR

根据中国及国际上对项目生命周期划分，广义的项目可行性研究为工程前期阶段开展的项目识别、投资机会研究、项目规划、项目建议书（初步可行性研究或预可行性研究）、可行性研究等系列活动，并据此进行项目投资决策。以下以中国水利水电工程广义的前期项目可行性研究为例说明其阶段划分，并分别以中国水利工程和水电工程为例说明不同阶段研究侧重。

3.3.1　项目前期可行性研究阶段划分

根据中国水利行业实践，水利工程项目前期可行性研究可划分为江河流域规划或工程规划、项目建议书、可行性研究和初步设计。根据中国水电行业实践，水电工程项目前期可行性研究可划分为河流水电规划、预可行性研究和可行性研究。两者对比看，阶段划分基本保持一致，根据行业特点略有侧重，总体可划分为：规划阶段（如水利项目的江河流域规划及重点水利工程的工程规划、水电项目的河流水电规划）、初步可行性研究阶段（如水利项目的项目建议书、可行性研究、水电项目的预可行性研究）、可行性研究阶段（如水利项目的初步设计、水电项目的可行性研究）。

3.3.2 中国水利工程项目前期研究阶段侧重

1. 规划阶段

主要是开展江河流域规划，对特别重点水利工程如南水北调、滇中引水等也开展工程规划研究。江河流域规划阶段开展规划工作应按照经济社会可持续发展的要求，正确处理水利建设与经济社会发展、兴利与除害、治理开发与生态环境保护等之间的关系，与国家主体功能区规划、国家以及地区的国民经济和社会发展规划、国土规划、城乡总体规划、生态环境保护规划等相协调；正确处理所涉及的国民经济有关部门之间的关系，与有关部门的发展规划相衔接。

针对流域和区域的特点、江河治理开发和水资源开发利用现状及存在问题，按照全面规划、综合协调、因地制宜、突出重点等原则，统筹协调整体与局部、干支流、上下游、左右岸和地区间的关系，从社会、经济、生态、环境等各个方面，提出治理、开发、保护与管理的方针、任务和目标，确定治理、开发、保护与管理的总体方案及主要工程布局与实施程序。

2. 项目建议书阶段

编制项目建议书应以批准的江河流域、区域综合规划和专业、专项规划为依据，贯彻国家的方针政策，遵照有关技术标准，根据国家和地区经济社会发展规划的要求，论证建设该工程项目的必要性，提出开发任务，对工程的建设方案和规模进行论证，评价项目建设的合理性。重点论证项目建设的必要性、建设规模、投资和资金筹资方案。对涉及国民经济发展和规划布局的重大问题应进行专题论证。

项目建议书应根据国民经济和社会发展长远规划、流域综合规划、区域综合规划、专业规划，按照国家产业政策和国家有关投资建设方针进行编制，是进行初步投资决策、选择建设项目和编制可行性研究报告的依据。要求必要性论证明确，工程规模基本合理，主要技术方案比选充分、可行，移民安置去向基本明确，不存在重大环境制约因素，经济评价合理。

3. 可行性研究阶段

编制项目可行性研究报告应以批准的项目建议书为依据；直接开展可行性研究

的项目，其可行性研究报告应以批准的江河流域（河段）规划、区域综合规划或专业规划、专项规划为依据。可行性研究应贯彻国家的方针政策，遵照有关技术标准，对工程项目的建设条件进行调查和勘测；在可靠资料的基础上，进行方案比较，从技术、经济、社会、环境和节水节能等方面进行全面论证，评价项目建设的可行性。可行性研究报告是进行投资决策、确定建设项目、编制初步设计的依据，应落实各项建设和运行保障条件，重点论证工程规模、技术方案、征地移民、环境、投资和经济评价；对重大关键技术问题应进行专题论证。

4. 初步设计阶段

编制初步设计报告应以批准的可行性研究报告为依据，贯彻国家的方针政策，遵照有关技术标准，认真进行调查、勘测、试验、研究；在取得可靠的基本资料基础上，进行方案技术设计；设计应安全可靠，技术先进，因地制宜，注重技术创新、节水节能、节约投资；初步设计报告应有分析、论证和必要的方案比较，并有明确的结论和意见。

初步设计是根据批准的可行性研究报告和必要而准确的设计资料，对设计对象进行通盘研究，阐明拟建工程在技术可行性和经济合理性，规定项目的各项基本技术参数，编制项目的总概算，是指导工程项目建设的重要技术文件。

3.3.3　中国水电工程项目前期研究阶段侧重

1. 规划阶段

河流水电规划应根据国民经济和社会发展需求，贯彻可持续发展理念，初步查明河流水力资源（又称“水能资源”）及开发条件，调查和研究影响河流水电开发的重大工程地质问题，识别河流水电开发在生态环境和经济社会方面的限制性因素，明确河流水资源开发利用方向及开发任务，推荐开发方案，提出河流水电规划实施意见。统筹考虑流域经济社会状况和特点、移民安置环境容量和条件，分析并提出河流梯级开发移民安置总体规划初步方案，必要时，针对重要敏感对象提出专题研究报告。

河流水电规划应坚持全面规划、综合利用、保护生态、讲求效益、统筹兼顾的方针；正确处理好开发与保护、资源利用与水库淹没损失、需要与可能、近期与远景、整体与局部、干流与支流、上下游及左右岸等方面的关系；符合流域综合利用总体要求，协调与环境保护、经济社会发展的关系；高度重视工程安全，开发方案应尽可能避开或远离区域活动构造带和重大地质灾害地段。

2. 预可行性研究阶段

水电工程预可行性研究应在江河流域综合利用规划或河流（河段）水电规划的基础上进行。预可行性研究工作重点是：论证工程建设的必要性；基本确定综合利用要求，提出工程开发任务；基本确定主要水文参数和成果；评价本工程的区域构造稳定性：初步查明并分析比较各坝（闸）址和厂址的主要地质条件，对影响工程方案成立的重大地质问题作出初步评价；初选代表性坝（闸）址和厂址；初选水库正常蓄水位，初拟其他特征水位；初选电站装机容量，初拟机组额定水头、引水系统经济洞径和水库运行方式；初步确定工程等别和主要建筑物级别；初选代表性坝（闸）型、枢纽及主要建筑物形式；初步比较拟定机型、装机台数、机组主要参数、电气主接线及其他主要机电设备和布置；初拟金属结构及过坝设备的规模、形式和布置；初选对外交通方案，初步比较拟定施工导流方式和筑坝材料；初拟主体工程施工方法和施工总布置，提出控制性工期；初拟建设征地范围，初步调查建设征地实物指标，提出移民安置初步规划，估算建设征地移民安置补偿费用；初步评价工程建设对环境的影响，从环境角度初步论证工程建设的可行性；提出主要的建筑安装工程量和设备数量；估算工程投资；进行初步经济评价；综合工程技术经济条件，提出综合评价意见。

3. 可行性研究阶段

水电工程可行性研究应在遵循国家有关政策、法规，在审查批准的预可行性研究报告的基础上进行。可行性研究工作重点是：确定工程任务及具体要求，论证工程建设必要性；确定水文参数和水文成果；复核工程区域构造稳定性，查明水库工程地质条件，进行坝址、坝线及枢纽布置工程地质条件比较，查明选定方案各建筑物区的工程地质条件，提出相应的评价意见和结论；开展天然建筑材料详查；选定工程建设场址、坝（闸）址、厂（站）址等；选定水库正常蓄水位及其他特征水位，明确工程运行要求和方式；复核工程的等级和设计标准，确定工程总体布置方式，确定主要建筑物的轴线、线路、结构形式和布置方式、控制尺寸、高程和工程量；选定电站装机容量，选定机组机型、单机容量、额定水头、单机流量及台数，确定接入电力系统的方式、电气主接线及主要机电设备的形式和布置方式，选定开关站的形式，选定控制、保护及通信的设计方案，确定建筑物的闸门和启闭机等的形式和布置方式；提出消防设计方案和主要设施；选定对外交通运输方案，确定导流方式、导流标准和导流方案，提出料源选择及料场开采规划、主体工程施工方法、场内交通运输、主要施工工厂设施、施工总布置等方案，安排施工总进度；确定建设征地范围，全面调查建设征地范围内的实物指标，提出建设征地和移民安置规划设计，编制补偿费用概算；提出环境保护和水土保持措施设计，提出环境监测和水土保持规划、环境监测规划和环境管理规定；提出劳动安全与工业卫生设计方案；进行施工期和运行期节能降耗分析，评价能源利用效率。

在上述工作基础上，可行性研究需编制可行性研究设计概算，进行国民经济评价和财务评价，提出经济评价结论意见。

工作节点 3.4 项目可行性研究依据要求及行业侧重

Basis and Industry Emphasis of FSR

狭义上的项目可行性研究，是遵循选定的技术标准体系，通过对项目的主要内容和配套条件，如市场需求、资源供应、建设规模、工艺路线、设备选型、环境影响、投资融资等，从技术、经济、工程方面进行调查研究和分析比较，并对项目建成后可能取得的财务、经济效益及社会、环境影响进行预测，从而提出项目是否值得投资和如何进行建设的分析评价意见。以下简要介绍开展狭义项目可行性研究的研究依据、基本要求及行业侧重。

3.4.1 项目可行性研究依据

1. 前期研究成果

包括项目前期已经开展完成的投资机会研究、项目建议书或初步可行性研究报告，可以据此了解本项目特点和重难点问题，为后续针对性开展可行性研究提供前期研究基础。

2. 经济社会发展规划及行业部门规划

包括项目所在国或所在地区的江河流域规划、铁路公路路网规划、电力电网规划、森林开发规划、企业发展战略规划等，是可行性研究必要性论证的基本规划依据。顺应国家“走出去”倡议及“一带一路”倡议，各大对外投资企业都制定了各自的企业发展战略及相应的对外投资策略，是拟投资项目可行性研究的首要依据。

3. 有关法律、法规和政策

项目所在国外商投资法、环境影响评估及社会影响评估法规、产业开发税收优惠政策等，是可行性研究进行环境社会影响评价及经济评价的重要边界条件，如水电开发，一般在项目投产运行初期均有税收优惠政策。

4. 技术标准体系（标准、规范、定额）

如工作节点3.2所述，不同的技术标准体系对可行性研究有不同的技术要求，因此，应考虑国际项目实际情况合理选择，以选定的技术标准体系为依据开展可行性研究工作。

5. 拟建场址的自然、经济、社会等基础资料

包括自然地理、社会经济、资源条件、对外交通等，是进行后续可行性研究依据的内外边界条件。

6. 合资、合作项目各方签订的协议或意向性文件

如开发矿产资源或水能资源，应首选取得矿产或河段开发权，国际项目中一般是投资开发商与所在国政府有关部门签署的开发MOU文件，这也是可行性研究中有关项目必要性论证的基本前提。

7. 与拟建项目有关的各种市场信息资料或社会公众要求

市场信息资料是进行项目市场空间分析的依据，社会公众要求是进行工程开发任务论证及环境社会影响评价的依据。

8. 有关专题研究报告

如前期开展的市场研究、竞争力分析、场（厂）址比选、风险分析等成果。

3.4.2 项目可行性研究基本要求

1. 预见性

可行性研究不仅应对历史、现状资料进行研究和分析，更重要的是应对未来的市场需求、投资效益或效果进行预测和估算。如水电站可行性研究中采用最新延长的历史径流资料进行水库调度运行模拟就是采用历史和现状资料的研究与分析预测

未来情况的体现；市场空间分析时，也是充分利用历史需求资料，考虑不同的预测方法预测未来的市场需求情况。

2. 客观公正性

可行性研究必须坚持实事求是，在调查研究的基础上，按照客观情况进行论证和评价。以水电站可行性研究为例，对现有水文站网资料的调查收集、现场工程地质勘察、环境社会影响评价进行的现场调查，都是为了获取第一手水文、地质、环境、社会资料，以便开展后续工程规模论证、枢纽布置和建筑物设计、环境社会影响评价。

3. 可靠性

可行性研究应认真研究确定项目的技术经济措施，以保证项目的可靠性，同时也应否定不可行的项目或方案，以避免投资损失。如水电站可行性研究中，对不同的工程规模参数、水工建筑物尺寸及机电设备参数均要进行多方案技术经济比较，选择相对较优的技术方案，确保项目的可靠性，避免造成投资损失。

4. 科学性

可行性研究必须应用现代科学技术手段进行市场预测、方案比选与优化等，运用科学的评价指标体系和方法分析评价项目的财务效益、经济效益和社会影响等，为项目决策提供科学依据。如水电站可行性研究电力负荷需求预测时，可采取定性与定量的方法相结合、专家预测法与数据分析法相结合进行研究，用时间序列法、电力弹性系数法、产值单耗法、人均电量法等多种方法加以预测和相互校核。

3.4.3 项目可行性研究行业侧重

可行性研究及其报告的内容和侧重点，也因项目性质、特点不同有所差别，具有明显行业性特点。以下对水利水电、交通运输、农业开发、文教卫生、资源开发、城市基础设施、公共建设和房地产项目的可行性研究侧重点做针对性的简要介绍。

1. 水利水电项目

通常具有防洪、灌溉、治涝、发电、供水等多项功能。需要重点研究：水利水电资源的开发利用条件，水文、气象、工程地质条件，坝址与枢纽布置，库区淹没与移民安置等。项目经济评价以经济分析为主，财务分析为辅。对于社会公益性的水利项目，如防洪、治涝项目，财务分析的主要目的是测算提出维持项目正常运行需要国家补助的资金数额和需要采取的经济优惠政策。水利水电项目的主要工程方案是主要建筑物方案。库区淹没和移民安置是极其重要的内容之一，应重点研究和论述。

2. 交通运输项目

包括公路、铁路、机场、地铁、桥梁、隧道等项目，不以生产实物产品为目的，而是为社会提供运输服务。需要重点研究：项目对经济和社会发展、区域综合运输网布局、铁路网布局等方面的作用和意义；研究运量、线路方案，建设规模，技术标准，建筑工程方案等。项目经济评价以经济分析为主，财务分析为辅。

交通运输项目的建设与改造大多数是跨区域的，尤其是交通干线，项目占用土地较多，跨越河流、村庄等敏感区域，因此社会评价是交通运输项目的重点内容之一。项目站线选择应充分考虑搬迁和移民安置等，应作为重点内容研究和论述。

机场建设项目涉及空域规划和无线电导航等飞行程序设计，轨道交通项目涉及城市地下与地面复杂环境与构造，这些都具有很强的行业和专业特点，技术复杂，应严格按照行业规范和标准执行。

3. 农业开发项目

一般多为综合开发项目，可能包括农、林、牧、副、渔和加工业等项目，建设内容比较复杂。需要重点研究：市场分析、建设规模与产品方案、原材料供应等。农业项目受气候等自然条件影响，效益与费用的不确定性较大。项目经济评价一般分项目层和经营层两个层次，项目层次评价以经济分析为主，财务分析为辅，经营层次评价只进行财务分析。

4. 文教卫生项目

包括学校、体育馆、图书馆、医院、卫生防疫与疾病控制系统等项目。项目建设的目的在于改善公共福利环境，提高人民的生活水平，保障社会公平，促进社会发展。需要重点研究：根据项目的服务范围，确定项目的建设规模；依据项目的功能定位，比较选择适宜的建设方案、主要设备和器械等。项目经济评价以经济分析为主，常用的方法有最小成本分析、经济费用效果分析等。

5. 资源开发项目

包括煤、石油、天然气、金属、非金属等矿产资源的开发项目，水利水电资源的开发利用项目、森林资源的采伐项目等。需要重点研究资源开发利用条件，包括资源开发的合理性、拟开发资源的可利用量、自然品质、赋存条件和开发价值；分析项目是否符合资源总体开发规划的要求，是否符合资源综合利用、可持续发展的要求，是否符合保护生态环境的有关规定。

6. 城市基础设施、公共建设和房地产项目

（1）城市基础设施项目。包括行政办公用房、文化娱乐场馆、体育场馆、医疗卫生设施、教育科研设计机构用房、文物古迹和革命纪念建筑、城市通信设施、外国使领馆等；

（2）公共建设项目。包括市政公用工程的给水、排水、道路、桥梁、隧道、防洪、燃气、热力、环境卫生、园林和景观等新建工程以及改造工程。这类项目具有很强的政府主导性，大部分属于政府投资，符合政府投资项目的特点。这类项目主要强调社会服务功能，分析的重点是社会需求与服务，强调投资效果分析，经济分析的重点强调费用效果最佳，以及财务的可持续性分析，在充分满足服务功能的前提下，计算项目的运行费用，提出可持续运行的方案等；

公共建设项目比较适合PPP模式，采用PPP方式建设时，应按照PPP项目的特点编制可行性研究报告；

（3）房地产项目。包括住宅和办公、商场等以及部分基础设施项目。商用住宅、办公和商场项目完全由市场主导，其建设目的在于满足市场需求和盈利，项目研究的重点在于取得较好的地块和容积率；项目营销手段是项目定价并取得盈利的重要内容。其他政策性住宅及基础设施项目，不完全由市场主导，其定价和土地供应由政府主导，项目研究的重点在于取得较好的地块和容积率并有较好的设计方案，满足政府和客户的需求，项目不以追求盈利为目的。

工作节点 3.5 项目可行性研究内容深度及报告编制

Content and Depth of Preparing

开展狭义上的项目可行性研究，应在充分准确把握研究深度的基础上，按照国内外不同行业的惯例开展可行性研究报告编写工作。

3.5.1 项目可行性研究重点内容

项目可行性研究的内容，因项目的性质不同、行业特点而异。可行性研究的重点是论证项目建设的可行性，必要时还需进一步论证项目建设的必要性。项目可行性研究重点内容包括：

1. 项目建设的必要性

一是从国家和社会的角度，二是从企业战略规划及提升企业核心竞争力的角度论证项目建设的必要性。首先，从国家发展战略、规划、政策的角度，分析拟建项目是否符合合理配置和有效利用资源的要求，是否符合区域规划、行业发展规划、城市规划，是否满足社会需求，是否满足促进国家、地区经济和社会发展要求，是否符合国家产业政策和技术政策的要求，是否符合保护环境、可持续发展的要求等，分析论证项目建设的必要性；其次是结合项目功能定位，项目建成后对企业经营规模、经济效益影响，分析拟建项目对实现企业自身发展的必要性。

2. 市场与竞争力分析

调查、分析和预测拟建项目产品（或服务）和主要投入项目产品的国际、国内市场的供需情况和销售价格；研究确定产品的目标市场；在竞争力分析的基础上，预测可能占有的市场份额；研究产品的营销策略，提出市场风险。应达到如下目的：①通过市场分析，评价投资项目的产品是否符合社会需求，产品的目标市场定位及获取市场竞争力的可能性，为项目建设的必要性提供市场依据；②通过市场分析确定项目产出物的类型，根据市场需求变化为调整产品方案提供依据；③通过市场分析，确定市场需求量，通过竞争对手调查和竞争力分析确定项目建成后的最佳产出效果，为确定项目规模提供依据。

3. 建设方案

主要包括产品方案与建设规模、工艺技术和主要设备方案，场（厂）址，主要原材料、辅助材料、燃料供应，总图运输和土建方案，公用工程，节能、节水措施、环境保护治理措施方案，安全、职业卫生措施和消防设施方案，项目的组织机构与人力资源配置等，政府投资项目还应包括招标方案和代建制方案等，提出技术、装备、环境、安全等相关风险。

对于大型或复杂项目的建设方案论证，还应进行总体方案分析评价，评价结论作为单项工程方案评价的框架依据。总体方案设计应达到基本确定主要工程技术方案、场址选择、项目规模等，并对各单项工程方案的研究提出要求。

4. 投资估算与融资方案

在确定项目建设方案工程量的基础上估算项目的建设投资，分别估算建筑工程费、设备购置费、安装工程费、工程建设其他费用、基本预备费、涨价预备费，还要估算建设期利息和流动资金。在投资估算确定融资额的基础上，研究分析项目的融资主体，资金来源的渠道和方式，资金结构及融资成本、融资风险等。结合融资方案的财务分析，比较、选择和确定融资方案。

特别需要指出的是，尽管可行性研究阶段项目资料、信息仍不很完备，投资额计算仍处于“估算”阶段，但是项目可行性研究报告是投资人作项目投资决策的主要依据；即当可行性研究工作结束后，一般情况下，国际工程投资项目的投资人就要根据可行性研究结果做出是否真正投资开发目标项目的决定；一旦决定投资，项目就将正式进入对外谈判、签约，启动项目融资和做项目开工准备阶段工作，同时，投资人就要为项目提供大量资金投入。因此，可研阶段的“投资估算”必须做深、做细，保证可研估算结果与未来项目最终投资额之间的差异保持在最小空间内。否则，如果投资人依据可研估算做出投资决策，而未来实际需要的投资额远远大于估算值，就会使项目投资回报率大大低于预计回报率，甚至使原以为可行的项目变得不可行，那么，投资人就会遭遇巨大损失。

5. 财务评价与经济评价

按规定科目详细估算营业收入和成本费用，预测现金流量；编制现金流量表等财务报表，计算相关指标；进行财务盈利能力、偿债能力分析以及财务生存能力分析，评价项目的财务可行性。对于财务现金流量不能全面、真实地反映其经济价值的项目，应进行经济分析，从社会经济资源有效配置的角度，识别与估算项目产生的直接和间接的经济费用与效益，编制经济费用效益流量表，计算有关评价指标，分析项目建设对社会经济所做出的贡献以及项目所耗费的社会资源，评价项目的经济合理性。对于非营利性项目以及基础设施、服务性工程等，主要分析投资效果以及财务可持续性，提出项目持续运行的条件。

6. 经济影响分析

对于行业、区域经济及宏观经济影响较大的项目，还应从行业影响、区域经济发展、产业布局及结构调整、区域财政支出、收入分配以及是否可能导致垄断等角度进行分析。对于涉及国家经济安全的项目，还应从产业技术安全、资源供应安全、资本控制安全、产业成长安全、市场环境安全等角度进行分析。

7. 资源利用分析和环境评价

对于高耗能、高耗水、大量消耗自然资源的项目，如石油天然气开采、石油加工、发电等项目，应分析能源、水资源和自然资源利用效率；一般项目也应进行节能、节水、节地、节材分析；所有项目都要提出降低资源消耗的措施。

对于可能产生重要环境影响的项目，要分析项目可能造成的环境影响及污染物排放是否符合环保政策法规的要求，提出减少污染排放，强化污染治理，促进清洁生产，提高环境质量的对策措施。

8. 土地利用及移民安置方案分析

为确保项目选址合理，提高土地利用效率，确保项目投资建设能够有效节约或合理利用土地资源，维护公众利益，对于占用土地资源较多，或涉及征地及移民搬迁的项目，如交通运输、农林水利、能源、城镇基础设施等新增建设用地的项目，应分析项目用地情况和用地方案，评价土地利用是否符合规划要求，土地利用方案是否符合耕地保护等政府法规的要求，并提出节约用地措施。涉及搬迁和移民的项目，应提出城镇居民拆迁方案、农村移民安置方案及征地补偿方案、收入恢复及后期扶持计划，还应分析搬迁方案和移民安置方案的合理性以及征地拆迁及移民安置可能造成的社会稳定风险。

9. 社会评价或社会影响分析

社会评价是识别和评价投资项目的各种社会影响，分析当地社会环境对拟建项目的适应性和可接受程度，评价投资项目的社会可行性。

对于涉及社会公共利益、由于征地拆迁可能产生重要社会影响的项目，如农村扶贫、区域综合开发、文化教育、公共卫生等具有明显社会发展目标的项目，应从维护公共利益、构建和谐社会、落实以人为本的科学发展观角度，在社会调查的基础上进行社会评价，分析拟建项目的社会影响，分析主要利益相关者的需求和对项目的支持和接受程度，分析项目的社会风险，提出需要防范和解决社会问题的方案。

10. 不确定性和风险分析

不确定性分析包括敏感性分析、临界点分析和盈亏平衡分析。风险分析包括风险识别、风险估计和风险评估，是对项目主要风险因素进行识别，采用定性与定量分析方法估计风险程度，研究提出防范和降低风险的对策措施。

3.5.2 项目可行性研究及报告深度

项目可行性研究的成果是可行性研究报告。项目可行性研究及其报告一般应该达到以下深度要求：

（1）可行性研究报告应达到内容齐全、数据准确、论据充分、结论明确的要求，以满足决策者定方案、定项目的需要；

（2）可行性研究要以市场为导向，围绕增强核心竞争力做工作，以经济效益或投资效果为中心，最大限度地优化方案，提高投资效益或效果；对项目可能的风险做出必要的提示；

（3）可行性研究中选用的主要设备的规格、参数应能满足预订货的要求；引进技术设备的资料应能满足合同谈判的要求；

（4）可行性研究中的重大技术、财务方案，应有两个以上方案的比选；

（5）可行性研究中确定的主要工程技术数据，应能满足项目初步设计（国际项目中称为详细设计）的要求；

（6）可行性研究阶段对投资和成本费用的估算应采用分项详细估算法；投资估算的准确度应能满足决策者的要求，一般应控制在±10%以内；

（7）可行性研究确定的融资方案，应能满足项目资金筹措及使用计划对投资数额、时间和币种的要求，并能满足银行等金融信贷决策的需要；

（8）可行性研究报告应反映可行性研究过程中出现的对某些方案的重大分歧及未被采纳的理由，以供决策者权衡利弊进行决策；

（9）可行性研究报告应符合国家、行业、地方或公司有关法律、法规和政策，符合投资方或出资人有关规定和要求。应附有供评估、决策审批所必需的合同、协议和城市规划、土地使用、资源利用、节约能源、环境保护、水土保持、交通运输等相关主管部门的意见，出具相应行政许可文件，报告中采用的法规文件应是最新和有效的。

3.5.3 项目可行性研究报告编写提纲

1. 国内通用项目可行性研究报告编写提纲

国际工程投资项目的可行性研究报告应该按照东道国要求进行编写。但如前所述，中资企业开展国际工程投资，应该尽可能争取使用中国的技术标准。因此，如果东道国接受中国标准，国际工程投资项目的可行性研究报告就可以中国的可研报告编写方式为主编制。

本节根据中国注册咨询工程师项目决策分析与评价对一般建设投资项目可行性研究报告编写内容要求，归纳中国可行性研究报告通用编写提纲如下，供各行业编写项目可行性研究报告参考。

1 总论

1.1 概述

1.2 可行性研究结论

2 市场预测分析

2.1 主要产出物和投入物市场分析

2.2 产品竞争力分析

2.3 营销策略

2.4 主要投入物与产出物价格预测

2.5 市场风险分析

3 建设方案

3.1 建设规模与产品方案

3.2 生产工艺技术与装备方案研究

3.3 建设条件与场（厂）址选择

3.4 原材料与燃料及动力供应

3.5 总图运输

3.6 工程方案及配套工程方案

3.7 环境保护

3.8 安全、职业卫生与消防

3.9 节能节水

3.10 项目组织与管理

4 投资估算与资金筹措

4.1 投资估算

4.2 资金筹措

5 经济分析

5.1 经济费用和效益估算

5.2 经济分析报表及指标

5.3 敏感性分析

6 财务分析

6.1 产品成本和费用估算

6.2 销售收入和税金估算

6.3 财务报表及指标分析

6.4 敏感性分析

7 风险分析

7.1 风险因素识别

7.2 风险程度估计

7.3 风险分析结果反馈

7.4 风险与对策汇总

7.5 风险结论与提示

8 研究结论

8.1 综合评价

8.2 研究报告的结论

8.3 存在的问题

8.4 建议及实施条件

2.美国水电站可行性研究及报告编写提纲

国际上的项目可行性研究与中国有所差异，如果东道国坚持使用外国技术标准，且在可行性研究的要求上与中国有不同之处，那么投资人可在中国可研方式的基础上，针对国际上对可研的要求编制出符合东道国要求的可行性研究报告。

本节根据美国水电站项目可研工作要求整理美国水电站投资项目可行性研究报告编写提纲如下，供采用或参照美国技术标准体系投资开发水电工程的项目编写可行性研究报告参考。

1 摘要

2 结论与建议

2.1 结论

2.2 建议

3 前言

4 项目区域概况

5 地形、地质岩土理学特性与地震

5.1 地质勘察

5.2 岩土力学特性评估

5.3 地震评价分析

5.4 土地利用现状调查

6 气象与水文

6.1 气象统计分析更新

6.2 年/月雨量及暴雨频率分析

6.3 日/旬/年流量分析

6.4 洪水频率分析

6.5 输沙分析

6.6 PMP/PMF复核

7 水量需求估计

7.1 可能水源及水量

7.2 需水量分析

8 工程材料

8.1 工程材料初步调查

9 坝址选定与坝型研究

9.1 坝址复核

9.2 坝型复核

10 开发规模研究

10.1 开发规模方案拟定

10.2 各方案水利动能计算

10.3 各方案投资估算

10.4 各方案工程效益及运行成本估算

10.5 方案比较选择

11 水库调度研究

11.1 计划需水量与可用水量分析

11.2　水量供需分析
11.3　水库调度图及运行模拟
12　工程布置研究
12.1　工程布置
12.2　工程量估算
13　用地计划
14　施工计划
14.1　施工环境
14.2　施工布置
14.3　施工方法与设备
14.4　施工进度
15　工程投资估算
15.1　物价水平
15.2　投资估算
16　替代方案
16.1　替代方案拟定
16.2　替代方案工程布置及工程量
16.3　替代方案投资估算
17　工程效益
18　经济分析与财务分析
18.1　成本与效益估算
18.2　投资分摊
18.3　经济指标计算（B/C、NPV及EIRR）
18.4　成本水价/电价分析
18.5　资金筹措
18.6　财务支出与收入估算
18.7　财务指标计算
19　风险分析
19.1　风险因素识别
19.2　风险评估

20　环境影响评估

20.1　环境现状

20.2　环境敏感区调查

20.3　环境影响预测与评估

20.4　环保政策及环境管理计划

20.5　环境影响报告及说明会

21　流域管理与运行计划

21.1　水文站网观测

21.2　放水警报系统

21.3　水库运行规则

21.4　工程建筑物及设备监测与维护

21.5　流域管理与维护

21.6　营运组织

22　移民安置规划

23　下游河段整治规划

23.1　河道整治方案

23.2　投资估算

24　工程开发安排

25　附录

工作节点 3.6　项目可行性研究技术审查

Technical Review

项目可行性研究及报告编写完成后，投资人据此进行投资决策前，需要委托第三方组织（既不是项目投资开发业主，也不是项目可行性研究设计咨询方），针对项目可行性研究报告，对项目建设的必要性与可能性、工程建设方案的先进性、适用性、建设和运营投资的合理性、运营管理的有效性、财务生存能力与盈利能力、经济合理性、社会与环境的可持续性、面临的风险及其应对策略等进行全面的分析审查，综合判定项目目标的可实现性，并根据多目标决策原理向项目投资人提出项目是否值得投资的建议，同时帮助投资人合理有效地配置资源。以下结合国际工程投资项目的特点，简要介绍开展技术审查的意义、技术审查分类、审查形式、主要审查内容和审查成果的运用。

3.6.1　项目可行性研究报告技术审查的意义

可行性研究报告是投资前期工作的重要内容，它一方面充分研究建设条件，提出建设的可行性；另一方面进行经济分析评估，提出建设的合理性。在企业内部投资决策，或政府部门审批和报批项目的过程中，可行性研究报告是比较重要的一个环节。

可行性研究报告是通过对项目的主体内容和配套条件，如市场需求、资源供应、建设规模、工程设计与施工组织、设备选型、征地移民、环境与社会影响、资金筹措、盈利能力等，从技术、经济、工程等方面进行调研、分析比较，全面技术经济分析的科学论证，并对项目建成后可取得的财务、经济效益及社会环境影响进行预测，提出该项目是否值得投资和如何建设的意见，综合论证项目建设的必要性、财务的营利性、经济上的合理性、技术上的适应性及建设条件的可能性和可行性，为项目决策提供依据。

对项目可行性研究报告进行技术审查，就是借助行业专家的专业能力，聚集各专业的专家智慧，确保可行性研究报告采纳数据准确、设计正确、方案合理、预测有据、风险评价实事求是，可研结论客观公正，真正达到为项目决策提供科学依据之目的。

3.6.2　项目可行性研究报告的技术审查分类

1. 按对可研报告的过程审查来划分

（1）项目可行性研究报告的大纲审查

如前所述，可研报告大纲决定可研工作的范围和深度，它是可研工作的第一步，由专业机构根据投资人提出的要求进行编制，提供给投资人审查。投资人对可研大纲的审查主要是审查大纲的完备性，确认根据大纲开展的可行性研究工作在范围和深度上满足投资人要求。

（2）对项目可行性研究报告的专题审查

专题审查主要是对可能影响项目可行性的主要因素进行针对性专题研究和审查，不同的项目要求不一。以大型水利水电项目为例，项目可研报告包含如水文气象、工程地质、工程规划、坝址选择与枢纽布置、机电与金属结构、施工组织设计、输变电外送工程、建设征地与移民安置、投资估算、经济评价、环境和社会影响评价、工程地震与大坝安全评价等多个专题报告，国际投资项目还有市场分析与消纳（销售）专题、大型装备运输线路专题等，目的是将可能存在的、影响投资项目的融资、建设和运行的各种风险因素分析透彻，找到克服、规避或转移风险的方法，确保项目在技术上、经济上具备可行性。

（3）项目可行性研究报告的综合审查

大型水利水电项目的可研报告审查，在完成专题审查之后，还要进行综合审查，目的是从系统工程的角度，整体上把握其技术经济可行性，做到项目的综合效益最佳。

2. 按可研报告审查的责任对象划分

（1）可研机构内部审查

负责可研工作的机构（设计研究院、咨询公司）在其可研报告提交之前，一般会先组织其内部各专业的专家会商，再组织行业专家会审，根据专家意见修订后形成可研报告送审稿。

（2）投资人审查

收到可研报告送审稿，投资人会根据可研报告所处的阶段，组织行业专家进行针对性审查，如各专题审查和综合审查，形成专家评审意见，要求可研机构根据评审意见进行修改、完善，完成最终的项目可研报告后提交上级审批部门。

（3）政府审查（审批）

资本输出国政府审查：我国国家发展改革委新的《企业境外投资管理办法》颁布后，投资主体依法享有境外投资自主权，自主决策，自担责任，政府只对境外投资项目履行核准或备案等手续，不审批项目可行性研究报告。

东道国政府审批：如前所述，大部分东道国政府要求对投资人的可行性研究报告履行审批手续，对于第三世界国家而言，他们大部分是聘请国际咨询机构作可研技术审查，再由政府相关部门甚至议会进行最终审批。

3. 按审查对象的国别划分

（1）项目可行性研究报告在国内的技术审查；

（2）项目可行性研究报告在国外的技术审查。

3.6.3 项目可行性研究技术审查的方式

项目可研报告的技术审查主要依靠各方面的专家：

（1）可研机构内部聘请专家；

（2）投资人聘请行业专家；

（3）委托国内有资格的设计院；

（4）委托国际咨询机构。

3.6.4 项目可行性研究报告技术审查的主要内容

1. 投资项目的必要性审查

投资项目必要性是指项目成果的功能能够给项目当事人、所在国带来的利益是否必要，是否有利于宏观经济效益的提高。固定资产投资项目的经济效益，包含宏观层次上的效益（如符合国家当前的产业政策，符合地方经济发展和社会进步的客观需要等）以及微观层次上的效益两个层次。

2. 对可行性研究报告项目行业市场分析与预测的审查

市场分析和预测是项目可行性研究的基础性环节，技术条件再好的项目，如果没有市场做支撑、没有销售收入，都不具备可行性。

3. 对项目规模和设计方案的审查

开发项目的规模主要受三方面的约束：一是受项目自然条件的约束；二是受项目市场能力的约束；三是受规模经济的约束。项目的自然条件和市场能力决定了项目规模的最大可能性；而规模经济却决定了项目的最优化。三者结合后的效益最大才是最佳的项目规模标准。审查方法包括：用规模经济方法如本量利分析法，测试所确定的项目规模是否能够实现项目预期利润的要求；对照项目的市场能力，判断所确定的项目规模是否符合市场能力的约束条件。

对项目的设计方案进行先进性、合理性审查，做到建设过程中成本低、难度小、工期短，确保质量、安全和环保；同时，在项目运行中的设备人员既配备合理、运行成本低，又安全可靠。

4. 对重大技术问题、设计工程安全及项目施工组织设计的审查

大中型水电工程项目是一个复杂的系统工程，其中有许多重大技术问题、工程安全问题及项目施工组织设计等对项目的建设成本、工程安全有重大影响，需要进行专题审查。

如项目选址的审查。新建项目恰当的选址是一个重要的问题，不仅涉及自然资源、水文地质、交通运输、征地、移民、环保和社会基础设施等问题，还涉及国家和地方经济发展政策，影响项目当地社会经济发展。

同时也要进行坝型论证的审查；装机与水库规模论证的审查；水文数据有效性和可靠性审查等。

投资人在重大技术问题审查中，重点是要审查项目技术方案，如水电站的枢纽布置，水库库容、坝型、坝高、装机台数和单机容量选取等。因为工程造价宏观上决定于技术方案的选择，不同的技术方案对应于不同的工程宏观造价，而项目建设期间的成本控制只是在宏观造价基础上的微观成本控制。因此，投资人必须特别关注专业机构研究采用的工程技术方案是否可靠合理，在审查过程中尽可能通过专家的研究分析，对技术方案提出科学的优化建议。

5. 对环境保护与社会影响评价的审查

项目的环境影响评估和社会影响评估关系到项目的审批，也是许多政策性银行提供项目融资的先决条件，因此需要重点审查。

6. 对项目概算的审查

固定资产投资项目可行性研究中的财务预测包括两部分：一是与投资支出有关的财务预测；二是与项目完工运行有关的财务预测。

（1）与项目投资支出有关的财务预测审查，包括对投资概预算合理性的审查、投资资金来源的审查以及资金筹措方案优化的审查；

（2）与项目投产运行有关的财务预测审查。项目投产后发生的各项费用、成本、税金、收入预测，其预测结果形成投资项目的未来现金流量，是计算项目经济效益指标的重要数据来源，应重点审查其可靠性。审查时应该注意：项目运行的年限预计是否合理，可以参照固定资产的使用年限或项目产品的寿命年限加以评价；项目运行年限一般比较长，运行风险比较高，应注意各种不确定因素对成本费用、税金和收入的影响。

7. 对项目经济效益和社会效益的测算评价的审查

项目的经济效益和社会效益是投资项目可行性的重要组成部分：一方面反映投

资项目经过实施所带来的最终效果；另一方面也为投资决策，即在若干个可行方案中选择较优方案提供指标数据方面的基础。

（1）项目经济效益测试审查，主要是审查项目财务模型的真实性、可靠性和合理性，重点是模型的主要边界条件合理，收入可靠、成本分摊与税收真实，如实反映了项目投运后的财务情况；

（2）项目的社会效益评价。一般用定性方法为多，包括对贯彻国家经济政策的影响、对地方经济建设的影响、对地方社会进步和生态环境改善的影响等。

8. 对项目投资风险的审查

任何投资项目都会面临不同的风险，可研报告中会有专门的章节进行投资风险分析，因此，在审查阶段，投资人应对风险分析报告做出深入、细致的审查，确保风险揭示全面、分析到位。

9. 审查复核

特别值得指出的是，投资人在可行性研究报告审查过程中，必须组织自己的工作团队对相关可研成果做详细复核工作，必要时甚至应聘请相关国际咨询机构，如国际投行、国际会计事务所、国际律师事务所对可研报告的财务、经济分析、融资方案、法律风险等专题提供复核或相关专业咨询意见。

项目的经济可行性研究结果直接与投资人的未来投资经济效益相关，也是投资人在项目技术可行、风险可控的基础上，最终决定是否投资项目的核心因素。尽管可研机构在可研报告中做出了项目投资的财务评估和投资回报率等的经济分析，投资人还应该组织自己的财务、经济专家团队自行开展项目经济评估工作，自建财务模式，自己研究并确定经济评估的边界条件，自己对项目的静态投资额、动态投资额、项目投资回报率、资本金投资回报率、投资回收期、贷款偿还期等关键财务和经济指标做出精细的测算，并将测算结果与可研报告中提供的结果进行对照分析，如果发现两者存在较大差异，必须与可研机构进行深入交流和研究，找出问题所在，确定问题的解决方案。只有这样，才能把投资决策依据做准、做实。

相关企业在从事国际工程投资时，企业内部会通过高层决策会议研究确定本企业不同时期的项目投资回报底线，如规定所投资项目的项目IRR和资本金IRR不得低于某一数值。如果可行性研究结果表明相关投资经济指标（如项目IRR）突破了企业规定的投资底线，那么，投资人就不得投资所述项目。因此，在做可行性研究审查过程中，审查人应树立底线思维意识，对于达不到投资回报底线或在投资回报底线附近的可研结果，应该更为精细、慎重地进行审查把关，因为，它将决定该项目的“生与死”。

3.6.5 项目可行性研究报告技术审查成果的运用

项目可行性研究不同阶段的技术审查成果作用不同。无论在可研大纲审查阶段、各专题审查阶段，还是最终的综合审查阶段，技术审查都会形成审查结论，提出审查建议，项目开发商和可研机构商会依据这些建议进一步修订、完善可行性研究报告。

审查后的可研报告是建设项目投资决策、建设资金筹集的主要依据；是向企业主管部门申请立项、核准或备案、外汇汇出的依据；也是向项目所在地政府申请审批、获得建设许可的依据；还是项目所在地用于申请进口设备免税、税收优惠的依据。

专业任务 4

项目社会和环境影响评估（含社会责任）

Environment & Social Impact Assessment, ESIA

导语

快速的人口增长、生产和消费模式的巨大变化，以及农村人口向城市大规模迁徙，都将导致环境恶化。只有遏制住这种环境退化，经济发展才能真正实现减少贫困并保持其可持续性。有鉴于此，20世纪70年代开始逐步形成一个新的科学技术领域——环境影响评估，其目的是为了科学地评估人类活动对环境的影响，以便采取措施约束人们的行为，减少对环境的影响。

社会评估则是项目涉及的各利益相关者参与的一个过程，特别是利益相关者中经常会被忽略的群体，如贫困群体、妇女、少数民族等参与项目设计以及决策的过程。通过收集主要利益相关者的信息，强调乡土知识对专家知识的补充和完善，侧重运用参与式的工具收集数据并进行分析，以弥补专家知识的不足。

在国际工程投资策划阶段，正如前面章节所阐述的，既要研判及选择项目机会，研判其技术和经济可行性，也要考虑中国和东道国的政策、法律以及发展战略等，在提出项目初步可行建议并开展项目可行性研究时，还需要特别考虑项目所在国家和地方有关环境保护的法律法规、政策、标准及相关规划等文件，进行项目对环境影响的评估和初步的工程分析，同时开展初步环境状况调查及公众意见调查；结合初步工程分析结果和环境现状资料，识别建设项目的环境影响因素，筛选主要的环境影响评估因子，明确评估重点和环境保护目标，确定环境影响评估的范围、评估工作等级和评估标准，以及制订环境保护的工作方案等。

特别需要指出的是，国际社会对国际工程投资项目的社会和环境影响评估工作极其重视，即使在经济较为落后的第三世界国家，投资人在项目投资论证过程中也必须向东道国政府提供符合国际标准或东道国政府标准的社会影响评估和环境影响评估报告，只有所述社会影响评估和环境影响评估报告经东道国政府审批，投资人才可能获得东道国政府的投资许可。

本专业任务将针对国际工程投资项目的社会和环境影响评估方面进行具体的阐述。

工作节点 4.1 环境影响评估、社会影响评估的组织工作

Preparations of Environmental and Social Impact Assessment, ESIA

投资人在环境影响评估和社会影响评估工作上的组织工作大体与可行性研究的组织工作相似，但需要特别指出的是，目前国际上对中国的环境影响评估、社会影响评估体系认可度不高，加之国际上众多非政府组织在相关第三世界国家十分活跃，民间影响力较大，致使政府在项目开发过程中往往面临着社会影响和环境影响上的巨大压力（如中国某国有投资集团投资的缅甸某水电站被缅甸政府中途终止，就是因为非政府组织鼓动民众反对建坝引起的）。因此，东道国政府往往强烈要求按照国际或本国环境影响评估、社会影响评估的体系和标准做环境影响和社会影响评估工作。有鉴于此，中国投资人在项目环境影响评估、社会影响评估咨询机构选择上，应以选择满足东道国政府要求的当地咨询机构，或曾在东道国开展过环境影响评估、社会影响评估咨询业务的国际咨询机构为宜，必要时，也可选择中国熟悉环境影响评估、社会影响评估工作的专业机构与东道国当地或国际咨询机构组成的联营体共同开展环境影响评估、社会影响评估工作。

开展环境影响评估、社会影响评估组织工作的另一个注意点是，其工作范围的确定应该是在可行性研究工作开展到一定深度以后。因为环境影响评估、社会影响评估工作的范围与项目所涉及的影响区域紧密相关，如果可行性研究工作未达到一定的深度，就不能最终确定项目区域影响的范围，此时如与环境影响评估、社会影响评估咨询机构签署咨询服务合同，将来如果可行性研究确定的区域发生变化，咨询机构已经开展的相关工作可能就要推倒重做，或者需要补充或增加工作内容，这既会影响工作进度，咨询机构也会因此提出增加咨询费用的要求。

工作节点 4.2　环境影响评估

Environment Impact Assessment

4.2.1　概述

环境影响评估（Environmental Impact Assessment，EIA，简称“环评”）可定义为预测项目开发环境后果的过程。环境影响评估广义上是指对拟议中的人为活动（包括建设项目、资源开发、区域开发、政策、立法、法规等）可能造成的环境影响，包括环境污染和生态破坏，也包括对环境的有利影响等进行分析、论证的全过程，并在此基础上提出需要采取的防治措施和对策；狭义上指对拟议中的建设项目在兴建前（即可行性研究阶段），对其选址、设计、施工等过程，特别是运营和生产阶段可能带来的环境影响进行研判、预测和分析，提出相应的防治措施，为项目选址、设计及建成投产运营后的环境管理提供科学依据。

4.2.2　环境影响评估的目的

环境影响评估是用于预测开发建设项目环境影响后果的正式程序，可在项目规划和设计的早期阶段预见到潜在问题，从而预防、降低及缓解任何不利影响。

4.2.3　评估内容

环境影响评估旨在识别并评估决策过程中初始方法和替代方法对环境的影响，重点是识别与分析公认最关注的环境问题。

1. 环境现状调查与评估

环境现状调查与评估是环境影响评估基础工作之一，目的是通过环境现状调查，获取项目拟建区域的环境背景情况，反映具体区域的环境特征，发现和了解主要环境制约因素。

一般情况下，环境现状调查与评估基本内容包括：自然环境、生态环境、社会环境状况以及评估范围内的污染源现状情况。环境现状调查与评估的主要工作包括：

（1）资料收集及现场调查与测试：根据项目所在地区的环境特点，在分析确定各环境要素的现状调查范围的基础上，充分搜集和利用现有的有效资料。当现有资料不能满足要求时，需进行现场调查和测试；

（2）分析评估环境现状：对与评估的项目有密切关系的环境现状情况作出全面、详细调查，给出定量的数据并做出分析或评估；对一般自然环境与社会环境的调查，则根据项目的具体情况和评估地区的实际情况对调查和评估内容进行适当增减。

2. 环境影响初步识别

环境影响初步识别是在了解和分析建设项目所在地区发展规划、环境保护规划、环境功能区划、环境现状等环境特征和拟建项目工程特征的基础上，分析和列出项目对环境可能产生影响的行为，以及可能受上述行为影响的环境要素及相关参数。

环境影响识别应明确建设项目在施工过程、生产运行、服务期满后等不同阶段的各种行为与可能受影响的环境要素间的相互作用效应关系、影响性质、影响范围、影响程度等，定性分析项目对各环境要素可能产生的污染影响与生态破坏，包括有利与不利影响、长期与短期影响、可逆与不可逆影响、直接与间接影响、累积与非累积影响等。对制约项目实施的关键环境因素或条件，应列为环境影响评估的重点内容。

进行环境初步影响识别时，通常按项目建设期、运营期和服务期满后三个阶段和环境系统、要素进行划分。环境影响因素识别方法可采用清单法、矩阵法等，具体方法的详细介绍可参照《环境影响评价技术方法》①。

3. 备选方案研究

环境影响评估中的备选方案研究是指对于所研究的每一个可供选择的替代方案遵循一定原则进行技术、经济可行性比较，并预测或评估其对环境可能造成的影响及消除不利影响拟采取的污染防治措施，进而推荐技术可行、经济合理及环境影响程度最低的方案的研究方法。

如果一个项目或者一项行动只有一个方案或一种做法，是无法判断其合理性和优劣的，可能会在项目建成或行动完成后付出很大代价去修补，而已造成的环境损失和生态破坏是无法弥补的。因此，一项开发行动或建设项目，至少要提出2个或2个以上可供比选的方案，一般情况下应有3～5个备选方案。在多个比选方案中，必

① 国家环境保护总局环境工程评估中心，毛文永，2005版。

须有一个是无行动或无项目方案。

以建大坝与水力发电项目为例，该类项目备选方案应包含在不同坝址上建设水电站的各种设计方案，包括建设和运行方案中减轻与消除负面影响的各种措施方案，以及建设和运行的不同时间进度方案等。通常该类项目的比选方案可包括以下几个方面：①坝址选择方案；②装机规模方案；③正常蓄水位方案；④项目施工方案等。

4. 环境影响预测评估

环境影响预测和评估是在工程分析、环境现状与评估基础上，对已确定的评估项目，客观、公正、科学地预测工程兴建后环境要素及因子的变化，依据环境标准、环境承受能力，评估工程对环境的影响，总体要求如下：

（1）预测内容要全面、重点突出。对已确定的评估因子，应按层次系统进行全面的预测和评估；对确定的重点因子，预测内容应尽量详细、具体；

（2）预测时段和范围界定合理。对于预测时段，施工环境影响主要在施工期；其他环境影响，如水环境、地质环境、移民，主要在工程运行后3～5年；有些潜在影响，如物种、生态系统的变化，预测水平年可确定更长时间。预测范围则应涵盖移民安置区、库区、坝区及施工区、工程下游区、输电线路区等；针对不同环境要素，应结合其影响特征分别确定预测范围；

（3）选择正确的预测方法。根据环境特征确定预测模式和方法，进行模型参数率定、开展模型计算和验证，预测数据需翔实可靠。对水环境、大气环境、声环境预测，需采用定量分析；生态预测则可采用定量与定性分析相结合的手段。

一般从施工期、运行期两个阶段开展各研究区内工程建设的环境影响预测评估工作，主要分析对水环境、大气环境、声环境、水生生态、陆生动植物、土壤侵蚀、环境敏感区、固体废物、环境地质、社会经济、人群健康、基础设施建设、民族习俗与宗教文化等方面的影响，基本要求为（但不限于下述内容）：

1）水环境影响：分析项目建设和运行所引起的水文情势的变化；

2）大气环境与声环境影响：分析工程施工活动对区域环境空气质量、声环境质量的影响；

3）水生生态影响：分析建坝阻隔、水文情势改变对鱼类资源分布和种群数量的影响；对鱼类产卵繁殖的影响；对珍稀、濒危、保护和特有鱼类的影响；对渔业产量的影响等；

4）陆生生态动植物影响：分析工程建设对野生动物在种类、数量、分布以及栖息环境等方面的影响；分析对区域植物种类、数量、种群与群落在分布、演化方面的影响；分析对珍稀、濒危、保护、特有物种生活和生存的影响，评估工程建设对这些物种的干扰方式和强度；

5）土壤侵蚀影响：分析工程建设对当地土壤流失的程度；

6）环境敏感区影响：分析对敏感区主要保护对象的影响，对敏感区功能与结构的影响；

7）固体废物影响：分析工程施工生产生活对当地环境卫生的影响；

8）环境地质影响：分析项目建设可能引发的不良环境地质问题等；

9）社会经济影响：分析对当地就业、经济收入以及矿产资源、旅游资源等的影响；

10）人群健康影响：分析工程建设对当地疾病及医疗卫生建设水平的影响；

11）基础设施影响：分析工程建设对基础设施的改善水平，如水库蓄水对当地基础设施和旅游景观资源的淹没影响；

12）民族习俗与宗教文化的影响：分析工程建设对当地的传统习俗、宗教设施、文化继承和传播的影响。在宗教文化气氛浓厚的国家，这一影响的研究分析极其关键，需要高度重视。

5. 环境监测、管理计划

（1）环境监测

环境监测是获取了解环境变化、评估环境质量、掌握污染物排放情况、衡量环境保护效果的基本途径。同时也是开展环境科学技术研究、加强环境管理、搞好环境保护的基础性工作。监测对象可以包括大气、水、噪声、土壤和人类社会及自然生态的其他因素。环境监测的任务是：

1）评估环境质量；

2）加强污染源监测，提示污染危害，探明污染程度和趋势，进行环境监控管理；

3）积累各种环境数据，掌握环境容量，为实现环境污染总量控制及实施目标管理提供依据；

4）及时分析处理监测数据和资料，建立监测数据及污染源分类技术档案，为制定及执行环保法规、标准及环境污染防治对策提供科学依据。

开展服务项目环境影响评估的环境监测不仅要监测项目建设期和运行期的各种

污染源，还要监测各种环境因素，并应用监测得到的反馈信息，反映项目建成前施工中和建成后实际产生的环境影响，发现问题、解决问题，及时修正设计中环保措施的不足，避免造成意外的环境影响。

（2）环境管理

在工程建设全过程中，都要贯彻主体建设与环境保护协调发展的指导方针。因此，在企业建设发展中必须进行全过程的环境管理。建设项目环境管理的主要任务是：合理布局；合理利用资源和能源；最大限度地减小污染和生态破坏；切实落实“三同时”（即“建设项目中防治污染的设施，必须与主体工程同时设计、同时施工、同时投产使用”）和“预防为主、综合防治”的环保方针；保证项目建成投产或使用后其污染物排放达标，满足环境功能区的要求。

环境管理应该涵盖以下内容：

1）贯彻执行国家的环境保护方针、政策及有关法律法规；

2）配合政府环境保护行政主管部门和行业主管部门做好环境管理工作；

3）制定工程建设环境保护专项制度，满足环境保护要求的经济技术政策；

4）制定环境管理目标，编制环境保护规划及实施计划，并负责落实与实施；

5）制定工程环境保护规定、措施、细则，组织实施环境监理与环境监测工作，负责编制和上报有关环境报告及环境统计和建档工作；

6）负责环保措施的执行和环保设施的正常运行与维护；

7）制定环境污染的预防、应急措施，处理环境污染事故和污染纠纷，并向上级部门报告；

8）环境宣传、教育与培训；

9）环境事务的对外联络、沟通与协调；

10）对环保资金进行计划管理，做好环保工作经费的年度预算和结算。

以中国为例，根据《中华人民共和国环境影响评估法》《建设项目环境保护管理条例》的要求，所有建设的项目，都需要办理环保审批手续。在建设单位办理环境影响评估审批手续前，根据建设项目对环境的影响程序，生态环境部对建设项目制定了分类管理名录，其中将建设项目分为：对环境可能造成重大影响、对环境可能造成轻度影响和对环境影响很小三种情况，针对各种情况需分别编制环境影响报告书、环境影响报告表、环境影响登记表。亚洲开发银行、世界银行也同样对项目开发中环境影响的类别进行了界定。

（3）环境管理计划（Environmental Management Plan，EMP）

不同于中国把环境监测与管理作为项目环境影响评估报告书的一个章节来阐述，根据亚洲开发银行、世界银行的要求，编制项目环境影响评估报告的同时需对环境监测和管理内容单独成册，编制出相应的环境管理计划（EMP）报告，环境管理计划（EMP）的内容包括（但不限于以下内容，具体见工作节点4.3）：

1）针对工程建设带来的各种不利影响，提出相应的预防、减免、恢复、补偿、管理等环境保护对策及缓减措施，并估算各项管理措施所需的费用；

2）实施环境影响减缓措施过程的环境监测计划、环境管理计划。环境管理计划报告主要内容包括：需采取的各项环境影响减缓措施及所需费用、为监控项目实施是否满足环境保护要求所采取的各项具体监测计划（实施机构、实施进度、费用预算）、实施各项工作所必需的环境管理规划方案（管理任务及实施机构、管理制度与政策、实施进度及费用安排）、环境风险管理计划等；

3）环境审计：为评估项目环境影响预测评估是否合理、减缓措施是否有针对性、环境管理计划是否得到有效执行，需制定评估方案，提出相应的评估指标，全面审核环境管理的有效性；

4）结合社会影响评估（SIA）和移民安置计划（RP）工作，完成EMP报告。

6. 环境影响经济损益分析

环境影响经济损益分析是以环境经济学、生态经济学理论为基础，用货币形式表示项目对环境的有利影响和不利影响，估算建设项目所引起环境影响的经济价值（其中，对正面的环境影响估算出的是环境效益，对负面的环境影响估算出的是环境成本）。将环境影响的价值纳入项目的经济分析（即费用效益分析）中去，在统一量纲下，实现工程对环境影响的综合评估，以判断这些环境影响对该建设项目的可行性会产生多大的影响。

世界银行、亚洲开发银行等国际金融组织以及美国等较早开展环境影响评估的国家，都要求在其环境评估中进行环境影响的经济分析。如世界银行在其政策指令OP4.01和OP10.04中，明确要求在环境评估中“尽可能地以货币化价值量化环境成本和环境效益，并将环境影响价值纳入项目的经济分析中去”。亚洲开发银行（1996）为此还发行了《环境影响的经济评估工作手册》，指导对环境影响的经济分析。

7. 公众参与

“公众参与”是环境影响评估工作中的一个重要工作，特别是涉及国际项目时，处理不好往往会对项目决策造成重大影响。从社会学角度讲，“公众参与”是指社会群众、社会组织、单位或个人作为主体，在其权利义务范围内有目的的社会行动。环境评估中的公众参与是指项目业主方或环境影响评估工作组同公众之间的一种双向交流，其目的是使项目能够被公众充分了解认可并在项目实施过程中不对公众利益构成危害和威胁，以取得经济效益、社会效益、环境效益的协调统一。

环境评估过程中的公众参与、咨询和信息公布需要遵循以下几项基本原则：

（1）信息传递。信息传递的渠道要畅通，方式要符合文化习惯。在项目环境评估的早期阶段就应向公众提供项目有利和不利方面的信息，使他们有时间对这些问题进行思考，考虑其潜在影响并形成自己的观点。经过良好沟通的公众会更容易理解项目的设计，并做出有意义的贡献，同时对项目开发商也会给予相应的信任；

（2）信息征询。询问并倾听当地社会公众、居民和利益相关方的观点，并将其融入环境评估之中，可以产生新的认识，得到项目具体地点的相关信息。通过信息征询可以将情况反映给有关当局，使公众与项目业主或者政府管理机构展开建设性的对话，避免由于没有兑现承诺或者不良管理造成公众的不信任；

（3）综合。在环境评估工作中，需要预测潜在的直接影响和间接影响、短期和长期的资源利用问题，评估相关风险和制定缓解、监测方案。完成这些工作，不仅需要通过采样和模型获取科学的数据，还需要综合考虑利益相关方的看法和观点；

（4）协调。开展有效的公众咨询依赖于项目工作小组的各个成员如何理解咨询工作的益处，以及各自的职责和相互合作程度。一个组织良好的项目小组，在其成员的角色和责任明晰的条件下，可以推动与执行机构的对话，通过对话使他们了解相关的规定，从而促进整个项目周期中公众咨询工作的顺利执行；

（5）与公众对话。公众参与包括与公众进行对话。这是项目开发方与利益相关方交流信息和观念，以及表达各自所关注问题的双向机会。确保在环境评估程序的早期进行公众对话，从而可以对期望值进行管理，有利于及时发现潜在的严重冲突，进而帮助在冲突出现之前对引发冲突的问题进行处理，减少因为项目延期而带来的经济损失。

中国、美国、加拿大等国都有“公众参与”EIA的法规以及配套的程序和规则。例如，美国环境质量委员会（CEQ）《实施国家环境政策法的规定》（40 Code of

Federal Regulations，Chap.，1987.929 ~ 971），要求在EIA的定界和EIS初稿评审阶段必须有公众参加。

环境影响评估过程的公众参与几乎渗透在每个阶段，主要表现如下：

1）在环境影响评估工作定界和影响识别阶段，应通告公众关于项目的情况并主动表达公民们可能会提出的要求和可能会关注的对象；

2）在有关环境状况基线调查阶段，将取得的信息通知公众，可以得到有价值的反馈，这种反馈信息往往能减少虚功，有助于评估人员收集到文献、资料和现场调查中收集不到的资讯，并且掌握评估重点和辨识出当地特别感兴趣的事物；

3）在对几个备选方案进行影响预测和解释时，公众的评审可以防止一些有价值的方案由于评估人员的局限性或疏忽而未加考虑；当缺少法定的评估标准时，公众的意见有助于建立一个大家能接受的项目专用基准或最大容许的环境状况改变；再者，通过信息的馈给和反馈循环，使环保管理机构和评估人员随时掌握公众的想法；

4）对项目的负面影响提出消减措施时，公众参与可以使这些措施切实可行。例如，在高架道路两侧建隔声墙采用的外观和材质，在对景观有影响的构筑物上采取融景或伪装措施等，在公众参与下可做得更有效；

5）在对项目多个比选方案决策时，有公众参与时可以化解人们对不同方案偏好所引起的冲突，通过协商和合作做出明智的选择和决策。

8. 提出环境影响评估的结论与建议

环境影响评估的结论主要是明确项目的环境可行性和环境可接受程度。一般包括项目的建设概况、环境现状与主要环境问题、环境影响预测与评估结论、项目建设的环境可行性、建议等内容。

工作节点 4.3　环境管理计划

Environmental Management Plan, EMP

建设项目环境管理和监测计划是环境影响评估中的一个重要组成部分，是建设项目施工阶段和建成运行阶段能够实施量化管理的重要指标体系。如《中华人民共和国环境影响评估法》规定，任何类型的建设项目，其环境影响报告书均必须包括环境管理和监测计划的内容，这从法律上确立了建设项目环境影响评估中环境管理与监测计划的重要地位。国际金融组织贷款的建设项目在此方面也有更加翔实并具可操作性的要求。例如，世界银行和亚洲开发银行在中国贷款的建设项目，除了编制建设项目环境影响报告书外，还必须编制建设项目环境管理计划，该管理计划的主要内容包括：对潜在影响的概述、缓解措施、监测计划和参数、公众咨询活动、责任和机构安排、报告和审核任务、工作计划、采购计划、费用估算、反馈和调整等。

国际金融组织贷款项目的环境管理计划类似于我国建设项目环境影响报告书中的环境管理和监测计划，所不同的是，国际金融组织更注重于环境管理计划中的条款内容，并将其作为指导项目环境管理的法律文本，而列入计划中的条款一般都要在实施中认真贯彻执行。相比而言，我国目前建设项目环境影响评估中的环境管理和监测计划执行情况并不理想，大多数建设项目环境影响报告中的环境管理和监测计划更像是一种制式内容，由于缺乏了落实和监督，使实际执行的效果大打折扣。因此，如何发挥建设项目环境影响评估中环境管理和监测计划的作用，值得环境影响评估单位、环境影响评估审批部门以及建设单位的深思。

以下章节就编制环境管理计划所需要开展的工作和计划中所设计的章节内容进行简要描述。

4.3.1 对潜在影响的概述

这一部分应综述预测到的项目开发建设对环境和社会的不利且必须缓解的影响。包括描述项目影响区域内的现有环境和社会影响，识别项目可能带来的社会和环境影响等。

4.3.2 缓解措施

主要包括明确的、可实现的目标，还要包括缓解措施效果的量化指标，同时简单说明缓解措施对应的具体影响和采取该措施时相应的条件。所有这些内容都将作为具体设计、建设内容、设备说明、运营程序以及实施责任的参考。

4.3.3　监测计划和参数

在编制建设或者开发项目环境影响评估报告书中，要制定出环境监测计划，写清楚监测计划的技术、管理要求，以便环境管理部门能够贯彻执行，切实保护环境资源，包括未来所需的自然和社会条件，维护生态平衡，保障经济和社会的可持续发展。

这一部分应概述具体的监测方案、参数和预计频率，包括确定具体的监测目标及所需的监测类型；描述各环境性能的指标，这些指标反映在环境影响评估、初步环境影响评估中定义的影响与缓解措施的联系，包括待测的参数、待采用的方法、各方法检测范围对应的采样位点和频率、对表明需要进行调整的阈值的定义。具体的监测和监督安排应征得项目所在国相关部门、世界银行、亚洲开发银行等执行机构的同意，以保证发现需要进行补救时能得到及时的支持；此外，这一部分还应提供有关缓解措施及机构加强措施预期进展和结果的信息，并就监测工作是否符合国家和世界银行、亚洲开发银行环境安全政策进行说明。

4.3.4　公众咨询活动

此部分内容是介绍如何在环境管理计划定案和执行阶段进行公众咨询活动。具体咨询活动的开展要视项目和当地的情况而定，但通常会包括：

（1）工程活动将开工时要通知地方社区；

（2）向地方社区和其他有关方面公布监测的结果；

（3）特殊情况下，引入独立的第三方监督。

有潜在重大不利影响的项目意向需要征求公众关于缓解措施的意见，并为公众提供参与环境监测的机会。在监测报告准备的最终定稿阶段，建议征询主要利益相关方的意见。

4.3.5　责任和机构安排

此部分主要说明计划实施的机构安排，机构安排要充分考虑实际条件。缓解措施和监测责任的分配应充分考虑信息交流和各机构间工作协调情况。环境管理计划要确定承担缓解和监控措施的机构和个人，例如，由谁具体负责补救措施、监测、培训和融资等。如果地方当局的能力有限，也可签订合同雇佣第三方具体执行。环境管理计划可以提出加强机构建设的建议，包括制定合适的组织设置、安排主要工作人员与专家会谈，以及必要时协助安排配套资金和转贷。

4.3.6 报告和审核任务

环境管理计划内这一部分将分别说明合同商、借款人（成员国政府）、地方当局、世界银行或亚洲开发银行等在报告的准备、呈交、接受、审核和批准过程中各自的职责。还要包括一份详细的实施方案，说明缓解措施的时间安排、频率和持续时间，监测安排，以及进度报告安排，这些都要与项目运营手册和贷款协定中各项工作的阶段计划协调一致。这些报告也应送达负责保证缓解措施及时实施和承担补救措施的有关方面。另外，报告的结构、内容和时间安排也应详细说明，以方便项目所在国管理部门、世界银行或亚洲开发银行进行监督、审核和批准（如果需要批准时）。

4.3.7 工作计划

此部分内容应详细说明环境管理办公室（EMO）的工作人员配置和相关的工作，同时提出世界银行或亚洲开发银行项目官员参与的时间表，以及相关政府机构要参加的活动和相应投入。此外，还要明确对合同商的要求和其应尽的职责，并包含在法律要求和投标契约文件中，环境管理计划的要求必须结合到这些文件中，其目的是为了保证中标人明确自身责任，同时如果监督过程中发现中标人施工有不合格的情况，这些文件可以作为强制执行和报告的根据。此外，重要环境任务的完成情况还可以与中标合同的支付条件挂钩。

4.3.8 采购计划

此部分包括以下两项内容：

（1）采购安排。购买环境管理计划中实施缓解措施和监测计划所需的具体物品和设备的计划；

（2）采购程序的说明。以保证项目的采购工作与环境友好采购的要求一致。

4.3.9 费用估算

此部分应当将实施的费用细化，包括环境管理计划中实施各项措施的初始费用和经常性支出，并且要确保这一部分费用已经被涵盖在总的项目预算中，并纳入贷款的谈判。所有费用（包括管理设计、咨询服务，以及运转和维护的费用），只要是为了做到达标或调整相关项目设计都应该计算在内。为保证费用的落实，还需要另附一个预算计划标明各项费用出处。

4.3.10 反馈和调整

此部分内容将描述根据相应的监测结果对项目进行调整的程序和机制。这部分内容是为了建立一种反馈机制，通过提出具体的时间安排和程序，使执行机构、环境管理办公室、项目所在国相关部门、世界银行或亚洲开发银行可以据此对项目进行必要的调整和修改。

工作节点 4.4 社会影响评估

Social Impact Assessment

4.4.1 概述

社会影响评估（Social Impact Assessment，SIA，简称“社评”）的过程，是项目涉及的各利益相关者参与的过程，特别是利益相关者中经常会被忽略的群体，如贫困群体、妇女、少数民族等参与项目设计以及决策的过程。通过收集主要利益相关者的信息，强调乡土知识对专家知识的补充和完善，侧重运用参与式的工具收集数据并进行分析，以弥补专家知识的不足。

4.4.2 目的

项目的社会影响评估主要回答以下几个问题：项目涉及哪些群体，项目可能对他们有什么样的影响，他们对项目的感受是什么、要求是什么，他们的希望和诉求是什么，以及他们对项目所产生的影响是什么。总之，社会影响评估就是要在项目的方案设计和实施中考虑这些相关群体的期望，采取一系列的方法和手段保证各相关群体在项目中的参与。

一个好的社会影响评估，就是保证各相关群体都能参与到项目中，保证项目目标的实现并提升项目的效益的过程。通过社会影响评估，投资机构和项目业主能够识别潜在的社会风险并进行有效规避，从而保障项目的顺利实施、提升项目效益。同时，通过社会影响评估，了解和倾听各利益群体的声音和期望，通过一套完整的参与机制让他们参与到项目的设计和实施中来，增强项目对当地的适应性，促使项目能够被当地的社会环境、人文条件所接纳，获得当地政府、居民对项目的支持。

总之，项目社会影响评估有利于协调工程建设与社会发展之间的关系，促进工程建设良性运行的同时，也有利于提前规避工程带来的社会风险，保障工程目标得以顺利实现。

4.4.3 评估内容

项目社会影响评估的内容和方法因目标不同、内容不同、目标受益人群不同及所处的社会经济环境不同而又有所差异，但是，所有项目社会影响评估的分析框架是基本一致的。项目的社会影响评估的开展采取参与式的方式进行，主要工作内容包括：收集项目地区的社会经济数据、利益相关者的人口统计特征，以及在当地社会生活中对项目具有潜在影响的传统文化、风俗习惯、宗教信仰、社会组织和社会网络方面的信息，分析影响项目实施效果的社会因素，以及项目实施可能带来的社会风险和社会后果，并对优化项目设计方案、减少或避免负面的社会影响、降低社会风险、提高项目的实施效果提出具体措施和建议。

项目的社会影响评估贯穿于项目周期的各个阶段，但各阶段侧重不尽相同。一般而言，项目鉴别阶段应进行初步的社会分析，准备阶段要进行详细的社会分析，在实施阶段要进行社会发展行动计划的监测，在完工阶段要开展完工报告阶段的社会评估，如有必要还要开展项目的后社会影响评估。

4.4.4 社会影响评估方法

目前，国际上使用最广泛的社会影响评估的体系及标准主要是世界银行和亚洲开发银行的相关标准体系，两者应用范围都相当广泛，体系成熟，核心思想大同小异。下文主要以亚洲开发银行相关导则、政策、工作手册为例，介绍社会影响评估方法的主要内容。

社会评估通常使用的方法是识别与项目相关的利益相关者并进行参与式评估。参与式社会评估是指通过一系列的方法或措施，促使事物（事件、项目等）相关群体能够积极、主动、全面地介入事物过程（决策、实施、管理和利益分享等过程）的一种方式方法。参与式方法的核心思想是赋权，赋权给利益相关者群体，以便在多方倾听中获得决策的公正与科学。需要注意的是，在不同类型的项目及同一项目的不同阶段，参与式社会评估使用的方法也会有所不同，应依据项目的特点具体选择、灵活掌握。

中国目前的社会影响评估工作多以对当地的经济社会影响评估为主，强调更多的是在以政府为主导下开展相关评估工作，非政府组织（Non-Govermental Organization，NGO）及民间组织的参与度相对较小；而国际上大多数发展中国家，中央政府的执行力有时难以保证，更多的是NGO、民间团体、宗教人士参与到项目中来，作为利益相关者，这一部分群体的意见和诉求是社会影响评估中很重要的一部分，有时可以直接影响项目的推进和开展，因此，对于国际项目的社会影响评估工作，除非特别指定，一般情况下使用世界上广泛认可的亚洲开发银行导则作为工作依据是合适的选择。

4.4.5 社会影响评估报告安排

社会影响评估报告的主体内容主要是运用社会评估的分析框架、结合实际调查的结果进行编制。应该注意的是，此框架是一个一般性模板，在实际操作中应针对不同的项目进行相应的调整。

在项目各阶段社会评估所关注问题和所做工作的基础上，分别输出不同成果。参考亚洲开发银行的政策和要求，所要准备和完成的书面报告参见表4-1。

不同阶段社会评估的成果形式 表 4-1

阶段	成果形式	负责机构/人	备注
鉴别阶段	初始贫困和社会分析（IPSA）、工作大纲（TOR）	亚洲开发银行专家	
准备阶段	贫困和社会分析（PSA）、减贫和社会战略摘要（SPRSS）	PPTA社会咨询专家、小组	如有需要，项目办编制移民安置计划（RP）、少数民族发展计划（EMDP）、社会行动计划（SAP）
实施阶段	监测报告、进度报告、中期报告	项目办或者实施阶段的社会咨询专家、小组	如有需要，项目办聘请有资质的机构进行移民安置计划（RP）、少数民族发展计划（EMDP）、社会行动计划（SAP）的外部独立监测与评估
完工报告阶段	完工报告	亚洲开发银行项目经理、项目办	
后评估阶段	后评估报告	亚洲开发银行独立评估局	

工作节点 4.5　移民安置计划

Resettlement Plan, RP

项目所在地原住民因为工程建设征用土地受到损失，土地、住房、社区结构、交通等方面可能会遭到破坏，必须在别处重建其生活设施，恢复生产及收入，因而产生移民。移民安置规划就是对移民的受损、搬迁、生计恢复等内容进行全面的规划设计。在中国，移民安置规划主要任务是计算移民安置人口规模、编制移民安置投资概算等，着重从移民安置环境，选择移民安置方式和移民安置点等方面进行规划设计，确实做到移民合法权益受到保护。

亚洲开发银行要求的移民行动计划报告的内容主要包括：

（1）组织机构的责任；

（2）社区参与及与安置区居民的结合；

（3）社会经济调研；

（4）法律内容；

（5）安置区的选择方案及确定；

（6）损失财产的估价及补偿；

（7）土地的使用、征收及转让；

（8）培训、就业和贷款机会；

（9）住房、基础设施和社会服务；

（10）环境保护和管理；

（11）实施进度、监测和评估。

亚洲开发银行要求的移民行动计划在移民安置去向、移民生产生活恢复规划、社会经济调研等方面同中国的要求具有一致的一面，但在可行性研究阶段两种移民安置规划略有区别：亚洲开发银行移民政策要求的覆盖面更加具有普适性。为适应国际项目管理需求，下文主要以亚洲开发银行的移民政策为例进行阐述。

值得注意的是，在应用亚洲开发银行移民政策时，需要充分考虑各方利益相关者的诉求，对于移民而言，需要重点考虑其搬迁过程中可能遇到的损失以及生计恢复的规划是否合理，特别是对于妇女儿童等弱势群体需要额外注意；在制定具体实施计划时，还需要考虑中央政府、当地政府的权力分配问题及对于移民工作的权责问题。

4.5.1　移民安置规划基本介绍

1. 移民的主要类别

项目中土地、水和其他自然资源使用模式的改变将给项目影响区域民众带来一系列影响并造成移民，而移民损失常常由于项目征用土地所致。这一系列影响主要包括（但不限）：项目可能导致所在地居民的住房、社区结构和体制、社会网络及社会服务遭到破坏，居民可能会失去生产性资产（包括土地、收入来源和谋生手段）；文化同一性和潜在的互助也许会受到削弱；生计与收入的损失可能导致脆弱的生态系统的破坏、社会紧张和贫困。受影响的人们别无选择，必须在其他地方重建其生活、收入和资产。

在项目发展进程中，为避免让一些人处于不利的情况之中，项目设计应尽量避免或减少对移民造成的影响。如果移民不可避免，则需帮助恢复那些受影响人们的生活与生计质量，也许还有机会提高其生活质量，尤其是对脆弱群体。所有的移民损失都需要有补救措施。

2. 亚洲开发银行非自愿移民政策的目标和原则

（1）如果可行的话应避免非自愿移民；

（2）如果移民不可避免，应探讨所有可行的项目方案，最大限度地减少移民；

（3）不可避免的移民应获得补偿和援助，以便让他们未来的经济与社会境况与没有这一项目的情况下一样有利；

（4）受影响的人们应该完全知情有关移民和补偿的各种选择，并应就此问题获得咨询；

（5）移民与安置区原居民的现存社会与文化机构应该受到支持，并尽最大可能加以利用，移民应在经济与社会上融入新迁移社区；

（6）一些受影响群体缺乏对土地的正式合法拥有权，这不应成为补偿的障碍；应对以妇女和其他脆弱群体为首的家庭特别关注，比如土著人和少数民族，并提供适当的援助帮他们提高生活状况；

（7）尽可能将非自愿移民纳入项目中，并作为项目组成部分来实施；

（8）移民与补偿的全部费用应包括在项目费用与收益的报告中；

（9）可以考虑将移民与补偿的费用包括在亚洲开发银行资助项目的贷款中。

4.5.2　移民规划的主要概念

在制订移民规划时，必须考虑的主要问题有：

（1）政策框架：是否早已存在相关政策框架，或者还需要新的政策？

（2）明确资格和权利：谁将获得补偿和安置？补偿和安置措施如何构成？

（3）性别规划：是否充分考虑了妇女的需求？

（4）社会准备：土著居民和脆弱群体的需求是否得到满足？

（5）预算：征地和移民如何筹集资金？

（6）时间安排：征地和移民如何适应整个开发项目计划？

1. 如何避免或最大限度减少移民

有些项目能够在设计时避免移民的影响，例如，取用水库水源的供水项目规划可以用抽取地下水或河流引水来代替。这就可避免对环境易受破坏地区的相对孤立社区的大范围破坏。此外，对移民的影响还能够通过精心的技术设计来减少，比如，改变公路、铁路、输电网、修渠筑堤的线路，以减少在人口稠密地区或生产性农地的移民影响；缩窄路面；使用价值低的土地作为基础设施地点或征用的土地；供水和排水管道可安排在现有道路地下；水库项目在确保蓄水量的同时可尽量降低大坝高度以减少淹没范围；采用消力隔离墙以减少噪声或其他环境影响，避免因这些影响而可能导致移民产生。

2. 政策框架

这一部分主要介绍项目所在地使用的移民政策框架，亚洲开发银行的政策要求借贷者（实施机构或其他的项目主持者）在采取收入恢复和安置的措施同时，向受项目影响的土地和所有其他财产作出补偿。但是，土地的补偿和移民政策在发展中成员国中各不相同。

世界上大部分国家都有其土地征用的框架，这种框架由政策、法律和指导原则组成，主要规定了土地征用和补偿的程序。多数发展中国家土地集体所有，在这类国家中，私人没有土地所有权，受影响的人根据“土地使用者权利”的原则获得补偿。淹没的土地和移民安置区所需要使用的土地（包括建房用地和生产用地）是否由当地政府无偿提供，不少发展中国家对于这一问题缺乏明确的法律规定，所以需要投资商在项目早期进行明确并与当地政府达成协议。

3. 确定资格和权利

在规划阶段初期应定义一些主要概念，以确定受影响人的资格和权利的标准，以便减少资料收集中的混乱，并有利于向有资格者提供支持和服务。确定的资格和权利主要包括受影响者、享有资格的单位、损失和资格的影响、确定移民资格标准、资格和申诉方法的评估、补偿的选择、收入恢复方案等。

4. 脆弱群体的移民规划

针对移民中较为脆弱的群体应开展专门的移民规划。脆弱群体可能是由于移民而受到特别不利影响的人，一般将移民中最穷的、没有合法财产、女户主、土著居民、少数民族和放牧者统称为脆弱群体；此外还有其他的群体也是脆弱群体的一部分，如孤立的社区、残疾或不能工作的人，或当他们的社区大部分人成为有安置资格时而剩下的人。移民规划及其实施中应给予脆弱群体特别的关注，帮助这些脆弱群体改变现状提供一个机会。根据亚洲开发银行政策，“当受负面影响的是特别脆弱群体时，移民安置和补偿应在社会影响评估的准备阶段来决定，以帮助脆弱群体增强对付问题的能力”。

5. 移民预算和资金筹措

移民安置规划中需要制定详细的移民实施预算和资金筹措计划。移民活动包括征地补偿等需要一份详细的预算做支撑。通常需要准备一份年度移民预算，显示主要项目开支的计划。征地和移民费用也必须包括在项目费用中。项目融资者可能还要求将至少除征地之外的部分费用列入银行的项目贷款融资中。

收入恢复和移民费用通常由中央或省级政府通过项目实体来获得，地方政府也可对收入恢复方案以及安置区服务的发展作出贡献。

4.5.3 协商与参与

移民安置规划中需重点提出项目的协商与参与机制，这在国际项目中非常重要，但同时也很容易被忽略。亚洲开发银行政策指出，“受影响者应完全了解并充分协商有关移民与补偿的各种选择”。与受影响者协商是所有移民活动的起点。受影响的移民也许会担心他们将失去生计和社区，或者在权利资格的复杂谈判中准备不好。参与移民规划和管理有助于使他们减少担心，并给予受影响者参与将影响其未来生活的重大决定的机会。不经过协商而进行的移民可能会导致策略不适当和最终的贫困。更需要特别注意的是，如果没有协商，受影响者也许会反对项目，引发社会混乱，大大推迟实现目标的时间，或者甚至会放弃目标并增加费用，也可能会给项目和执行机构导致负面的公众形象和媒体形象。有了协商的话，最初对项目的反对也许会转化成建设性的参与。

协商可通过举行公众会议和确认核心团体来进行。规划人员可以起草参与解决问题的方法，并广泛使用媒体进行辅助宣传。家庭调查相当于一个直接协商的机会。社区工作人员可以参与团体形成和发展的过程。

协商过程始于项目准备技术援助的调查任务之时，是项目准备技术援助可行性研究的不可分割的一个组成部分。移民规划应为参与性移民建立一个制度化的框架。

1. 确认利益相关者

利益相关者是指在项目开发中有直接利益者，以及在协商过程中有牵连的人。在制定协商与参与规划的第一步的主要任务是确认主要利益相关者和次要利益相关者。

主要利益相关者包括受影响者、项目受益者、任何规划的移民场所和安置区的当地居民以及实施机构。

次要利益相关者是其他与项目有利益关系的个人或群体，如地方或国家政府、决策者、支持群体、当选官员，以及非政府组织。

在项目准备阶段与利益相关者协商与对话是为评估社会影响收集资料过程中不可分割的一部分，有助于为受影响人口建立合适的选择方案。受影响者与受益群体可以影响项目设计、规划和实施并对其作出贡献。

2. 参与机制

移民安置规划中还需要制定项目的参与机制。参与机制可促进协商过程，包括信息共享、与受影响者和其他利益相关者协商以及受影响者积极参与项目任务、委员会和决策。

信息共享是参与的首要原则。在许多情况下，对一个项目的反对是因缺乏信息或信息错误引起的。项目管理方在项目确认阶段必须主动、乐意将项目的所有方面（规划、设计、多种选择方案以及项目可能的已知影响）与大家共享。可以发布和传播的信息包括项目及其影响、补偿政策和付款计划、移民规划以及可能的安置地区、实施机构、时间表以及申诉程序等。

亚洲开发银行工作组在初步社会评估、贷款调查和鉴定期间都会与受影响者协商，以便将社区的意见融入项目设计和移民规划中。在准备移民规划阶段，与受影响者协商，并与其讨论各种选择方案是必不可少的一项工作。

在立项之后的所有阶段，各利益相关群体特别是受影响人口和非政府机构代表参加的项目工作组、委员会和决策过程都很重要。在此期间，应设立有保障的准备金，以便在项目准备和实施的全过程中继续开展协商。

3. 机构框架与申诉处理

移民安置规划中需要针对项目全过程制定合理的申诉机制，参与性的移民策略需要参与性机构来实施。这些机构可以是正式的也可以是非正式的。

正式机构包括地方政府、附设服务机构、街区发展处、市、县、区和乡（镇）政府以及移民现场办公室。非正式机构包括地方移民委员会、土地购买委员会、村级咨询小组、村移民工作人员以及项目信息中心。

4.5.4 社会经济信息

移民安置规划工作中，需要通过调查获取当地的社会经济信息，作为移民安置规划的基础资料。移民规划与贯彻实施需要反映出受影响者所受影响的可靠而精确的资料，以便拟订合适的权利资格政策。在涉及征地和移民的项目中，资料搜集将服务于以下三个主要目的：

（1）充分了解现存的社会经济状况如何受项目的影响，特别是不利的影响；

（2）识别并评估为制订恢复并改善受影响者生活质量的规划所需的所有社会范围；

（3）作为监测及评估，工作组领导委托资料搜集工作，并在实施计划与报告要求上达成一致。

4.5.5 移民安置

制定移民安置计划是移民安置规划中的一个最重要环节。安置或许是涉及移民的所有工作中最困难的，因为重创生活条件和整个社区的安置与生活模式是一项非常具挑战性和复杂的工作。

1. 安置规划中的问题

编制安置规划时，需要清楚了解以下相关问题，以便提出合理可行的安置计划：

（1）是否有必要安置所有受影响的人？

（2）在受影响的人口中是否存在种族、部落或社会地位的不同？

（3）安置的模式是什么？

（4）在现住地，人们的居住联系是怎样的？

（5）在受影响地区目前的社区社会服务（例如卫生保健、教育）是什么水平？

（6）人们何时使用何种设施？这是否因季节、性别、年龄、收入状况或其他因素而变化？

（7）受影响地区的土地大小、范围与平均土地面积是多少？

（8）目前的居住密度是多少？

（9）目前去市场中心和城镇的便利程度如何？

（10）在受影响地区的交通和通信的方式是什么？

（11）使用文化和宗教设施的方式是什么？

2. 迁移方案选择

迁移方案需要根据所需迁移的规模、考虑各种涉及所有有关因素的现实提出多种备选方案供选择。被迁移者和安置区组织应该参与最优方案选择。由于各种备选方案一定有不同的影响，需要在迁移过程中给予不同程度的支持和协助。

不迁移是最好的选择。然而，当受影响人们的迁移不可避免时，应通过衡量主要投资项目的备选方案，尽可能减少移民。例如，通过改变引起移民的基础设施项目（例如道路、高速公路、管道）的路线减少移民。

当受影响者的数量有限时，人口密度相对较低及当项目需小型的零星场地或者狭长形场地时，可进行就地迁移。在国内，这种情况称为就近后靠安置，受影响人群在小范围内迁移，受影响的程度较小。

由于经济因素（例如工作易得或土地便宜）或社会因素（例如亲友关系），当受影响的人采取个人或小组的形式主动迁移到他们自己选择的地方时（而不是规划中的移民新址），这种迁移方式称为自主迁移。在这种情况下，一些受影响者也许带着所有资格权利和重要的利益迁走，因为许多涉及物质问题、社会联系及经济条件的决定是由移民自选的。他们可能仅需要有限的来自该项目的社会或就业支持，以恢复项目前的生活水平。

从受影响人们原来的住所迁移到实施机构选择的新地方一般会引起紧张和压力，特别是当安置区具有不同的环境条件、经济和生活模式或社会和文化因素时。因此，必须避免迁移到边远地区或具有不同的环境、社会、文化和经济特性的地方。

3. 安置区的选择

由于新的移民安置区选取最终将决定获得的土地、社会支持网络、就业、商业、贷款和市场机会，新安置区的位置和质量在安置规划中是关键因素。考虑到每一安置区具有其自身的局限性和机会，一般应选择在环境、社会、文化和经济特性方面与前居住地相似的安置区，这样迁移和收入恢复将更有较大成功的可能。所以，安置区选址应视为可行性研究的一部分。

选址应考虑到对安置地社区的冲击。在可行性研究中，应考虑到土地质量、承载能力、公共地产资源、社会基本设施和人口结构（如社会地位、部落、性别、少数民族）。

理想的新安置区一般在地理位置上接近原住址，以维持现存的社会网络和社区关系。在城市开发项目中，通常需大批移民，通过迁移到几个小的、附近的安置区可以减少破坏性影响。选择安置区和安置计划都必须基于与社区协商并进行试点。应允许受影响者和安置区居民参加关于选址、布局与设计及新址开发的决策。

4. 安置计划和目标

移民安置规划中需要制定合理的安置计划，在安置区的基础设施和服务发展必须纳入主要投资项目的项目周期，这样受影响的人可以在他们的生活受到最少的干扰下重新定居。施工开始前一个月，所有的搬迁必须完成。这要求项目当局在移民规划中的所有阶段与受影响的人协商并与他们密切合作。

如果潜在迁移者的数量很大，项目当局必须制定年度搬迁目标（在项目周期内），以便在建设阶段前完成受影响人的搬迁。为了制定移民目标和达到这些目标，应该与移民和安置地进行适当的协商。

4.5.6 收入恢复

收入恢复是移民安置中的一个重要工作内容。在移民中，受影响的人失去了他们的生产基地、生意、工作或其他收入来源，无论他们是否也失去了他们的住所。当然，失去住所同时又失去收入来源的受影响者可能性更最大。当移民境况更差时，他们冒着贫困和情感上疏远的风险，这可能会因土地丧失、失业、无家可归、入不敷出、疾病、食物缺乏、丧失对公共地产的使用和产生包括犯罪与滥用物质在内的社会分离。

因此，规划有必要考虑迁移和创收活动之间的关系。例如，受影响的人在新安置区的生活质量和水平将与较易获得和控制资源（如土地）或产生收入来源（如就业和生意）有关联。根据世界银行的移民工作相关报告，那些能够较易获得足够的生产资源的家庭能够重建（有时可改善）失去的生产系统和生计："在一段过渡时期后，在土地上和工作中对移民进行生产性安置的项目要比那些仅提供补偿而没有机构协助的移民项目更有效地帮助恢复收入"。

当项目允许移民分享移民项目所产生的效益时，成功的收入恢复主要通过如下途径获得：

（1）将移民迁移至新灌区；

（2）帮助移民发展水库水产养殖业；

（3）鼓励移民在新建的基础设施周围开拓商业机会；

（4）协助移民建造更多耐用的房屋。

移民安置规划中需要制定一套合理的收入恢复方案，旨在防止贫困、恢复收入。一般有两种主要类型：

（1）以土地为基础的移民收入恢复方案。给移民提供足够的土地用于恢复和建造农场与小型乡村商店；

（2）农化移民策略。包括一系列活动，如职业培训、就业、直接贷款、小生意和提供就业机会的企业发展。

4.5.7 移民预算和资金筹措

移民安置规划中需要制订详细的移民实施的预算和资金筹措计划，并且，所有移民活动包括征地补偿均要求具有一份详细的预算。通常规划中准备一份年度移民预算，显示主要项目开支的计划。征地和移民费用也包括在项目费用中。

收入恢复和移民费用通常由中央或省级政府通过项目实体来获得，也可能由地方政府对收入恢复方案以及安置区和服务的发展作出安排。

4.5.8 机构框架

一般来讲，在移民管理和实施中存在一个主要问题，即无论在机构和现场均缺少一个合适的管理机构框架。因此，尽可能早地在项目准备阶段就确定适当的机构来规划和实施补偿、收入恢复和重建方案非常重要。

本部分主要介绍推荐确定和建立机构框架的方法。

1. 建立移民机构

移民安置规划中非常重要的一个内容是建立合适的移民机构，以协助制订移民安置规划以及实施补偿、收入恢复和重建方案。初步社会评估一结束，项目投资商及地方政府应该根据项目可能造成的影响范围和影响指标，以及当地的移民政策，共同决定是否需要一个移民机构来对移民工作进行协助和管理。一般情况下，对于具有重大影响的项目可能需要一个移民机构；对征地有限、只影响少许住户或者负面影响有限的项目可以不需移民机构。

2. 移民协调委员会

移民协调委员会是一个以咨询和参与为目的、由受影响人和其他相关人共同组成的一个地方级的群体，一般由移民机构组织形成。这些各级委员会（如：村庄、小区、地区和项目级）一般应该包括：

（1）受影响人、受益人（男人和妇女都包括）和安置区居民的代表；

（2）在项目中的其他利益相关者，如地方或中央政府、被选官员、非政府组织；

（3）技术专家，他们的知识将有助于识别潜在影响和找到合适的解决方法。

项目管理方应积极参与项目规划、多方案的设计和在土地征用和移民安置已知影响的所有方面。积极参与和协商可促进拟订合适、可接受的权利选择和拥有权。在确保有效进行项目监测和实施以及将监测反馈到项目实施中这一关键工作中，移民协调委员会的成立和行使其相关职责至关重要。

3. 申诉处理委员会

移民安置中一般有两种申诉处理委员会：有关土地补偿问题的正式上诉法庭，或者地方为处理涉及移民利益的争执而建立的申诉处理委员会。申诉处理委员会的运作程序应在移民规划中给予制订和明确。

4.5.9 监测与评估

监测与评估的目的是：阐述为什么移民计划需监测和评估以及如何开展这些监测和评估，定义主要的术语并提出开展移民监测和评估的方法建议。

1. 移民监测

移民监测的信息主要包括根据移民规划，收集、分析、报告和使用关于移民进展的信息。监测注重实物目标和财政目标，以及将权利授予受影响人的情况。移民监测通常由实施机构内部进行，有时由来自外部监测专家的协助。

监测报告通常呈交给亚洲开发银行或移民工作的实施主体。

2. 移民评估

移民评估一般在移民安置实施过程中和安置实施后进行，评估内容包括：移民的目标是否合适、是否达到移民目标，特别是生计和生活标准是否已恢复或者提高；移民的效率、有效性、影响和可持续性。评估发现的教训或经验可作为将来移民规划的指南。

由于移民评估的范围广、开展频次不高，并有独立专家的参与评估，因此，与移民监测在内部完成的方式不同，移民评估通常在外部进行，由项目参建各方以外的机构进行独立评估。移民评估给移民规划者和政策制订者提供了更广泛的反映成功经验或移民的基本目标、策略和方法的一个绝好机会。

4.5.10　移民安置计划主要内容

1.《移民安置计划》（RP）

《移民安置计划》是移民安置工作实施的指导性文件，其主要内容包括：

（1）项目基本情况；

（2）项目背景和内容描述、移民安置计划（RP）的编制目的；

（3）项目影响；

（4）项目移民影响范围，调查方法、依据，确定各类（如永久征地、临时用地、住宅房屋拆迁、非住宅房屋拆迁等）影响的数量、人数，分析影响程度，特别关注征地拆迁对弱势群体（包括妇女、少数民族）的影响；

（5）社会经济状况；

（6）项目区省级、市级（县级）、镇级（乡级）经济发展水平、产业结构等概况，关注受影响人的就业结构、收入水平、消费水平等；

（7）政策目标和法律框架；

（8）项目所依据的国家、省、市的法律法规、政策文件，以及亚洲开发银行的具体要求；

（9）补偿标准及权力表；

（10）征地拆迁所造成损失类型（包括违章建筑物）的补偿标准制定的依据、标准值，各类受影响人的权利矩阵；

（11）移民生产和生活恢复方案；

（12）移民生产和生活恢复方案的制订过程，房屋恢复或重建方案，被征地农民的收入恢复措施等。特别关注受影响弱势群体、受影响妇女、少数民族群体的恢复及发展计划；

（13）机构组织和实施进度；

（14）负责征地拆迁实施与管理的组织机构框图，各机构的责任，机构的能力，培训的计划等实施进度；

（15）征地拆迁进度的安排，分项说明每个关键的征地移民活动（如土地预审、审批、房屋拆迁、补偿费支付等的时间表）；

（16）预算和资金来源；

（17）移民总预算及可能的年度预算，明确资金来源；

（18）公众参与、协商与申诉渠道；

（19）项目准备、实施各阶段信息公开与参与的安排，如移民安置信息的公布与宣传、移民信息册发放、公众会议的召开等。建立移民抱怨与申诉机制；

（20）监测与评估安排；

（21）制定监测和评估计划，包括内部监测与外部监测的目的、主要内容、报告安排等。提供具体可供衡量行动计划实施进度以及落实效果的指标。

特别需要指出的是，在项目受影响的少数民族群体数量较多或者对少数民族群体造成的影响较为敏感时，移民安置规划工作需单独编制《少数民族发展计划》（EMDP），并独立成册。对少数民族影响人口数量少且影响不大时，这部分内容可以在《移民安置计划》中体现。

2.《少数民族发展计划》（EMDP）

《少数民族发展计划》的主要内容包括：

（1）项目背景和内容描述、少数民族发展计划的编制目标和政策框架、项目区正在实施的少数民族项目；

（2）项目区少数民族概况；

（3）估算项目受益人口中少数民族人口的比重；描述项目区内少数民族的语言文字、服饰和饮食习惯、婚丧嫁娶、生产方式、宗教信仰等特征；分析项目区内少数民族生产资源的状况（如土地、草场和林地的分布和构成）、经济状况、公共设施如教育状况和卫生状况等；

（4）项目对少数民族的影响；

（5）在深入调查的基础上，分析项目与少数民族的关系，主要关注：项目的实施能够使少数民族以其文化适应性的方式获得相应的社会和经济效益，同时，分析项目对少数民族可能产生的负面影响；

（6）社会性别与发展（项目在少数民族地区实行，社会性别和发展的内容可以融入少数民族发展计划中，若有必要，也可以单独编制社会性别发展计划）；

（7）测算项目受影响人口中男女两性的比例；分析项目区内女性的发展状况及其原因；分析项目对女性的正面和负面影响；分析妇女对项目的需求情况等；提出社会性别发展行动计划或措施；

（8）公众参与过程。少数民族的参与过程和参与计划；

（9）描述项目区内少数民族群体获得项目信息、参与项目的过程；制定参与机制，确保少数民族群体能够参与到项目中，从项目中获益；

（10）行动计划。包括增强项目效益的措施、降低项目潜在风险的措施、促进社会性别和发展的措施、资金预算。

工作节点 4.6　规范标准及适用范围

Code & Standard and Scope of Application

4.6.1　环境、社会影响评估涉及的规范标准

对于不同的项目国家和区域，环境、社会影响评估涉及的规范、标准也有所差异，但绝大部分是遵循如世界银行（WB）、国际金融公司（IFC）、多边投资担保机构（MIGA）、美洲开发银行（IDB）、亚洲开发银行（ADB）、非洲开发银行（AFDB）等国际金融组织针对项目环境、社会影响评估工作所编制的相关导则和手册。以常见的亚洲开发银行、世界银行项目来说，涉及亚洲开发银行贷款或是在亚洲国家实施的项目，环境影响评估报告编制一般遵循《亚洲开发银行环境评价导则》；世界银行贷款项目涉及国家更广，需按照《世界银行业务手册》环境、社会影响评估部分的总体要求，根据项目性质和地方环保部门的有关规定来做具体判断。以缅甸为例，环境影响评估涉及的规范、标准主要是依据缅甸森林环保部基于《亚洲开发银行环境评估导则》所制定的《缅甸环境评估程序》。

在中国，环境影响评估涉及的规范标准包括：环境影响评价技术导则、环境保护技术规范、环境保护法律法规、环境质量标准、污染物排放标准等。常用法律法规主要有《中华人民共和国环境保护法》（2014年4月修订）、《中华人民共和

国环境影响评价法》（2016年7月修订）、《建设项目环境影响评价技术导则总纲》HJ 2.1—2016等。社会影响评价涉及的规范标准包括：工程建设征地移民安置规划设计规范、工程移民专业项目规划设计规范、工程建设征地移民实物指标调查规范、建设项目社会评价指南等。常用法律法规主要有《中华人民共和国土地管理法》等。

4.6.2 亚洲开发银行环境、社会影响评估相关导则及规范

（1）*Asian Development Bank*，*Environmental Assessment Guidelines*（2003）；

（2）*Asian Development Bank*，*ADB Safeguard Policy Statement*（SPS，2009）；

（3）*Asian Development Bank*，*Handbook for Integrating Poverty*；

（4）*Asian Development Bank*，*Handbook on Social Analysis*（2007）；

（5）*Asian Development Bank*，*Implementation Review of the Policy on GAD*（2006）；

（6）*Asian Development Bank*，*Impact Assessments in the Economic Analysis of Projects*（2001）；

（7）*Asian Development Bank*，*OM C1*：*Poverty Reduction*；

（8）*Asian Development Bank*，*OM C2*：*GAD in ADB Operations*；

（9）*Asian Development Bank*，*OM F2*：*Involuntary Resettlement*（2004）；

（10）*Asian Development Bank*，*OM F3*：*Indigenous People*（2004）.

4.6.3 世界银行环境、社会影响评估相关导则及规范

（1）*World Bank*，*Environmental Health &Safety Handbook*，*IFC*；

（2）*World Bank OP 4.01*：*Environmental Assessment. World Bank*（1999）；

（3）*World Bank OP 4.02*：*Environmental Action Plans. World Bank*（2000）；

（4）*World Bank OP 4.04*：*Natural Habitats. World Bank*（2001）；

（5）*World Bank OP 4.07*：*Water Resources Management. World Bank*（2000）；

（6）*World Bank OP 4.09*：*Pest Management. World Bank*（1998）；

（7）*World Bank OP 4.12*：*Involuntary Resettlement. World Bank*（2001）；

（8）*World Bank BP 4.12*：*Involuntary Resettlement. World Bank*（2001）.

工作节点 4.7 环境及社会影响评估工作程序及经验

Procedures and Lessons Learned

4.7.1 环境影响评估及相关程序

1. 管理程序

环境保护管理部门根据分类管理、分级审批（筛选）的原则，提出要求编制环境影响评估文件（环境影响报告书、环境影响报告表）的类型，并明确审批部门，建设单位根据环境影响申报（咨询）意见，委托具有恰当资质的环境影响评估机构开展环境影响评估文件的编制工作，期间开展公众参与，调查受影响公众的意见。环境影响评估文件需经环境保护部门的评估或咨询机构（如有行业主管部门，则由行业主管部门组织）开展专家评审后出具评估意见，再报审批部门审批，建设单位获得批文后方能施工。在施工结束后仍向审批环境影响评估的环境保护主管部门提出竣工验收申请，完成竣工验收报告（监测报告、调查报告），并在通过竣工验收后才能正式投产。如果在项目建设、运行过程中产生不符合已经审批的环境影响评估文件，建设单位应当组织环境影响的后评估，采取改进措施，并报原环境影响评估文件审批部门和建设项目审批部门备案；原环境影响评估文件审批部门也可以责成建设单位进行环境影响的后评估，采取改进措施。

在环境影响评估审批过程中，均以环境影响评估文件为载体。环境影响评估文件从申请与受理，到审查和最后批准，基本遵循如下审批程序：

（1）申请与受理。建设单位按照本地环境保护主管部门的相关规定组织编制环境影响报告书、环境影响报告表或者填报环境影响登记表，向本地环境保护主管部门提出申请，提交材料；环境保护部门负责受理；

（2）审查。有审批权限的环境保护主管部门受理环境影响报告书后，认为需要进行技术评估的，由环境影响评估机构对环境影响报告书进行技术评估，组织专家评审。评估机构一般应在30日内提交评估报告，并对评估结论负责；

（3）批准。经审查通过的建设项目，环境保护主管部门做出予以批准的决定，并书面通知建设单位。对不符合条件的建设项目，环境保护主管部门做出不予批准的决定，书面通知建设单位，并说明理由。

2. 工作程序

环境影响评估工作一般分为三个阶段，即前期准备、调研和工作方案准备阶段，分析论证和预测评估阶段，环境影响评估文件编制阶段。具体流程参见图4-1。

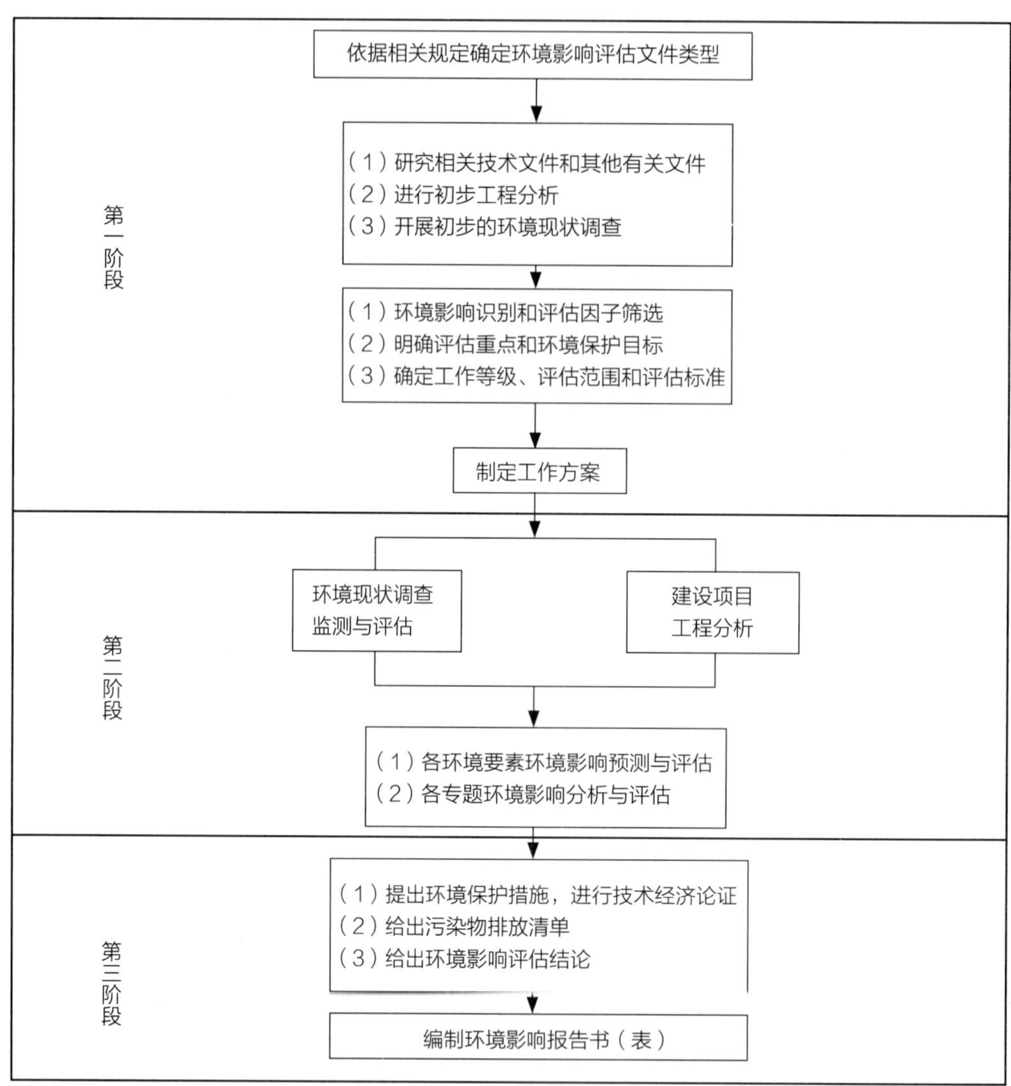

图 4-1　环境影响评估工作流程图

（1）前期准备、调研和工作方案准备阶段：

环境影响评估第一阶段，主要完成的工作内容为：接受环境影响评估委托后，首先研究国家和地方有关环境保护的法律法规、政策、标准及相关规划等文件，确定环境影响评估文件类型；在研究相关技术文件和其他有关文件的基础上，进行初步的工程分析，同时开展初步环境状况调查及公众意见调查；结合初步工程分析结果和环境现状资料，识别建设项目的环境影响因素，筛选主要的环境影响评估因子，明确评估重点和环境保护目标，确定环境影响评估的范围、评估工作等级和评估标准；最后制订工作方案。

（2）分析论证和预测评估阶段：

环境影响评估第二阶段，主要工作是做进一步的工程分析，进行充分的环境现状调查、监测并开展环境质量现状评估，然后根据污染源和环境现状资料进行建设项目的环境影响预测，评估建设项目的环境影响，并开展公众意见调查。若建设项目需要进行多个工程位置的比选，则需要对各个厂址分别进行预测和评估，并从环境保护角度推荐最佳厂址方案；如果对原选厂址得出了否定的结论，则需要对新选厂址重新进行环境影响评估。

（3）环境影响评估文件编制阶段：

环境影响评估第三阶段，其主要工作是汇总、分析第二阶段工作所得的各种资料、数据，根据建设项目的环境影响、法律法规和标准等的要求以及公众的意愿，提出减少环境污染和生态影响的环境管理措施和工程措施。从环境保护的角度确定项目建设的可行性，给出评估结论和提出进一步减缓环境影响的建议，并最终完成环境影响报告书或报告表的编制。

4.7.2 社会影响评估及相关程序

投资项目的社会影响评估工作应该贯穿于项目生命周期的各个阶段，在项目鉴别阶段进行初步社会筛选，开展贫困分析，制定相应的工作大纲（Terms of Reference，TOR）；在项目准备阶段需要进行详细的社会评估，制定移民安置计划；在项目实施阶段需要进行检测评估工作；在项目完工阶段要编制项目完工报告。具体关联参见图4-2。

项目鉴别阶段的主要工作是进行初步的社会筛选，识别对项目设计或实施具有重要影响的社会因素，并确定是否需要在项目准备阶段进行详细的社会与贫困分析以及如何进行社会与贫困分析。通常，亚洲开发银行的社会发展专家在实地调查的基础上进行初始的贫困和社会分析（Initial Poverty and Social Analysis，IPSA），并在此基础上制定工作大纲（TOR），为下一阶段的社会评估工作进行指导。

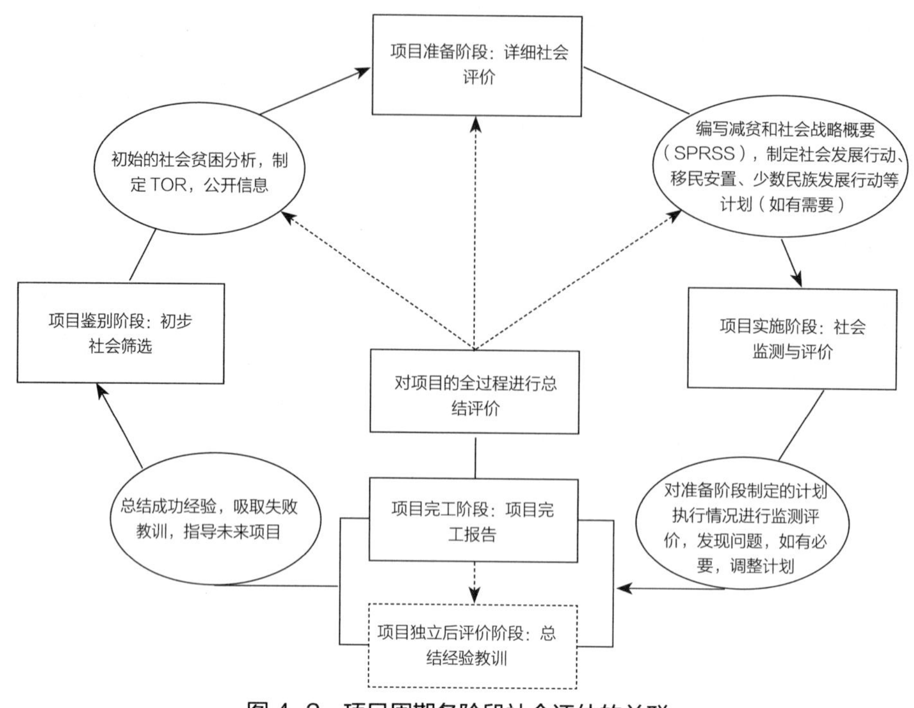

图 4-2　项目周期各阶段社会评估的关联

项目准备阶段的社会影响评估是根据工作大纲进行详细的社会与贫困分析。这一阶段的主要成果是详细的贫困与社会分析报告，并在此基础上形成减贫和社会战略概要（Summary Poverty Reduction and Social Strategy，SPRSS）。根据项目的影响情况，其他可能需要的报告有：①移民安置计划（如果项目有征地拆迁影响）；②少数民族发展计划（如果项目对少数民族产生明显的影响，包括正面、负面）；③社会发展行动计划（如果项目可能产生风险）等。项目准备阶段社会影响评估的分析流程及工作主要内容相互关系参见图4-3。

项目实施阶段的社会影响评估工作主要任务是监督与评估（Monitoring and Evaluation，M&E），是对经过亚洲开发银行批准的社会发展行动计划（如果项目没有社会风险或者明显的社会风险，则是对项目的社会指标进行监测）、移民安置计划、少数民族发展计划等的执行情况进行监测评估，具体工作流程及内容参见图4-4。

项目在工程实施完成后，即进入了完工报告阶段。所有项目在项目完工后的12～24个月内，在项目业主或执行机构的配合下，由亚洲开发银行项目业务部门向银行董事会和行政当局提交项目完工报告。

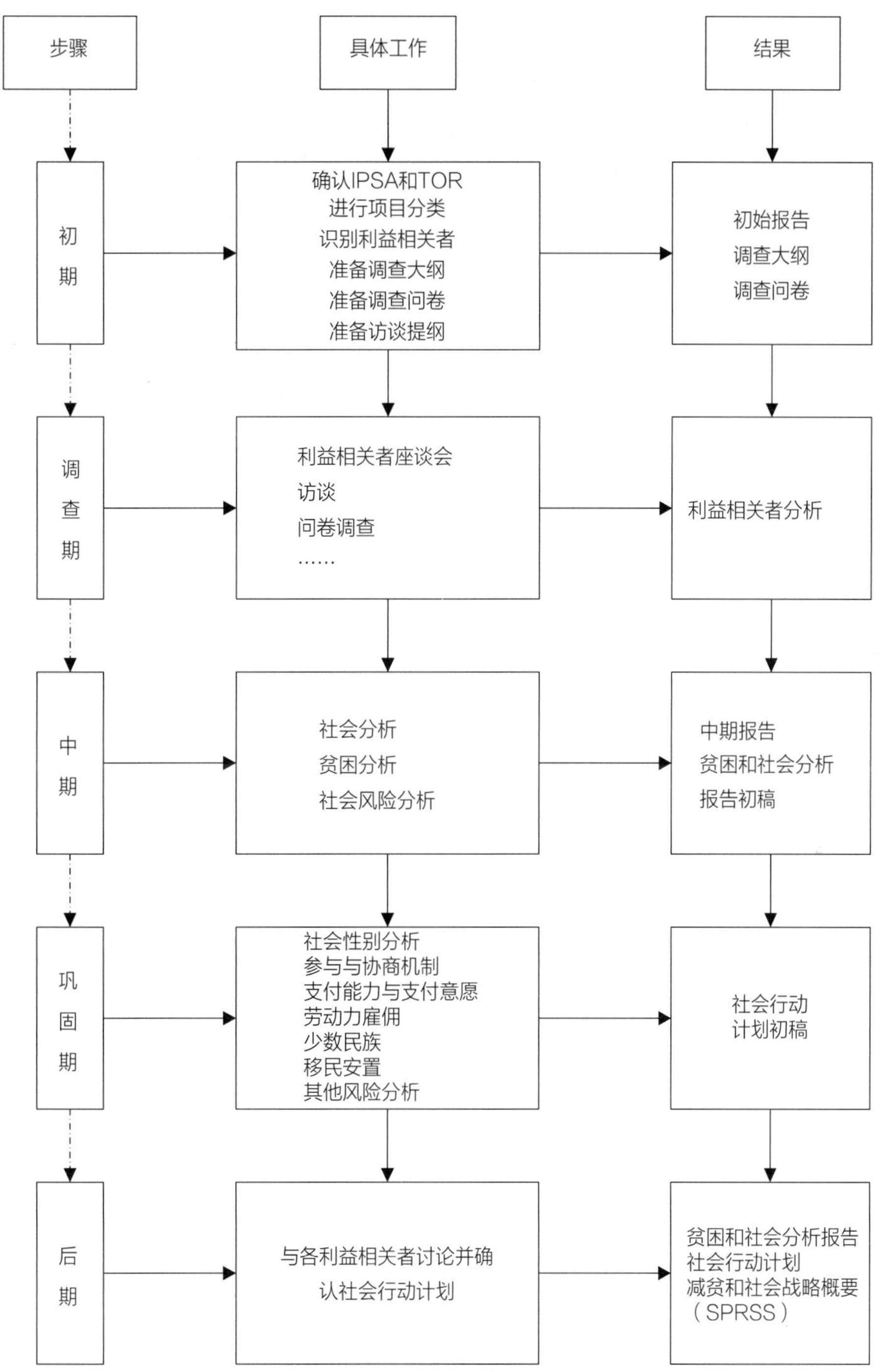

图4-3 项目准备阶段社会影响评估的分析框架

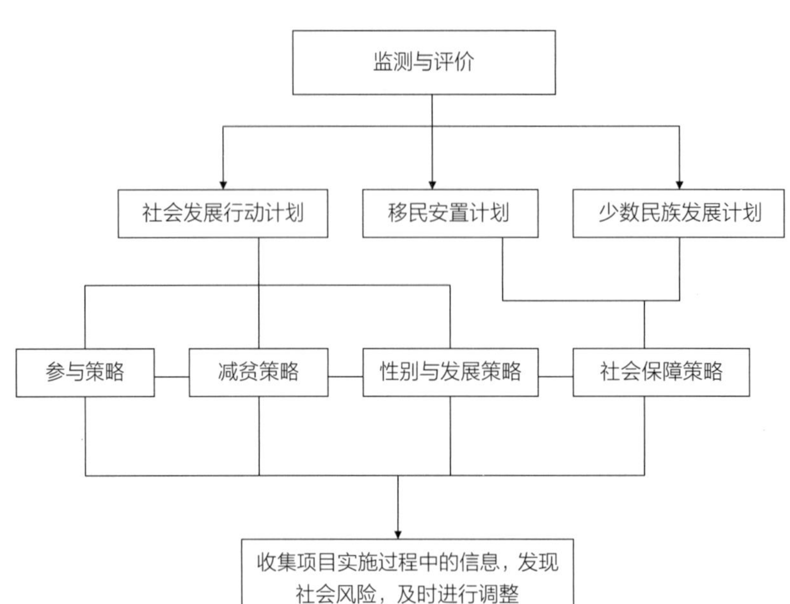

图 4-4　项目实施阶段的社会影响评估分析框架

4.7.3　相关国际经验

2015～2017年，缅甸森林环保部相继出台了缅甸环境评估程序，公众咨询工作实施办法等文件，力图进一步完善本国的环境社会影响评估领域的政策框架。缅甸环境、社会影响评估工作及政府审批流程参见图4-5。以缅甸正在开展的某项目为参考，可以总结出缅甸环境、社会影响评估工作的注意事项以及与亚洲开发银行导则、中国移民政策之间的异同。

1. 缅甸环境社会影响评估工作应注意的事项

在缅甸工作需要注意公众咨询工作的开展，由于缅甸的民间团体和NGO的活动相当活跃，而且缅甸政府专门针对公众咨询出台了的具体实施办法，结合其环境、社会影响评估工作流程中最少有两个阶段需要进行公众咨询，建议投资商在项目的筹备阶段专门成立应对公众咨询工作的公关小组，其目标应该是确保公众咨询受众身份、确保公布的内容正确合理、反馈并澄清负面信息、正确引导媒体报道等。避免在宣传领域处于被动地位。

在缅甸开展具体工作时需要尽可能利用当地的人力资源，在制定工作进度计划的时候需要重点考虑计划与实际进度之间的差距，充分考虑因为程序审批、社会因素、天气因素等造成的延迟和限制。比如，进场许可的审批可能长达一个月，地方NGO的阻挠可以导致调查小组无法正常开展工作，雨季可能导致道路泥泞无法通行等。

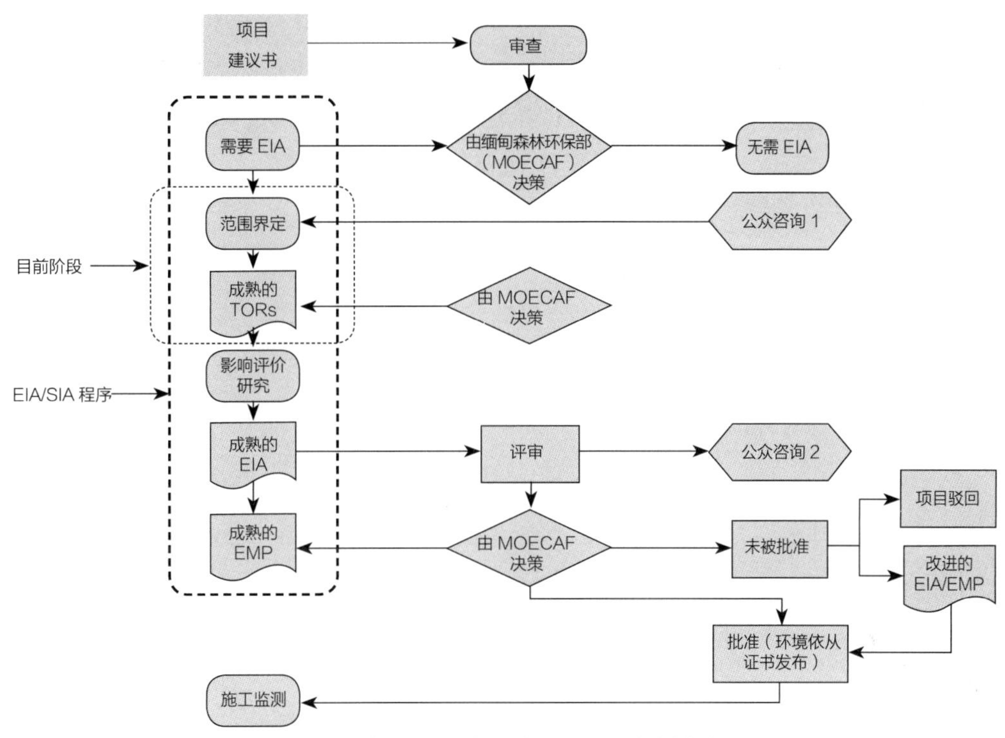

图 4-5 缅甸环境影响评估工作及政府审批流程图

2. 缅甸环境、社会影响评估政策与亚洲开发银行导则、中国移民政策的主要差别

缅甸的环境、社会影响评估政策实际上主要参考亚洲开发银行导则编制而成，其主要的内容和目标与亚洲开发银行导则基本一致。缅甸的环境、社会影响评估流程中有一项缅甸政府比较强调的工作，即开展项目范围界定并需要单独提交范围界定报告，这点在亚洲开发银行导则中体现得不是很突出。我们可以认为这是缅甸政府希望在项目的筹备阶段就能够对于项目的环境社会影响有整体性的了解，甚至可以为项目设计上的优化与调整提供数据支撑。可以看出缅甸政府将环境社会影响摆在了一个非常重要的位置，投资商应对此有正确的认识。

在中国，环境、社会影响评估工作的开展相对顺利，主要是缘于NGO和民间团体发声的能量和影响相对单纯，作用主要体现在对政府的决策提供参考，从多角度看待项目的环境和社会影响，在整个项目的推进过程中主要由政府起主导作用。而在缅甸，民间团体和NGO声音和影响都比较大，特别是民间团体和NGO背后都有复杂的国际社会背景和影响因素，导致项目的正常开展须面对比国内更加复杂的环境和局面。这种情况在世界其他发展中国家也普遍存在。因此，中资企业在缅甸或者类似国家开展项目时，特别需要注意的是：获得政府的支持只是项目正常开展的一个方面，同等重要的是要同时开展项目宣传和公众参与工作，以获得民间团体、当地村民领袖、宗教领袖、部分影响力较大的NGO对项目的认同和支持。

专业任务 5

投资协议洽谈与签订

Negotiating & Making Investment Agreements

导读

对于国际工程投资项目而言，投资协议的洽谈与签订具有里程碑式的意义。投资协议是整个投资活动的纲领性文件。能否签订相对公平合理、切实可行的投资协议对于项目是否能够顺利推进起着决定性作用。

投资协议所包含的内容比较广泛，本章重点介绍投资协议中最主要的特许经营协议和购电协议的基本知识和关键条款，以及在项目开发过程中的若干协议安排。

工作节点 5.1　投资协议介绍

Brief of Investment Agreements

国际工程投资项目的运作是一个复杂的过程，需要众多协议安排才能够实现。纵观国际工程投资项目操作的全流程，在协议签署之前，我们已经做了大量的前期工作，如投资机会选定、项目建议书编制、商业模式与投资架构策划、项目可行性研究与环境影响评估等。我们在这些前期工作中所发现的风险点及相应的缓释措施、项目的商业模式策划、核心利益的锁定和项目建设运营的原则等都需要最终固化在协议条款之中，只有形成具有法律效力的文本，才能够保障在长期的特许经营期中得以贯彻和执行。值得注意的是，我们虽然在本章节才将投资协议以条款的形式固化下来，但是投资协议的核心条款和其背后的法律精神实际上贯穿了整个投资过程。从我们做投资项目的第一天起，就需要时刻谨记和坚守自己的原则，并将这些原则落实到协议中。在投资协议签署之后，我们还需要继续完成国内外政府审批、项目融资和保险、项目的建设和运营等，这些后续工作都可以理解成是对投资协议的落实和履行。所以，投资协议的洽谈与签订是整个投资活动若干环节中最重要的一环，起着承上启下的作用，投资协议是指导整个投资活动的纲领性文件，对国际工程投资项目的成败起着至关重要的作用。

所有国际工程投资项目都有着各自不同的市场环境和实际条件，本章节主要以电力行业项目的相关投资协议为例来展开阐述和分析，在这些核心协议和文件方面，原则上其他行业项目也是类似情况。如：对于电力类BOT（Build-Operate-Transfer）项目，涉及的协议主要有特许经营协议（Concession Agreement）和购电协议（Power Purchase Agreement），这两份协议在电力类BOT项目中最具有标志性和代表性，也是整个电力类BOT项目得以实施的基础。除此，还会涉及一系列常规协议安排，如股东协议（Shareholders Agreement）、股份买卖协议（Share Purchase Agreement）、贷款协议（Facility Agreement）、EPC合同和运行维护合同（O&M Contract）等。

投资协议结构参见图5-1。

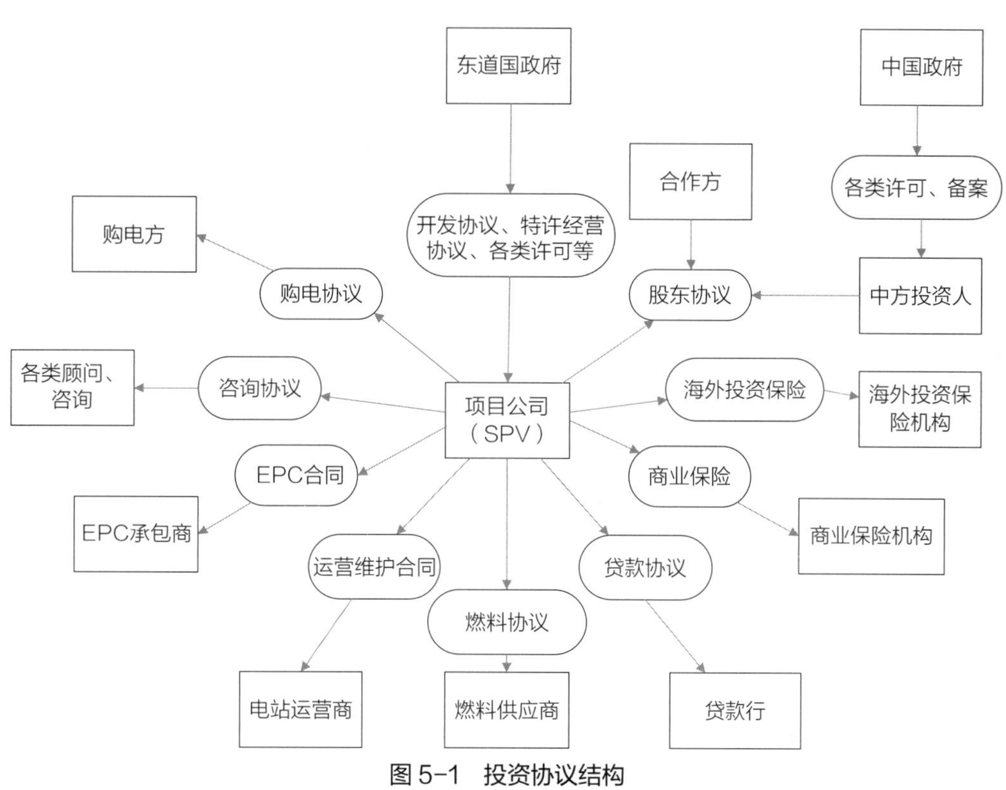

图5-1　投资协议结构

需要特别注意，上述每一份协议都不是孤立的，而是彼此之间有着千丝万缕的联系。所以，我们要谨慎对待每一份协议，仔细斟酌每份协议内部的逻辑关系，避免出现一着不慎满盘皆输的状况。

5.1.1 各利益相关方的核心关注点

知己知彼，百战不殆。作为协议的谈判人员，我们需要换位思考，站在各个签约主体的角度，尝试理解各方在项目中的利益诉求是什么，坚守的底线是什么。只有充分理解了对手方，才能在谈判中做到进退自如、从容应对。国际工程投资，特别是关于特许经营模式的投资项目，各利益相关方都有着各自的核心关注点。

1. 东道国政府的核心关注点

东道国政府将特许经营机制引入基础设施的建设和投融资中，具有很强的目的性。

对于政府而言，如果仅考虑经济收益，政府在特许经营项目中的投入要远远小于在传统方式下的投入，两者之间的差值是政府采用特许经营方式所获得的收益。特许经营项目不仅能够减轻政府在财政预算方面的压力，而且社会资本方的介入可以让政府从繁重的事务中脱离出来，从过去的基础设施公共服务提供者转变为监督者。因此，政府发起特许经营项目的主要动机和核心关注点如下：

（1）满足国家利益，以让渡特许经营权吸引国际和社会资本投资，加快基础设施发展速度；

（2）通过引进专业化团队，提高建设、经营、管理效率和服务质量；

（3）相比于自行出资建设，政府通过特许经营方式可以获得更大的价值；

（4）在特许经营期结束后，将项目的所有权收回（BOT模式）；

（5）确保项目的运营符合公共利益；

（6）尽量减少使用政府自有资金，降低政府债务杠杆；

（7）尽量减少政府需要做出的承诺和保证；

（8）在原有的社会资本方无法提供合适的服务或者陷入财务困难时，政府有权将项目授予其他社会资本方继续经营或者政府介入项目管理；

（9）尽可能不要限制政府的权利（如通过新的法律和政策的权利）；

（10）总体上尽量将风险转移给私有部门（项目公司、社会资本方或承包商等）。

我们知道，并不是所有基础设施类项目都适用于特许经营模式，或者说大部分基础设施类项目都不适用于特许经营模式，只有电力、铁路、公路、机场和一些特定的公共设施类项目比较适用于该模式。这些项目具有一些共同点：如投资金额巨大、项目完工风险较高、回收期长、稳定的现金流收入等。根据这些特点，政府的核心利益诉求总结起来就是“花小钱办大事”和“不承担或者少承担风险”。

2. 社会资本方的核心关注点

社会资本方即项目的发起人，是项目的投资者，也是项目公司的股东。发起人可以是单个公司，也可以是多个公司组成的联营体。社会资本方在特许经营项目中起着主导作用。首先，体现在社会资本方在项目公司中一般持股超过50%，对公司具有控制权；其次，社会资本方是项目的推动者，从最开始的项目信息筛选、立项，到可行性研究、协议谈判再到后期的融资、建设和运行，都是社会资本方以项目公司为载体主导着整个项目的开发进程，投入了大量的人财物，也承担着巨大的风险，因此社会资本方对项目的核心关注点更加倾向于经济利益的获得，具体如下：

（1）良好的经营环境：东道国政治、经济和社会的稳定性；

（2）稳定完善的法律环境：东道国法律体系的完善性；

（3）政府效率与市场透明度高，公平对待投资人；

（4）项目风险可控，技术成熟，环境友好，有良好盈利能力；

（5）有效的资本市场；

（6）强有力的、长期的政治支持；

（7）尽可能多的分配红利、股息，尽早收回投资；

（8）在适当的时机利用退出机制退出项目公司，实现投资收益。

总之，就是追求更好的回报和更低的风险。怎么追求更好的回报呢？落实到细节上就是，从政府那里争取更多的优惠政策，从产品购买方那里争取更好的价格，从自己的承包商那里拿到更低的成本。怎么做到更低的风险呢？作为投资人，能做的主要有几个维度：①规避风险：遵纪守法，不该做的事情不做；②转移风险：在协议中约定，由各利益相关方和保险公司承担风险；③接受风险：对于无法转移的风险，投资人自行消化处理。这些关键点都需要在协议里做出明确约定。

我们不妨深入思考一个问题：什么风险是投资人无法转移又必须要自行承担的呢？答案是业主违约风险。如果我们将所有风险都罗列出来之后会发现其他的风险都可以分散出去，只有业主违约风险是投资人必须要自己承担的，所以，在做投资项目的时候，投资人的资历和资金实力是政府、银行和信用保险公司考虑的最重要的因素。站在投资人的角度，投资人不仅要自身实力过硬，不同的投资人彼此之间的合作也是项目公司和项目能够顺利进行的关键因素，投资人彼此之间的合作原则主要体现在股东协议的相关条款中。

3. 项目公司的核心关注点

社会资本方通常会在项目所在国成立一个自主经营、自负盈亏的有限责任公司作为项目开发、对外签约和贷款的主体，也是项目建设、运营主体，即项目公司。但项目公司不一定直接从事项目的建设和运营，而是将建设和运营交给专业的承包商和运营商，项目公司作为建设和运营的业主单位对项目承包商和运营商履行管理职能。这种操作方式已经成为特许经营项目的标准动作，优势非常明显：①项目的资产归结在项目公司名下，而不是若干投资人名下，有利于项目的管理；②项目公司将项目的风险和投资人的资产隔离开来，投资人只承担有限责任，起到了防火墙的作用。一旦项目出现问题，由于项目公司是各个协议的签约主体和贷款主体，所以各利益相关方和贷款方仅以项目公司资产进行追索，不会使投资人除项目公司以外的资产受到过多牵连（无追索或有限追索的项目融资模式）；③项目公司一般在东道国政府注册成立，可以享受东道国政府为鼓励和吸引外商投资而颁布的优惠税收政策。项目公司的核心关注点如下：

（1）选择有实力且价格更为合理的承包商和运营商；

（2）获得长期、可靠的销售渠道和合理的销售价格；

（3）获得可靠的销售款回收保障，确保稳定的销售收入；

（4）风险尽可能向承包商、运营商和保险公司转移；

（5）合同条款更严谨、完善；

（6）考虑贷款人和政府利益；

（7）为投资人（股东）创造最大的经济利益。

总之，作为项目执行的平台和载体，项目公司要以投资项目为中心，以优质高效建成项目和稳健运行、持续盈利为重点，努力实现投资目标。

4. 承包商的核心关注点

特许经营项目的建设通常是以固定总价的EPC合同的方式转交给具有专业经验的承包商来设计和建造。对于社会资本方和项目公司而言，EPC合同是将原本属于项目公司的完工风险转移给EPC承包商的重要文件。在EPC合同项下，承包商通常要承担工程延期、成本超支和工程质量不合格等风险。承包商的核心关注点如下：

（1）工程范围、合同价格及支付条款、工程质量和工期；

（2）需要出具的保函和完工担保；

（3）风险如何处置；

（4）承担项目的建成风险，除按合同约定完成项目建设外，通过技术进步和科学管理缩短工期、控制造价，以提高利润水平和盈利能力。

由于特许经营项目通常采用项目融资，银行和信保公司对于承包商的选择更为严格，也多采用议标的方式，承包商的利润空间通常要比传统的单项工程承包要大一些，但是也可能需要承担更多的责任和风险。因此，在EPC合同中，承包商最关注的是如何能够合理处置风险，在合理的成本和工期之内完成项目，如何早日落袋为安。

5. 债权人的核心关注点

如果特许经营项目采用的是无追索或者有限追索的项目融资模式，相较于传统的融资模式，债权人作为准投资人，承担了更多的风险，因此债权人对整个项目的参与和监管程度及对投资协议中的融资相关条款把控更为严格。债权人的核心关注点如下：

（1）项目的可行性（技术可行、财务可行、风险可控）；

（2）风险是否全面合理地分配，对风险是否设置有足够的保护机制（信用结构）；

（3）特别关注项目现金流还款能力，并对现金流完全控制（账户结构）；

（4）对项目运营期间的项目公司行为控制；

（5）特殊情况下，债权人有权介入并接管项目。

如果说股东最在意的是收益，那么债权人最在意的是什么呢？答案是风险，是风险对还贷能力的影响。因为相比于股东取得分红而言，债权人取得的是固定收益，所以项目是否特别赚钱对于债权人而言意义不大。债权人最关注的是项目能不能按时还本付息，有哪些担保措施可以缓释借款人的偿债风险。所以，债权人最在意的是项目的风险是否全部被规避和合理分配。

6. 产品购买方的核心关注点

特许经营项目一般在项目建设前就要锁定产品购买方，与购买方签署长期产品销售协议[如：电站项目需与购电方签署购电协议（PPA）]。购买方核心关注点如下：

（1）合理的产品销售价格；

（2）项目投产和进入商业运行的时间；

（3）稳定的产品生产量；

（4）合格的产品质量。

大型基础设施项目，市场对产品需求的计划性要求非常严格。特别是电力行业，电力系统电力调度的要求极高，如果产品供应方不能按规定的时间提供稳定合格的产品，购买方就无法有序开展自己的生产调度，其结果会产生巨大经济损失，甚至产生严重的社会负面影响。因此，产品购买方必须关注产品供应的稳定性和可靠性。

5.1.2 东道国政府和社会资本方在项目公司的参与程度对投资协议的影响

国际工程投资项目的投资模式是灵活多变的，同样，东道国政府和社会资本方对项目的参与程度也不是一成不变的，要根据每一个项目的实际情况具体问题具体分析。所以，我们认为每个项目都是“非标”的。东道国政府和社会资本方在项目开发过程中担任的角色和参与程度主要体现在其在项目公司中的定位。具体可分成以下几种情况：

1. 政府授权+特许经营

在这种结构中（参见图5-2），由一个或多个社会资本方设立项目公司，东道国政府仅授予项目公司特许经营权，但不参与到项目公司的实际运营中。这种模式的优点是政府、社会资本方和项目公司权责清晰，不易产生推诿的现象。但缺点是由于东道国政府未参与到项目公司中，对公司的日常运营信息和重大决策无法第一时间掌握，因此参与感不强，那么作为项目公司，如何规范和促使政府履行义务是商谈特许经营协议的关键。

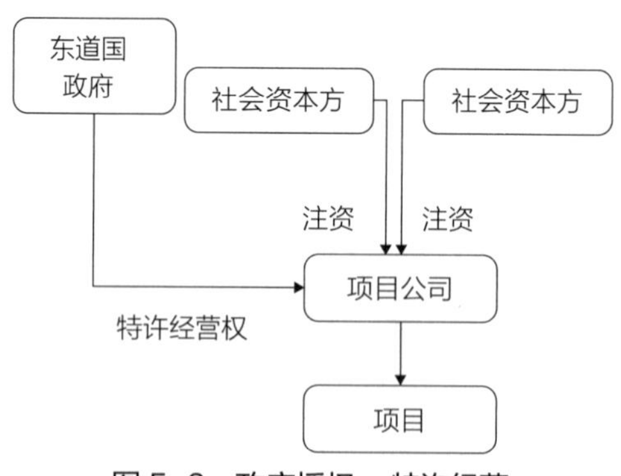

图 5-2 政府授权 + 特许经营

2. 政府注资+特许经营

在这种结构中（参见图5-3），由东道国政府指定的企业代表政府与社会资本方共同成立项目公司，代表政府的企业在项目公司中出资占股并参与公司的日常运营和决策。东道国政府指定的企业通常是政府控股的国有企业，如国家电力公司。国家电力公司既是项目公司的股东，又是该项目所生产的电力的购买方。这种模式的优点是政府既是监管者，又是市场主体，可以更加了解项目，提高服务意识和行政效率。但缺点是可能存在项目公司的经营自主权和政府的监管权权责不清；政府会手伸得过长，对项目公司的经营进行行政干预；代表政府的企业不能按时、足额出资等问题。那么作为项目公司，应重点关注股东协议中公司的治理机制和股东的出资义务条款。

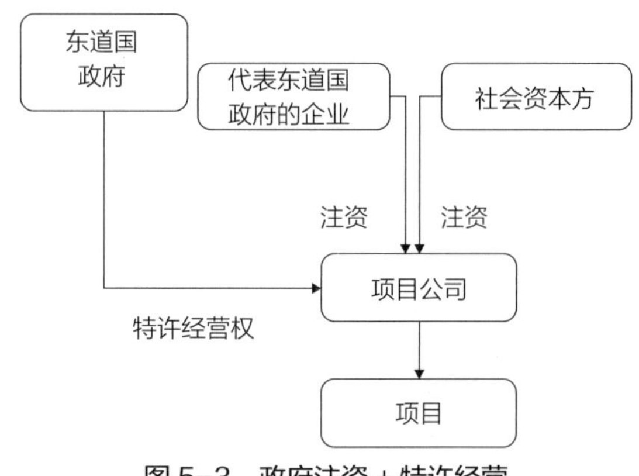

图5-3 政府注资＋特许经营

3. 政府回购+特许经营

在这种结构中（参见图5-4），首先由一个或多个社会资本方自行设立项目公司开发项目，但社会资本方与东道国政府指定的企业签署回购期权协议或在特许经营协议中特别约定，待项目进行到一定阶段（通常是进入商业运营）后，东道国政府指定的企业开始行权，从社会资本方手中回购项目公司的部分股份，从而成为项目公司的股东，参与项目的运营和项目公司的决策。我们以一个境外水电站为例，该电站位于东南亚某国，其股权变化过程参见图5-5。

该项目由某中资企业在项目所在国注册成立项目公司，以该项目公司为载体对外签署各项协议。在特许经营协议中，项目公司与东道国政府约定，待项目进入商业运行日后，东道国政府有权指定国家电力公司代表其持有项目公司15%的股份，即在项目进入商业运行后，只要东道国政府选择行权，社会资本方必须将其15%的股份以事先约定好的价格转让给国家电力公司。届时，项目公司由原来的中资公司独资企业转变为合资企业。

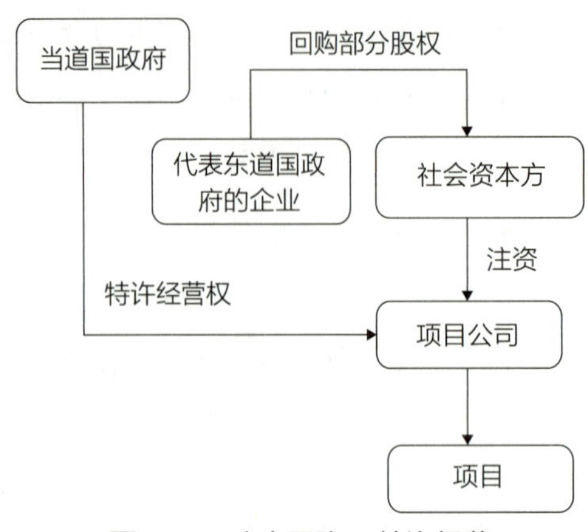

图 5-4 政府回购 + 特许经营

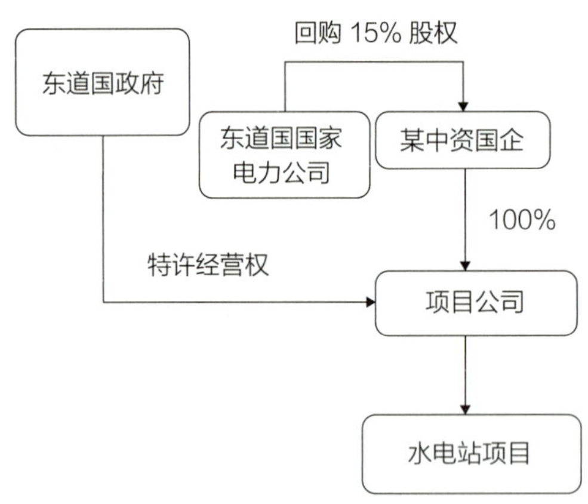

图 5-5 某水电站项目股权变化

在这种结构中，在项目建设期，政府不向项目公司注资，那么社会资本方的资金压力更大，政府的参与感不强。同时，政府避开了项目在建设期最大的风险——完工风险，整个建设期的风险全部由社会资本方承担。因此，站在项目公司和社会资本方的角度，应重点关注行使期权（Call Option）的触发条件、行权时间、价格和支付方式等条款；谨慎设置项目公司在政府行权之前和之后的股东会和董事会的表决机制；以及注意由于股权变化而需要完成中国政府和东道国政府的相关审批等问题。

需要说明的是，在某些国家的“政府注资+特许经营”模式中，政府要求社会资本方为政府企业提供“干股”，即政府企业实际不出资，但享有相当比例的项目股权并按照该比例获得利润分配；在“政府回购+特许经营”模式中，政府往往要求在项目进入商业运行后，以项目公司原始股的价格转让相当比例的股份给政府企业，不同意原始股溢价转让。

东道国政府之所以提出这样的要求，是因为政府认为社会资本方获得特许经营权就应该给政府一定利益回报。因此，从这个角度说，政府的这类要求也是合理的，关键是在协议谈判和签署过程中，社会资本方应尽可能降低政府的希望值，尽量减少“干股”或“转股”的比例。

工作节点 5.2 特许经营协议

Concession Agreement

5.2.1 特许经营协议的基本知识

特许经营协议（Concession Agreement 或 Implementation Agreement，CA或IA），是特许经营项目中最核心的法律文件，是整个项目得以顺利实施、各方利益得以保障的基石，也是其他相关协议必须高度遵循的纲领性文件。如果我们将特许经营项目比作东道国政府和社会资本方的一场游戏，那么特许经营协议就是游戏规则。而东道国政府既是游戏的参与者，又是游戏规则的制定者，拥有很强的话语权，容易将本属于政府应该承担的义务与费用强加给其他方。社会资本方作为相对弱势的一方，如何在博弈中争取到核心利益是我们在此分析和理解特许经营协议的重点所在。

特许经营协议的签约方多为政府授权部门与项目公司，较少见到政府授权部门与社会资本方直接签署特许经营协议的情况，通常是由项目公司作为签约主体出现（少数情况也有先由社会资本方与政府签约，项目公司成立后再由社会资本方转让给项目公司）。项目公司是指在东道国依法注册成立并存续的特殊目的实体（Special Purpose Vehicle，SPV），通常是以公司的形式，其业务范围仅限于该特许经营项目有关的开发、融资、建设和运营。需要特别指出的是，并不是所有国家的特许经营项目都有特许经营协议，比如印尼和泰国就没有特许经营协议，但是特许经营协议的核心条款是必须要有的，在印尼和泰国这些核心条款就体现在了购电协议里面，由其国家电力公司代表政府签署并执行。

特许经营协议的主要内容总结参见表5-1。

特许经营协议主要内容列表　表 5-1

章节	关键字	主要内容
1	定义和解释	规定了协议主要术语的定义及解释，包括协议生效日、开工日、融资关闭、政府担保、项目协议等
2	协议期限	规定了协议生效日期和期限，并就项目融资关闭时间以及如项目公司未能按期完成融资关闭需承担的责任进行约定
3	项目实施	全面阐述项目公司需要承担的融资、建设、运营等职责
4	土地、交通和公司许可	规定了项目公司应依据政府相关规定获得、租赁、安排项目所用土地、煤炭供应、交通等，并应按要求向政府主管部门申请相关许可
5	政府支持	规定政府应为公司应取得的许可、项目财产和人员安全保障、外籍员工出入境及工作签证提供各项支持
6	施工、运营、维护及雇佣	规定项目公司负责建设、运营及维护本项目，允许自营或承包给EPC承包商和O&M运营商。EPC承包商、O&M运营商、煤炭供应商及相关合同均需要经过政府的书面同意
7	责任	对责任限制、赔偿等相关内容进行了规定。例如政府不对公司间接、附带等损失以及项目公司由于违法行为产生的损失负责
8	保险	全面阐述项目公司需要购买的各类商业保险
9	税收及进口管制	规定项目公司和股东作为纳税主体应缴税种及税收优惠政策
10	外汇兑换及资金划拨	对项目公司的外汇交易、外币账户设置等相关内容进行约定。例如为保障投资人利益，有些国家的特许经营协议中规定如商业银行无法满足项目公司合理的外汇兑换需求时，政府有义务通过东道国央行提供外汇缺额部分
11	转让和抵押	对项目公司的转让权和抵押权进行明确规定。如在融资关闭前，项目公司应将其权益抵押给银行，包括项目协议、动产和不动产、项目公司收入和权益资产等
12	股权及资产的收购及转让的限制	明确东道国政府不得对项目公司采取歧视行为从而影响项目公司履行其权利。同时，承诺政府、购电方和东道国其他公共机构不得对项目公司征收、国有化、强制收购项目公司的普通股或实物资产。此外，对项目原始股东在相应期限内的股权转让和股权比例进行了约束

5.2.2 关键条款解析

1. 特许经营权（Concession Rights）

特许经营权，即项目公司在特许经营期内的权利。概括而言就是政府授予项目公司开发、建设、融资和运营项目并获得收益的权利。对于电力项目而言，具体包括以下内容：

（1）项目资产、设施和收益的占有、使用和获得；

（2）公司的设立、股东注资、注册、运营和维护的许可；

（3）项目设施的设计、融资、建设、运营和维护以及与现场使用的相关行为；

（4）路权和其他连接现场的道路使用权（包括租赁）；

（5）依据购电协议，项目公司向购电方售电；

（6）水资源的使用；

（7）设备和原材料的进口与再出口；

（8）对售电收入的使用和支配权、分红权；

（9）土地租赁和占有的权利；

（10）税费优惠政策；

（11）公司资产可以向银行抵质押的权利等。

在商谈特许经营权这一条款时，应特别注意特许经营权的独占性和排他性。因为特许经营权是东道国政府单方面授予给项目公司的，那么就存在着东道国政府将特许经营权收回或授权给第三方的风险。因此东道国政府必须在协议中明确独家授予项目公司行使该特许经营权的权利，不得将该权利的任何部分收回或再授权给第三方。东道国政府承诺其授权部门和其他公共机构不会对项目公司的股份和资产进行征收、国有化和强制收购。

需要特别强调的是，对于项目公司而言仅仅争取到独占权和排他权是远远不够的。在特许经营协议中，还需要要求政府做出承诺，不得在项目同一地区设立过多的类似项目以避免由于过度竞争造成对项目收益的冲击和损害。例如，对于水电站项目，应避免在与项目水头重合的上下游河段建设水电站；对于公路项目，不得建设替代路线以分流项目的车流量，从而在一定程度上保证项目公司能够收回投资并获得预期收益。

2. 东道国政府的权利（Government Rights）

政府作为协议中强势的一方，在项目的运作过程中，更多是担任监督者的角色。其权利主要包括以下内容：

（1）收取项目公司支付的资源费（Royalties）、公司所得税（Corporate Income Tax）、土地租赁金及法律规定的其他税费；

（2）获得项目公司支付的各项资金用于社区发展、人员培训等公共服务；

（3）利益共享机制（Sharing of Benefits）；

（4）监督和检查公司在安全、环境、健康和社会影响等方面的合法合规性；

（5）对项目的工程质量的检查；

（6）要求项目公司在特许经营期结束时将项目移交给政府（BOT模式下）。

概括而言，政府在特许经营协议项下的权利主要是监督和促使项目公司合理开发、建设和运行项目，依法收取税费等。

3. 项目公司的义务（Company Obligations）

权利与义务是对等的，享受权利必须履行义务。项目公司的义务如下：

（1）遵守东道国相关法律；

（2）依照相关技术质量标准建设、运营和移交项目；

（3）在规定时期内完成项目融资；

（4）履行开发过程中的社会和环境责任；

（5）优先使用当地劳动力和产品、服务，促进就业；

（6）支付各种税费等。

需要特别指出的是，按照东道国的标准履行社会和环境责任、促进当地劳动力就业和采购当地物资是项目公司在特许经营期内需要重点关注的两项义务。这两项义务的履行情况关乎项目的成本、项目公司与东道国政府的公共关系和社会资本方的品牌形象。

4. 政府的义务、支持（Government Obligations，Supports）

为保障项目公司的特许经营权的合法取得和执行，政府应该履行以下义务和提供以下支持：

（1）提供保证项目财产和项目开发人员人身安全的措施；

（2）保证项目公司对项目的独家开发权不被征收；

（3）税收优惠；

（4）协助项目公司及时获得开展项目所需要的各种批复和许可文件等。

虽然原则上特许经营协议的签约双方应处于平等的地位，但是由于政府是资源的拥有者，也是规则的制定者，往往处于强势地位，那么政府需要在协议中将其应履行的义务和提供的支持以协议条款的方式固化，相当于给项目公司、社会资本方和债权方一颗“定心丸”，这也是搭建项目融资架构的基石。

5. 关于融资的要求（Financing Requirements）

融资是特许经营项目的重要环节，融资的成败和融资的成本是项目的成败和项目收益的决定因素之一。在特许经营项目中，普遍采用或者说投资人最希望采用的是项目融资的模式。根据美国财会标准手册（FASB）的定义："项目融资是指对需要大规模资金的项目而采取的金融活动。借款人原则上将项目本身拥有的资金及其收益作为还款资金来源，而且将其项目资产作为抵押条件来处理。该项目商业主体的一般性信用能力通常不被作为重要因素来考虑。这是因为其项目主体要么是不具备其他资产的企业，要么对项目主体的所有者（母体企业）不能直接追究责任，两者必居其一"。

无追索的项目融资（Non-recourse Financing）是最理想的融资模式，但是在现实中受到种种因素的制约，这种模式很难实现。实际项目操作中通常采用有限追索的项目融资（Limited Recourse Financing），即项目公司、社会资本方、政府、承包商和运营商等都需要提供一定程度的承诺、支持和保证，搭建出债权人能够接受的信用结构，实现有限追索的项目融资。贷款协议的签约主体是项目公司和债权人，虽然在很多国家，政府或政府授权机构需要对贷款协议进行审核，但毕竟政府不作为贷款协议的签约主体出现，其对贷款协议的把控程度偏弱，因此政府会在特许经营协议中对融资提出相关要求，项目公司必须将特许经营协议中的融资要求贯彻到贷款协议中。

在特许经营协议中，关于融资的要求如下：

（1）融资的性质：无追索的项目融资或有限追索的项目融资；

（2）当地股东是否出具信用担保（Credit Support by Local Shareholder）；

（3）约定融资关闭时间（Scheduled Financial Close Date）；

（4）对未能实现融资关闭时间的处理方式（Termination，Extension）；

（5）东道国政府是否出具担保（Government Guarantee）等。

需要特别注意的是，虽然在商谈特许经营协议阶段，实质的融资工作还没有启动，但是并不代表项目公司就可以主观臆断融资的条件。在实际操作中，我们了解到有的项目公司为了能够尽快促成特许经营协议的签署，在没有征求银行意见的情况下，轻易地同意了政府提出的各项融资要求。虽然特许经营协议签署了，但是在后续的融资过程中，在特许经营协议中列明的融资条件无法得到贷款银行的认可，而修订特许经营协议几乎是一个无法完成的工作，因此处于进退两难的境地，融资进度和项目开发进度都受到了致命的影响。

有了这样的前车之鉴，作为商务人员，我们在该条款的谈判工作中应该怎么做呢？首先，虽然现阶段还无法明确指定贷款银行，但是一定已经存在若干家已经表明贷款意向的银行，项目公司应与这些潜在的债权人充分沟通，了解潜在贷款银行的主要融资条件（贷款比例、期限、价格、服务等）和要求，择优选择满足融资条件的银行出具融资意向函；其次，聘请专业的融资律师和财务顾问，了解中资银行和外资银行的融资要求，确定融资银行；最后，在项目公司与融资银行进行贷款合同的谈判的基础上，签订融资合同文件，锁定项目的资金风险。

关于特许经营协议中融资要求的表达，请参见如下：

“① The Company shall provide or obtain all Financing needed for the Project, on the basis of ‘limited recourse’ debt financing secured by the Project Assets, provided that in case the ABC Company (on behalf of government) becomes a shareholder, ABC Company shall be required to provide only the Shareholder equity investment but ABC Company shall not be required to provide any Shareholder credit support to such ‘limited recourse’ debt financing. Other than to enter into the Share Pledge Agreement with the Lenders as required for all Shareholders by the Financing Documents, in no event shall ABC Company have any obligation to assume any liability in respect of or to guarantee any part of the Financing for the Project.

② The Project Company shall be responsible to achieve the Financial Close Date no later than the Scheduled Financial Close Date and to complete Project construction in accordance with the Master Schedule. If the Company achieves Financial Close on a date that is later than the Scheduled Financial Close Date, and provided that the Government has not exercised its right to terminate this Agreement for reason of failure to meet the Scheduled Financial Close Date, no adjustment to the Scheduled Commercial Operation Date shall be allowed or made.”

在这段表述中，ABC公司是由东道国政府授权的并代表政府利益的公司（如东道国的国家电力公司）。如果ABC公司成为项目公司的股东，那么政府要求项目公司完成融资的方式是“有限追索”的项目融资模式。在这种模式下，ABC公司只承诺按照股份比例提供资本金，与债权人签署股权质押协议，除此之外，ABC公司不会提供任何信用担保和其他形式的担保。言外之意是，如果债权人要求其他形式的信用支持和担保，则全部应由社会资本方提供，不得追索到ABC公司。项目公司应负责按照协议约定时期实现融资关闭，如果延迟，即使政府未终止特许经营协议，原定的商业运行日的日期不会延迟，即施工期将被缩短，完工压力增大。

6. 重要节点的起止时间

在特许经营协议中罗列了若干重要的时间节点，生效日、融资关闭日、商业运行日和特许经营期等。除融资关闭日有公认的定义外，其他重大节点的定义都是协议双方共同商量确定的。一般可做如下安排，参见表5-2。

关键时间节点列表 表 5-2

关键节点	起点	终点	是否可以延期
协议生效日（Effective Date）	协议签署日	×月内满足生效条件	履行义务的一方有权决定是否给未履行的一方延期或者豁免对方未实现的条件
计划融资关闭日（Scheduled Financing Close Date）	协议签署日或生效日	×月内获得首笔贷款放款	项目公司有义务在规定的时间内实现融资关闭，但由于东道国政府的原因导致未能满足融资条件时可延期
计划商业运行日（Scheduled Commercial Operation Date，SCOD）	协议签署日或生效日或融资关闭日	×月内满足商业运行的条件	出现政府违约和政治不可抗力时可获得延期；有些国家政府同意出现非政治不可抗力时可获得延期
施工期（Construction Period）	协议签署日或生效日或融资关闭日	可研报告中列明的并经东道国政府批准的施工总时长	出现政府违约和政治不可抗力时可获得延期；有些国家政府同意发生非政治不可抗力时可获得延期
运行期（Operation Period）	商业运行日（Commercial Operation Date，COD）	×年	发生政府违约和政治不可抗力时可获得延期；有些国家政府同意发生非政治不可抗力时可获得延期
特许经营期（Concession Period）	协议生效日	COD或SCOD后的×年	发生政府违约和政治不可抗力时可获得延期；有些国家政府同意发生非政治不可抗力时可获得延期

通过上表可以看到，关键时间节点之间存在着密切的逻辑关系。如果一个节点延后，可能后续节点都会受到影响，严重时可能会缩短施工期和运行期。如果施工期被缩短，会存在无法按时完工需要向政府支付罚金或保函被没收的风险；如果运行期被缩短，会存在项目收益减少，无法实现目标内部收益率的风险。

那么，作为项目公司和投资人，各个关键时间节点如何设置能够尽可能减小风险并对自身最为有利呢？特许经营项目关键节点参见图5-6。

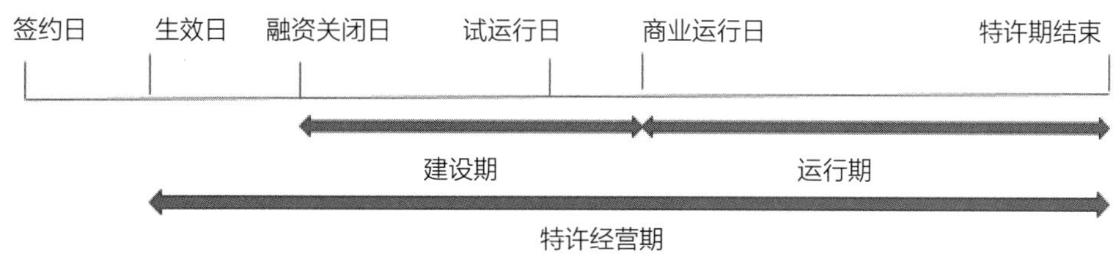

图 5-6 特许经营项目关键节点示意图

特许经营协议的生效日应将协议双方获得东道国政府和中国政府审批作为生效的前提条件；计划融资关闭日可设置为生效日后的×月内；计划的商业运行日最好与项目的实际融资关闭日相关联，可设置为项目实现融资关闭后的×月为计划商业运行日；特许经营期的终止日期的设置非常重要，最好与项目的实际商业运行日相关联，可设置为项目实现商业运行日后的×年作为特许经营期的终止日期，即特许经营期是指从特许经营协议生效日到项目实现商业运行的×年。需要注意的是，计划融资关闭日和实际融资关闭日原则上可以不是同一天；计划商业运行日和实际商业运行日可以不是同一天。前者是指计划取得的日期，而后者是指在项目实施过程中实际取得的日期。在本章节中，如未标明“计划”，则表明是实际取得的日期。因此，在设定关键时间节点时，后面的时间节点尽量用前面已经实现的时间节点而非计划的时间节点作为起算点可以在一定程度上降低不确定性。

7. 土地使用权（Land Use Right）

土地使用权是指在特许经营期内，项目建设和运行所需的土地的使用权，是特许经营权的一种，可以列在特许经营权的范围内，也可以单独列出，包括排他权（Exclusive Right）和非排他权（Non-exclusive Right）。其中，具有排他权的土地是指除项目实施主体（通常为项目公司）和其授权的单位外，任何第三方不得使用该土地，如厂房和库区等；具有非排他权的土地是指第三方在不干扰项目公司的正常施工和其他活动的前提下可以进入和使用的土地，如进场道路。

根据土地的所有权性质不同，项目公司获得土地的方式和成本也不同。针对国有土地，多采用行政划拨的方式予以实现，政府收取一定的租赁费用；针对私有土地，多采用租赁和直接购买等有偿方式。在有偿方式下获取的土地，除需要缴纳相应交易费用和税金以外，根据不同国别法律规定的不同，可能还需缴纳保证或保险金、资源管理或使用费、环境保护费、安置补助费以及其他特别规定的税费等。

需要特别注意的是，项目所需土地的所有权和使用权问题是潜在贷款银行在尽职调查中最为关注的一点，也一定会成为项目实现融资关闭的前提条件，而在一些土地私有化的国家，征收和购买土地是项目公司面临的极大挑战，也是关系到融资能否关闭、项目能否正常推进的关键节点。

8. 保函安排

随着特许经营模式被越来越多的国家所采用，东道国政府越来越倾向于要求项目公司提交保函来保证履约，减少由于融资失败或不能按时完工给政府方带来的风险。比较常见的是融资期保函和建设期保函两种。

这两种保函都是由项目公司作为申请人，通过金融机构向第三方开立的一种书面信用担保凭证。保函的受益方一般是东道国政府或政府授权机构。如项目公司未能按照特许经营协议履行其责任和义务，该金融机构须代替项目公司履行约定金额的经济赔偿责任，保函的性质通常为不可撤销、不可转让保函。

在特许经营协议项下，项目公司需要提交给政府的保函主要有融资期保函和建设期保函。其中，融资期保函的有效期是指从协议签署日到融资关闭日，目的是担保项目公司能够按照协议约定的时间实现融资关闭。建设期保函的有效期是指从融资关闭日到商业运行日，目的是担保项目公司在建设期能够按照合同约定的标准进行建设，并且能够按时完工。两份保函覆盖的有效期是无缝连接的。每个国家都会有保函金额的指导政策，但也会根据项目规模大小有所调整，应具体国别具体分析。

以下是金融机构出具的保函的常见内容：

“Pursuant to the Concession Agreement and as Guarantor for the performance of the Project obligations under the Agreement in relation to the achievement of the Financing Close Date as evidenced by the satisfaction of all conditions precedent /Commercial Operation Date as defined in this Agreement, we, [Bank Name], hereby establish our irrevocable and non-transferable guarantee, in your favor and for the account of the Project Company for the maximum amount of USD × × ×.”

9. 不可抗力（Force Majeure）

不可抗力作为协议的通用条款往往会被忽视，但如果处理不当，一旦发生将给项目带来巨大的风险和损失。以下是在协议中通常对不可抗力的定义：

“Force Majeure means an event, condition or circumstance or combination of the same (together with the effects thereof) beyond the reasonable control and arising without the fault or negligence of the Party claiming Force Majeure which, despite all reasonable efforts of the affected Party (the ‘Affected Party’) to prevent it or mitigate its effects, causes a delay or disruption of, or any other adverse effects on, the performance by the Affected Party of any of its obligations under this Agreement.”

对于不可抗力的理解，我们需要掌握其特点，总结起来就是声称发生不可抗力的一方：①无法控制的；②不能合理预计和防备的；③自身无疏忽和过失的；④采取了所有合理的努力仍无法避免损失、延误或者无法履行义务的。以上四个特点缺一不可。

了解了不可抗力的特点，我们来判断表5-3所列事件是否属于不可抗力。

不可抗力事件分析表（1）　　表 5-3

事件	是/否	事件	是/否
革命、暴乱、叛乱、军事政变		战争、外敌入侵	
严重的气候条件或自然条件		恐怖主义	
瘟疫和大规模流行性疾病		市场价格上涨	
由东道国政府发起战争、入侵和武装冲突		法律变更	
由于非项目公司原因，政府未能及时颁布许可		施工过程中的过失	
承包商的工人罢工		纵火	
货币贬值		征收征用	

其中，承包商的工人罢工：可以控制，可以防备，属于承包商的责任；

货币贬值：可以采取金融手段或在协议中约定机制进行预测和防备；

市场价格上涨：可以在协议中约定调价机制；

施工过程中的过失：可以归责和设置罚金；

纵火：纵火说明是人为，可以追责；如果是非人为的火灾，可视为不可抗力。

因此答案参见表5-4。

不可抗力事件分析表（2）　　表 5-4

事件	是/否	事件	是/否
革命、暴乱、叛乱、军事政变	是	战争、外敌入侵	是
严重的气候条件或自然条件	是	恐怖主义	是
瘟疫和大规模流行性疾病	是	市场价格上涨	否
由东道国政府发起战争、入侵和武装冲突	是	法律变更	是
由于非项目公司原因，政府未能及时颁布许可	是	施工过程中的过失	否
承包商的工人罢工	否	纵火	否
货币贬值	否	征收征用	是

不可抗力可以分为政治不可抗力（Political Force Majeure）和非政治不可抗力（Non-political Force Majeure）。政治不可抗力是指政府主观原因或者政府的行为而造

成的项目公司无法预测、无法控制、无法避免的事件，并给项目公司带来实质性的损失。

那么，我们来判断表5-5所列事件中哪些属于政治不可抗力，哪些属于非政治不可抗力。

不可抗力事件分析表（3）　　表5-5

事件	是/否	事件	是/否
革命、暴乱、叛乱、军事政变		战争、外敌入侵	
严重的气候条件或自然条件		恐怖主义	
瘟疫和大规模流行性疾病		法律变更	
由东道国政府发起战争、入侵和武装冲突		征收征用	
由于非项目公司原因，政府未能及时颁布许可			

对于是政治不可抗力还是非政治不可抗力主要看是否因政府方主观原因导致，因此答案参见表5-6。

不可抗力事件分析表（4）　　表5-6

事件	是/否	事件	是/否
革命、暴乱、叛乱、军事政变	非政治	战争、外敌入侵	非政治
严重的气候条件或自然条件	非政治	恐怖主义	非政治
瘟疫和大规模流行性疾病	非政治	法律变更	政治
由东道国政府发起战争、入侵和武装冲突	政治	征收征用	政治
由于非项目公司原因，政府未能及时颁布许可	政治		

关于政治不可抗力和非政治不可抗力的处置方式，汇总参见表5-7。

不可抗力事件分析和处置方式汇总表　　表5-7

	非政治不可抗力	政治不可抗力
定义方式	举例+描述，无法穷尽	以穷尽列举方式
风险缓释措施	商业保险	政治险（海外投资险）
主张方	双方皆可主张	政府不可以主张
政府赔偿	无赔偿，各自承担损失	有赔偿

续表

	非政治不可抗力	政治不可抗力
延期	是或否	是
终止	双方都有权利提出	项目公司有权利提出
政府是否回购	政府可选择回购或者不回购	政府必须回购

关于发生非政治不可抗力时，主张方是否可以获得延期的问题，答案是不确定的。有的东道国政府会同意相应延期，有的东道国政府会认为投保的商业保险中已经包含了项目修复赶工的费用，因此不主张给予延期，因此应具体项目具体分析。

关于政府是否回购的问题，在发生非政治不可抗力时，如果项目有唯一的承购方，如电力项目中，国家电力公司与项目公司签署购电协议，成为项目的唯一承购方，则东道国政府一般会选择回购项目。如果项目没有唯一承购方，如机场和公共交通项目，政府不一定会回购，而是可能选择：①延长特许期；②调整收费价格；③政府直接补偿等。

对于项目公司而言，无论发生何种不可抗力都应尽量争取获得延期。如在项目执行过程中，双方无法就不可抗力的处置问题达成一致，则应按照协议终止条款处置。

10. 法律变更（Change in Law）

法律变更条款是特许经营协议的通用条款。当项目的税费及其他优惠政策确定后，一旦发生法律变更，项目的成本和收益将会产生不确定性，甚至增加项目的执行风险。因此，谈判双方应重点关注该条款，通过设定合理的处置方法保护投资人的利益不受法律变更的损害。

首先应界定法律变更的内容。虽然法律变更一般是指发生以下任何一种情况：现有（特许经营协议签署时）法律发生的修改或废除；新法律制定和实施；政府授权或批准的取消、新增或修改；对法律的司法解释的变化等，但在特许经营协议中的法律变更通常是指对项目的执行产生实质负面影响和损失的上述内容，如未产生实质影响则通常不算作特许经营协议项下的法律变更。

发生法律变更时，对于项目公司而言应及时通知东道国政府并收集证据以证明该法律变更对项目造成了实质影响；对于东道国政府而言，可通过采用对项目公司免除该项法律变更或赔偿的方式消除该法律变更对项目所造成的负面影响，如政府未能达到上述效果，则可按照政治不可抗力处理。

11. 终止事件和赔偿（Termination Event & Indemnification）

项目发生终止，主要由以下任一原因造成：①政府违约事件；②项目公司违约事件；③达到约定期限仍未解决的政治不可抗力事件；④达到约定期限仍未解决的非政治不可抗力事件等。

需要特别注意，对于电力项目而言，购电协议的生效与终止和特许经营协议的生效与终止是密切相关的。在电力项目中，国家电力公司一般作为唯一承购方（Off-taker），与项目公司共同签署购电协议。在很多国家的特许经营项目中，项目公司出于保障自身利益的角度考虑，试图争取将承购方在购电协议项下的违约事件关联成东道国政府在特许经营协议项下的违约事件。在一些国家中，政府是认可这种安排的。为便于理解，在本章节中，我们暂且将承购方在购电协议项下的违约归入政府在特许经营协议项下的违约处理。

发生政府违约事件或达到约定期限仍未解决的政治不可抗力事件时的处理流程，参见图5-7。

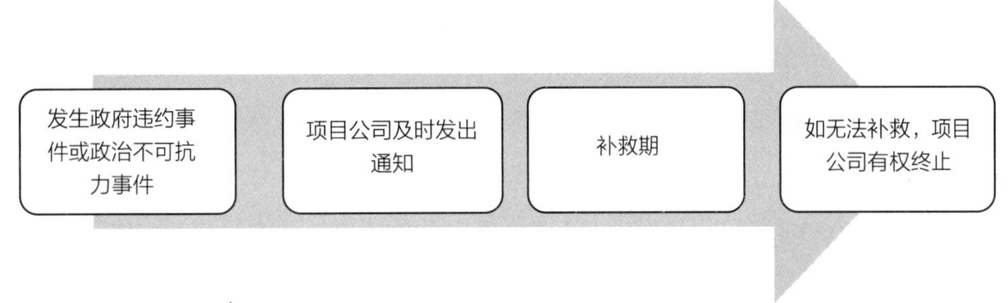

图 5-7　政府违约事件或政治不可抗力事件的处理流程

同理，在电力项目中，东道国政府同样试图争取将项目公司在购电协议项下的违约事件关联成项目公司在特许经营协议项下的违约事件。在一些国家中，这样的安排也是可行的。为便于理解，在本章节中，我们暂且将项目公司在购电协议项下的违约归入项目公司在特许经营协议项下的违约处理。因此，项目公司在特许经营协议项下的违约主要包括：①项目公司破产或资不抵债；②项目公司未能按特许经营协议约定时限实现生效日、融资关闭日或商业运行日；③项目公司股东违反特许经营协议约定转让股份；④项目公司在购电协议项下违约等。

发生项目公司违约事件时的处理流程参见图5-8。

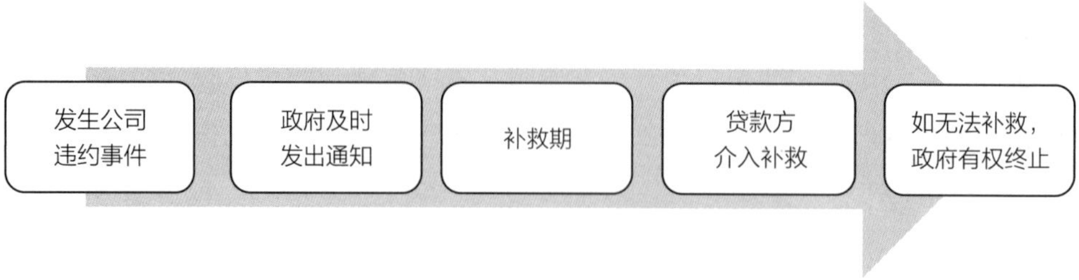

发生公司违约事件 → 政府及时发出通知 → 补救期 → 贷款方介入补救 → 如无法补救，政府有权终止

图 5-8 项目公司违约事件的处理流程

当终止事件发生时，项目资产处置情况汇总参见表5-8。

协议终止时资产处置情况　　表 5-8

终止事件	政府是否回购	债务	资本金	利润损失
项目公司违约	可选择是否回购	√	×	×
非政治不可抗力	可选择是否回购	√	√	×
政治不可抗力	必须回购	√	√	√
政府违约	必须回购	√	√	√

这样的资产处置方式背后的逻辑是什么呢？

当由于项目公司违约而造成特许经营协议终止时，购电协议也往往由于与特许经营协议联动而同时终止，政府可以自主选择回购或者不回购，如果政府选择不回购，项目公司必然要出售项目资产给第三方，这种方式理论上行得通但实际上作为特许经营项目如果失去与政府的协议和与购电方的协议，如果不是政府同意配合接盘的第三方，那么哪一个第三方有勇气冒着如此大的风险收购项目呢？也就意味着在这种情况下，项目公司、投资人和债权人可能面临血本无归的境地。这样的条款设置，会迫使项目公司必然要尽全力遵守协议约定，否则将付出致命的代价。如果政府选择回购，则支付给项目公司的补偿仅限于项目公司尚未清偿的债务，投资人无法收回其在项目公司投入的资本金，更无法获得任何利润。

当由于非政治不可抗力造成特许经营协议终止时，这类风险可以通过投保商业保险的方式缓释。如果非政治不可抗力发生，项目公司将获得保险赔偿，项目公司可以选择使用该赔付资金修复或重建项目，或终止特许经营协议并提前清偿贷款，但需要注意，在项目公司已经获得保险赔付的情况下，政府支付的终止赔偿是项目资本金和未偿还贷款金额之和减去项目公司已经获得的保险赔付。在特许经营项目刚刚开始出现的时候，很多国家的政府同意在发生非政治不可抗力时按照事先约定的条件回购，但是现在越来越多的政府不愿意承担非政治不可抗力的风险，政府更希望能够保留自主选择是否回购的权利。

当由于政治不可抗力和政府违约造成特许经营协议终止时，这类的违约责任在于政府，商业保险无法覆盖此类风险，海外投资险可以覆盖一部分，但是赔付时间较长。最佳的解决方式是，如果政府和项目公司都认为问题可以解决，项目可以继续经营下去，那么在此期间，政府继续支付电费；或者项目公司选择终止特许经营协议，由政府支付终止赔偿，此时的终止赔偿包括项目资本金、未偿还贷款和一定的利润。那么政府应赔付的利润如何计算呢？政府的逻辑是：在这种情况下，投资人已经收回了项目投资，可以重新去投资其他项目并获益，所以政府要限制赔偿的利润额度，通常是4~5年的净现金流折现。

但是，从全局来看，无论发生哪一种终止事件，对于政府和项目公司而言，都是两败俱伤的结局。对于项目公司而言，在大型基础设施投资项目中，项目的真正价值不是他的账面价值（Book Value），而是他的市场价值（Market Value），这种价值体现在产生稳定现金流的能力。所以，在项目进入商业运营日的前一天和后一天，他的市场价值的差异是巨大的。而对于政府而言，国家的信用是无价的，为了眼前利益而牺牲长远利益是非常短视和得不偿失的行为。

12. 争端解决机制（Dispute Resolution）

由于特许经营项目的专业性、长期性和复杂性，在特许经营协议中制定严谨可行的争端解决条款是非常必要的。由于协议双方具有长期的合作关系，争端解决的首选应是协议双方的友好协商，然后是双方指定的独立第三方判定，最后是在项目所在国法院诉讼或在第三国提请仲裁。请注意，诉讼和仲裁只能够选择其一，普遍认为在第三国仲裁是一种更好的解决方式。协议双方在协议中约定仲裁地点、仲裁机构、仲裁程序和规则、适用的法律及裁决的效力等。投资争议的仲裁裁定是终局的，对双方当事人有约束力，多数国家不允许起诉。有些国家虽然允许当事人起诉，但法院一般只审查程序，不审查实体，即只审查仲裁裁定在法律上是否完备，而不审查仲裁裁定在认定事实或实用法律上是否正确。同时，应注意东道国政府是否是《关于解决各国与其他国民之间投资争端的公约》（《华盛顿公约》）和《承认与执行外国仲裁裁决公约》（《纽约公约》）的缔约国，以避免仲裁结果不能得到承认和执行的情况。

需要特别说明的是，很多国家的政府规定了特许经营协议的标准版本，投资人是在政府提供的标准版本基础上提出修改建议，双方经过数轮谈判，最终达成一致。这种情况下，标准版本的有些内容是可以修改的，但也有些内容是很难修改的，特别是涉及国家法律、政府法规的内容，政府部门会以法律、法规修改程序过于复杂为由而拒绝投资人的修改要求。因此，如果投资人评估认为所述条款会引发项目不可控制的颠覆性风险，就只能放弃项目。

工作节点 5.3 购电协议

Power Purchase Agreement

特许经营项目一般操作复杂，总投资巨大，项目回收期和运营期长，因此并不是所有项目都适用于以特许经营的形式开发，除其他必要因素外，尤其要求项目本身能够获得长期、稳定、充分的收入，从而保证项目有充足的资金还本付息并为股东创造利润。所以，特许经营项目主要适用于自然资源开发、基础设施和公共服务设施项目等。在这些项目中，以电力项目的特许经营最有代表性，因为我国企业在海外所从事的电力特许经营项目一般都有一个长期的购电协议，明确收费机制，以保证项目长期稳定的现金流。

本节以购电协议为例，分析在特许经营项目中承购协议的基本知识和关键条款。

5.3.1 购电协议的基本知识

全球电力市场可以分为多种模式，大致将其分成两大类；第一类是由电力生产商和电力购买方签署购电协议的电力销售模式；第二类是无购电协议，而是由电力生产商直接在公开市场上参与竞价的电力销售模式。这两种模式仍可以继续细分，比如第一类中的购电协议，可以是电力生产商和购买方签署的具有中长期合作关系的购电协议（如十年以上）；可以是双方签署的短期的购电协议（如十年以下）；也可以分为电力生产商与唯一的购电方签署的购电协议，购电方通常是大型电力公司，再由此电力公司将电力分销出去；也可以是电力生产商直接与终端用户（通常是一家或几家大型终端用户）签署的购电协议。本章节中所涉及的购电协议是指电力生产商与唯一电力购买方（大型电力公司）签署的中长期（十年以上）的购电协议。

购电协议（Power Purchase Agreement，PPA），是电力特许经营项目最关键的协议之一。购电协议由作为电力生产商的项目公司和电力购买方（通常为国家电力公司）共同签订。

购电协议确定了项目在商业运行后的发电量和电价结构，约定了项目公司和购电方之间的风险分配，也在一定程度上锁定了项目的未来收入水平。需要特别指出的是，在一些国家，政府并不与项目公司签署特许经营协议，而是将与“特许经营权”相关的条款放在购电协议中，由电力公司与项目公司签署。这种操作方式同样可以得到中国的银行和信用机构的认可，因此，电力公司在购电协议项下的某些违约条款可以视为政府违约，符合政治险的赔付范围，当然，具体条款需要与信保公司具体分析和确认。

购电协议的主要内容总结参见表5-9。

购电协议主要内容列表　　表5-9

序号	关键字	主要内容
1	定义和解释	规定了协议主要术语的定义及解释
2	生效日和期限	规定了协议生效的前提条件、生效日和期限等内容
3	购电及售电	规定了项目公司和购电方的售电义务和购电义务
4	技术条款	规定了电站应满足的建设和运行要求，包括建设期的EPC施工和试运行标准；运行期的电网接入系统、电量计量系统、支付标准和停机和应急方案等
5	商务条款	规定了电价构成和电费支付方式，包括容量电费和电量电费、赔偿机制、项目保险和税费分担等
6	法律条款	规定了不可抗力事件及处置方式、违约事项及处置方式、争端解决机制、终止事件和管辖法律等

5.3.2　关键条款解析

1. 电价机制设计

电价与电量是购电协议中最核心的内容，在一定程度上决定了项目在商业运行期的收入水平和利润水平，因此可以说，购电协议的谈判就是电价水平和电量计量的谈判。电力特许经营项目的电价机制主要有两种：单一制和两部制，参见图5-9。

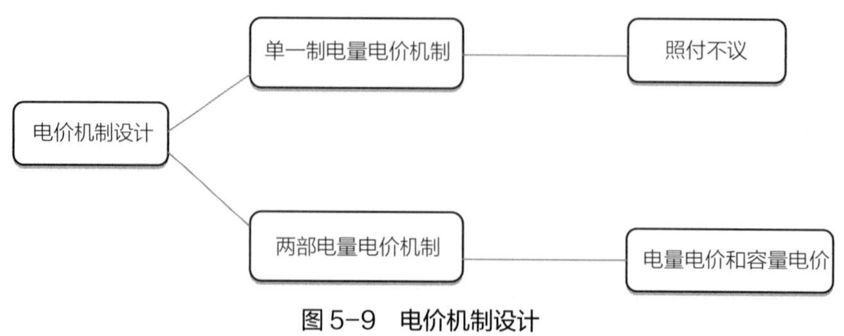

图 5-9　电价机制设计

（1）单一制电量电价机制

购电方在购电协议中向项目公司承诺，每年按照双方在协议中约定的基本电量（Base Energy），以“照付不议”（也称为“或取或付”）（“Take or Pay”）的模式向项目公司支付电费。该基本电量一般按照多年平均发电量测算。每年，即使项目公司真正生产的电量无法达到基本电量（项目公司违约和非政治不可抗力除外），购电方都应按照基本电量和其对应的电价向项目公司支付电费。

这一条款是购电协议中最核心的条款，也是协议商谈的难点所在。对于项目公司而言，这一条款显然为项目公司提供了一个与购电方的需求无关的有保障收入的现金流，而项目在运行阶段，至少在还款期阶段是否拥有“持续”“稳定”和“充足”的现金流恰恰是债权人在评估项目是否具有可融资性时最关注的风险点。为什么“照付不议”原则可以带来“持续”“稳定”和“充足”的现金流呢？“持续”体现在“照付不议”原则将至少贯穿整个还款期；“稳定”体现在购电方每年按照基本电量支付电费，不会因为遭遇枯水年或旱季和雨季而使电费金额产生波动；“充足”是指基本电量的设置完全可以满足项目的经济可行性的要求。而对于购电方而言，这一条款显然使得购电方承担了更多的风险，尤其是来水风险，因此购电方也会提出各种对其有利的风险缓释措施。

根据目前中资公司在海外开展的电力项目实际情况，上述“照付不议”的原则至少应贯穿整个项目的还款期，待还款期结束后，很多国家的购电方选择按照项目实际发电量支付电费，而取消基本电量的概念。另外，为保证项目在还款期的现金流是稳定充足的，虽然在还款期按照“照付不议”的原则支付电费，如果在还款期由于种种原因造成实际发电量低于基本电量，那么在还款期结束后，项目公司有义务用后续的发电量来抵消之前的欠发部分电量；对于还款期间的超发部分，购电方愿意以一定的折扣价格购买。

下面，我们通过一个案例来进一步说明单一制电量电价机制。

【案例5-1】：东南亚ABC水电站项目

背景：该水电站项目由中资公司投资建设，当地政府参股，国家电力公司为购电方。

（1）电价示意图，参见图5-10。

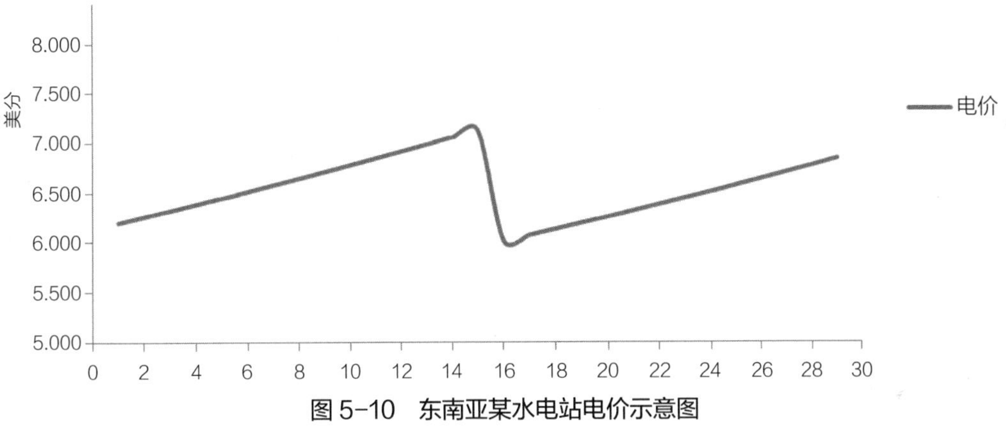

图5-10　东南亚某水电站电价示意图

（2）电费变化：

第一阶段：电站试运行日至电站商业运行日。

测试电价=第一个合同年的合同电价×40%

电费（按月计算和支付）=测试电价×测试电量

第二阶段：项目商业运行后第1～12年，即还款期，采用“照付不议”原则。

电费（按月计算和支付）= 年度基本电量/12×合同电价

同一年度每个月内的实际生产电量相对于月度基本电量如有超发或欠发可互相抵消，每一年度的第12个月末统计年度超发或欠发电量，如有超发电量，购电方将按照合同电价×60%支付电费，如有欠发电量，项目公司记账但暂不结算，将统一在第三阶段扣除。

第三阶段：项目商业运行后第13年——购电协议终止。

电费（按月计算和支付）=月度实际发电量×合同电价

项目商业运行后的第13年开始，将在每月实际发电量中抵扣项目在第二阶段产生的欠发电量，将剩余的实际发电量×合同电价进行支付。

（2）两部制电价模式

在这种模式下，电力公司按照项目的可用容量及实际上网电量进行收费（即容量电价+电量电价）。

1）容量电价

“容量”是指项目能够提供给电网的“可用容量”，该部分电费将覆盖项目公司的固定运行维护成本、还本付息、税负支出和投资回报。

关于可用容量，我们需要明确的是“可用容量”是指电站具备的发电能力，即使这些电量并未真正发出，或购电方并未实际接收这些电量，购电方都应按照“可用容量”乘以合同电价得出的电费支付给项目公司。所以，我们可以将“容量电价”理解成是“照付不议”的一种形式。

2）电量电价

“电量”是指项目每月实际发出的上网电量，该部分电费将覆盖项目的可变运行维护成本。如对于火电站项目而言，电量电价用来补偿电站的燃料成本和其他可变成本。项目公司将设置电量电价的调整机制，将上游的燃煤成本的变化反映到电量电价中。“电量电价”还可能针对季节变化和每天峰谷时段设置不同的价格水平，以激励售电方在高峰时段及电力供应紧张时期多发电。

下面，我们通过一个案例来进一步说明两部制电量电价机制。

【案例5-2】：东南亚XYZ水电站项目

背景：该水电站项目由中资公司和当地公司合资投资建设，国家电力公司为购电方，其水电站项目电价构成参见图5-11。

通过以上两种电价设计模式的比较分析，我们可以看到无论是一部制电价还是两部制电价，都含有“照付不议”原则。“照付不议”原则是购电协议项下对售电方最大的保护条款，购电方在承诺本条款的同时即承担了更大的风险。因此，购电方必然要对售电方的设备指标、参数和性能做出更加严格的规定，如果项目竣工后，性能无法达到预先设定的标准，售电方可能将面临来自购电方的罚款。单一制和两部制，这两种模式没有本质区别，只要收费模式设计合理，都能够保证特许经营项目的投资收益。

（3）电价调整机制

协议中可设置电价自动调整机制，即设立电价调整公式，考虑到燃料价格指

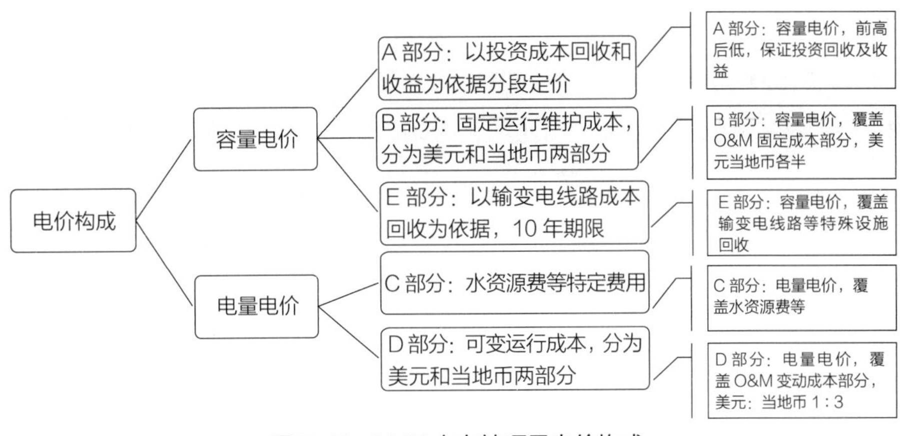

图 5-11　XYZ 水电站项目电价构成

数、项目所在国的物价指数和汇率变动与电价的联动。设置的参数应具有精准性、可操作性和可获得性的特点。其中，精准性是指选择最能反映成本变化的指数；可操作性是指尽量简单易懂易操作；可获得性是指在公开独立机构，可获得协议双方皆能够认可的数据。

除设置调价公式之外，还应考虑未来可能会发生的影响项目成本但目前无法量化的因素，如环境和运行标准提高而造成的运行成本增加等，应在协议中保留协商调整机制。

2. 电价变动模式

电力特许经营项目的电价多采取“加权平均电价”（Levelized Tariff）的方式，即各年折现后的电价之和/各年折现后的电量之和。该“加权平均电价”也是协议双方博弈的焦点，因为电价水平直接关系到项目的收益水平。

在确定了加权平均电价之后，每年度的电价如何设置会直接影响到项目在运行期的现金流状况，因此也是协议双方高度关注的重点。

电价的变动模式可以大致可分成以下几种，参见图5-12。

假设图5-12所示的电价变动模式对应的加权平均电价是相同的，那么作为项目公司，最希望争取的电价模式是哪一种呢？而购电方、债权人和项目公司能够普遍接受的折中的电价模式是哪一种呢？

如果仅从项目公司角度考虑，肯定是希望能够采用折线型，在这种模式下，电价先高后低，达到某一年度后，再次先高后低变化，这种模式可以使项目公司在运行期的早期获得较高收入，尽快收回投资，项目的现金流表现良好，但这种模式会使得电力公司在早期支付电费时资金压力较大。我们也应该认识到，虽然作为项目公司，希望加权平均电价越高越好，电价变化趋势先高后低最好，但是电价水平和变化趋势应与购电方的资金实力相匹配，否则就容易出现购电方拖欠电费甚至违约的情况。

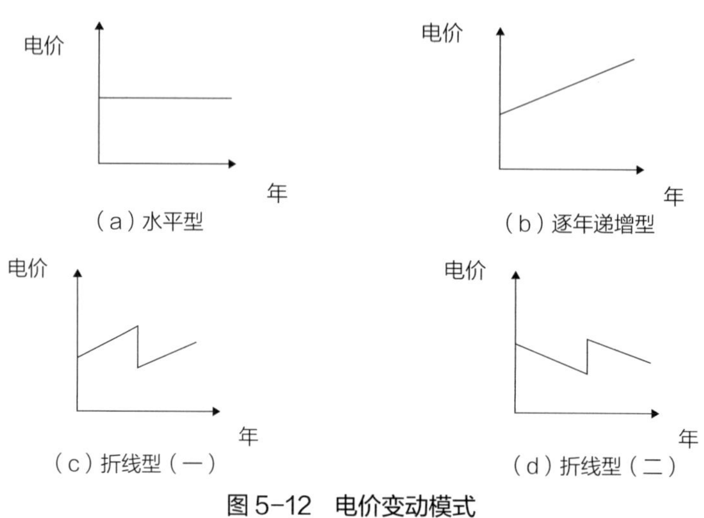

图 5-12　电价变动模式

经过各方的博弈，一种比较折中的方式是折线型的第一种，电价从一个较低的水平逐年上涨，在还款期结束后，电价再降到一定水平，然后再次逐年上涨。这种安排使得项目在还款期的现金流充足，也在一定程度上减小了购电方的资金压力。

3. 购电方和售电方的义务

购电方的义务概括起来就是“根据协议约定，在运行期内，以照付不议或其他方式支付电费”。对于售电方而言，最大的风险就是购电方不能按时足额支付电费的“市场风险”。同样，购电方履行购电义务的前提是售电方必须满足以下条件：①项目已经获得各项政府审批，实现商业运行；②项目的性能指标与协议的约定相符，以上两点也是售电方应履行的售电义务，如未能按照协议约定达成，售电方则可能面临巨额罚款。

4. 输电线路

输电线路的权责归属参见表5-10。

输电线路的权责归属 表 5-10

	购电方承建	项目公司承建，建成后移交给购电方
总投资	不计入总投资	计入总投资
电价	不计入电价	计入电价
运行维护费用	购电方承担	项目公司承担
责任分割	购电方全程承担	移交之前由项目公司承担；移交之后由购电方承担
违约的后果	视为达成商业运行，如因购电方违约导致协议终止，购电方应进行赔偿	移交前，项目公司自行承担；移交后，视为达成商业运行，如因购电方违约导致协议终止，购电方应进行赔偿

无论输电线路由哪方来建设，无论输电线路的所有权和使用权归属如何，项目公司都应在投资谈判前对该互联设施的建设做出客观的评估，对相关互联设施的完工时间进行预估，并在协议谈判中将违约补偿条款进行确定，最大程度地保证互联设施建设完工时间与电站的计划投产时间相匹配。

输电线路可以由项目公司筹资建设，计入项目总投资中，反映在电价中；也可以由购电方作为一个单独的项目另行筹资建设。运行和维护一般都是由国家电力公司负责。项目公司可以在线路建成后即移交，也可以在项目运行期结束后和电厂一起移交。

这里需要特别注意的是无论是由项目公司筹资修建，还是由电力公司另行修建，输电线路的完工时间必须要与电站的预计发电时间相匹配，否则很有可能造成电站已经完工，但是输电线路未完工，项目无法按期发电，易出现双方扯皮的现象。如果输电线路由购电方负责筹资建设，在电站已经竣工和试运行后，由于线路问题导致原本已经具备了发电能力的电站无法将电力输出，这种情况可认为是达到了“视为商业运行日”（Deemed COD）。一旦达到了“视为商业运行日”，购电方应向项目公司按照基本电量支付电费。

5. 政府的保障（Government Guarantee）

不同的国家政府提供的保障形式差异很大。有一些国家，如印尼和泰国，国家电力公司的评级很高、财务状况良好且极少或者完全没有发生过违约支付的记录，因此，由这样的电力公司作为购电方签署的购电协议是能够得到债权人的认可的，所以，东道国政府不会再提供任何形式的对于购电方支付电费的义务的担保。

而在大多数发展中国家，仍然需要政府提供一定形式的保障手段。主要有以下几种方式：

（1）政府（多由财政部代表政府）出具担保函（Letter of Undertaking），承诺如购电方违反其在购电协议项下的支付义务，则项目公司可向政府索赔，由财政部代替购电方向项目公司支付电费；

（2）金融机构为政府开具循环备用信用证，额度覆盖若干月份的电费收入和燃料采购费用等；

（3）政府出具支持函（LOS），保障发生不可抗力事件后承担购电方无法支付电费的风险；

（4）政府签署回购协议，承诺若购电协议提前终止，政府将根据不同的终止原因以不同的成本回购项目。

以上的保障手段既可以单独使用，也可以组合使用。对于项目公司而言，最希望能够争取的是第（1）条。这里所指的担保函，并不是政府为项目公司的还本付息提供的担保，而是政府或政府授权机构（一般为财政部）为购电方的支付义务所提供的间接担保，该担保函的文本将以附件形式在特许经营协议中或购电协议中呈现。债权人针对一些国别的项目进行融资时，获得政府担保函也是实现项目融资的前提条件。担保函关键条款的表述可参考如下：

“The Guarantor hereby irrevocably and unconditionally undertakes and promises to pay to the Project Company any or every sum of money which is due and owned by the Off-taker to the Project Company under the terms of the Power Purchase Agreements that the Off-taker has failed to pay in accordance with the terms of the Power Purchase Agreements.”

以上的政府保障措施可以增强项目的可融资性（Bankability），提振投资人、债权人和保险人的信心；缓释项目的市场风险和政策风险；为项目公司增信和降低项目融资成本等。但同时需要指出，项目公司和投资人也不可盲目迷信政府担保，因为有的国家政府担保也出现过不履行、不兑付的情况，所以即使获得了政府担保，也仍然需要全面设计风险缓释措施，在协议中争取额外的保障，如设立电费支付准备金等，同时需要投保政治险，一旦政府不履行政府担保，可启动政治保险。

6. 电费币种和汇率

确认项目的电价主要有两种方法，第一种是基于“成本加成”的电价模式，即基于项目的实际成本、运行期成本和预期回报率而计算得出的电价水平；第二种是基于“标杆电价”的电价模式。标杆电价是指电力项目主管机构根据不同行业不同规模的项目的平均造价而制定的电价，发电商应无条件接受。因此，在标杆电价模式下，发电商能够做的就是降低项目建设和运行成本、提高管理水平和效率，进而提高收益水平。

为了减小汇率风险，发电商会在购电协议中要求电费的结算币种与还本付息币种一致，即多以美元作为计价和支付币种。对于一些发展中国家而言，国家的外汇储备有限，无法直接支付大额的美元形式的电费，则会提出“美元计价、部分美元支付、部分当地币支付、按即时汇率结算”“当地币计价、当地币支付”“美元计价、当地币支付、锁定汇率”或“美元计价、当地币支付、按即时汇率结算”等形式。为防范汇率风险，在此建议发电商一定要守住美元计价的底线或将汇率变动因素计入电价调价公式，如购电方坚持以当地币支付，则必须约定清楚汇率条款，以免双方因为汇率问题扯皮造成违约。同时，应在特许经营协议和购电协议中约定项目公司和股东有兑换外币和汇出外币的权利，规避汇兑风险。

7. 不可抗力

购电协议中的不可抗力与特许经营协议中的不可抗力的内容基本相同。当发生政治不可抗力时，由购电方向项目公司进行补偿，如购电方无法履行补偿义务，则启动政府担保机制和引用特许经营协议条款，由东道国政府根据特许经营协议中的政治不可抗力的处置方式进行补偿。如购电方和东道国政府未按相关协议履行义务则会触犯政治险项下的政府违约条款，可启动政治险的赔付。

当发生非政治不可抗力时，将视具体情况而定。如不可抗力影响的是输电线路，而输电线路为购电方拥有和运行的情况下，将视为电站继续可用，购电方应继续按照容量电价支付电费。如不可抗力影响的是电站本身，致使电站无法正常供电，那么项目公司将免除履行正常供电义务，但购电方也无须继续支付容量电价，由此产生的损失可以通过投保商业保险的方式覆盖。在运行期，项目公司投保的财产险（Property Insurance）可以补偿修复电站的费用；收入损失险（Loss of Revenue Insurance）可以补偿电站在无法正常发电期间损失的现金流。

8. 生效和终止

购电协议的生效与终止和特许经营协议的生效与终止是相关联的。购电协议规定了一系列的协议生效的前提条件，主要包括协议双方应获得各自所在国的政府的审批，贷款协议和EPC合同等重要项目文件签署，提交保函（或有）和特许经营协议生效等。若特许经营协议提前终止，那么相当于项目公司失去了特许经营项目的权利，因此购电协议也应相应终止。在此需要特别注意不同协议之间的关联关系。不同的国家对各个协议的生效和终止条件要求不同，但是一定要注意各个协议之间交叉引用的逻辑关系，避免出现“互为前提”的情况。

工作节点 5.4　协议谈判原则

Principles of Negotiation

5.4.1　平等、共赢是长远发展之道

投资协议与其他项目下的合同一样，都是一种文本安排，体现了协议各签署方的权利和义务，也反映了一种风险分配机制。在争取合理利益的同时，也应注意协议双方是否平衡地分担了各项风险，不要试图签订一个不平等条约，因为特许经营项目不是一锤子买卖，而是各相关方长达几十年的合作关系，因此只有各方的利益相对平衡，各取所需才能合作长久。

5.4.2　各协议之间的衔接

不能将每一个协议孤立的来看，他们是有机的整体，合同机制是贯通的，风险是传导的。以特许经营协议为核心，其优先级别最高，将各协议相互关联起来，将土地出租方、购电方等违约都尽量与政府违约挂钩。关注项目与外界的界面，要求界限清晰，责任明确，如送出工程、计量系统、与电网连接的通信系统和保护系统的协同，要明晰所有权和权责归属。

5.4.3　自始至终将可融资性放在首位

从最开始的尽调、商业架构设计到协议谈判，必须始终关注项目的可融资性，所有的工作都是要为能够融到资金这个目标服务的，否则，签得再完美的协议都是失败的。例如，在某些国家开展项目，如债权人认为必须取得政府担保才能够融

资，那么如果未在协议中就政府担保事项作出明确约定，后续的融资工作将成为一项不可能完成的任务。

5.4.4 充分重视前期尽职调查及投资架构设计

在尽职调查中暴露出来的风险要如何规避和分担，在投资结构的设计中，对税收、股权变更的各种诉求如何满足都要通过签署协议的方式固化。

5.4.5 具有法律态度

所谓的协议谈判，其实主要是在谈“What if”的状况，“What will happen if it goes wrong?”一直谨记这一点是非常重要的。在协议谈判期间，协议双方还属于蜜月期，有些敏感问题往往不好意思当面讲清楚，总是觉得不可能发生或者等发生的时候再说，可是如果前面不说清楚，后面就更容易发生矛盾。例如，如果项目公司由社会资本方和代表东道国政府的企业共同出资设立，那么双方应就资本金出资的比例、出资计划和如未按时出资的处理方式等内容达成一致，在项目执行过程中如果政府方未能按时出资，项目公司有权要求稀释政府方股份。可是如果在协议谈判阶段，社会资本方处于相对弱势地位，同时也忽视了明确出资进度计划和稀释股份等内容，那么后面就会出现多次催促注资无果，社会资本方又无法轻易稀释对方股份的情况，处于进退两难的境地。因此，我们说所有的协议通篇都在谈“What if”，关注的是“如果不”发生的情况，即使这种情况发生的可能性只有万分之一。

5.4.6 不要试图寻找正确答案，取最优解

协议条款的达成，无所谓对错，只有是否合适。谈判的结果是为了寻找解决问题的方法或达成观念的一致，而这两种结果的目的都是为了给协议双方创造价值。谈判是一个博弈和妥协的过程，我们放弃了这个方面的利益，很有可能是为了在另一方面获得更大的利益，如果没有全程参与，如果没有站在全局去思考问题，很容易会执着于某一点的得失。因此，在谈判过程中，要统筹考虑，必要时为争取己方最关注的核心利益而在其他方面果断做出让步。

5.4.7 每一个项目都是“非标”

世界上没有两片相同的叶子，也没有两个相同的项目。所以，前人的案例可以借鉴，文本可以参考，但是不能生搬硬套，即使是标准条款也要仔细考虑是否适合自己的项目。因此，要根据项目的实际情况量身定做适用于自己项目的条款，这是很大的挑战，但是不断发现问题和解决问题也正是从事投资协议洽谈与签订工作的魅力所在。

5.4.8 功夫在谈判外

特许经营协议和购电协议是整个项目开发的纲领性文件，涉及商务、法律、财务和技术等项目开发的方方面面。因此，协议谈判并不仅仅是律师的工作，这需要商务、技术和法律等各个专业人员的通力合作。

商谈和签署协议只是万里长征的第一步，真正的挑战在于项目执行团队能否按照协议的条款执行，如果协议签署完毕就被锁在抽屉里，只有当出现问题时才拿出来看一眼的话，那么签得再好的协议都没有意义。在一些公司中，往往商谈协议的人和执行协议的人归属于不同的团队，那么谈判团队如何向执行团队交底也是需要重点关注的问题。

工作节点 5.5 项目开发过程中的协议安排

Agreements Schedule

5.5.1 概述

项目的开发过程中涉及众多协议和文件，有的是项目发展到某一阶段需要新签的文件，有的则是对先前阶段所签订的文件的深入和细化，因此不同阶段的协议之间签约主体的变化、内容的承继、生效和终止时间的衔接都是需要重点关注的内容。由于项目所处的国家不同，所属行业不同，投资方式不同，因此每一个项目所涉及的协议和文件都有其特定性，以境外特许经营的电力项目为例，将项目的整个开发进程分为信息寻源、评估和立项、尽职调查或投标、可行性研究、协议谈判、融资期、建设期和运行期等八个阶段，图5-13表示的是每个阶段需要签订的协议和主要文件。本节将重点介绍在项目开发前期阶段所涉及的协议，主要包括：保密协议、谅解备忘录、框架协议、股权买卖协议和股东协议等。

	信息寻源	评估和立项	尽职调查、投标	可行性研究阶段	协议谈判	融资期	建设期	运行期	
								还款期	非还款期
保密协议（社会资本方和合作伙伴）									
谅解备忘录（社会资本方和合作伙伴）									
谅解备忘录（社会资本方和与政府方）									
股权买卖协议（社会资本方和合作伙伴）									
股东协议（社会资本方和合作伙伴）									
框架协议（项目公司/社会资本方和政府方）									
特许经营协议（项目公司和政府方）									
购电协议（项目公司和电力公司）									
EPC合同（项目公司和EPC承包商）									
运行维护合同（项目公司与O&M承包商）									
融资Term Sheet（贷款银行和项目公司）									
融资文件（贷款银行和项目公司及其他）									
海外投资保险保单（信保公司出具给中资的社会资本方）									
商业险保单（商业保险机构出具给项目公司）									

图5-13　项目开发过程中的协议安排

注：深色表示签字未生效，浅色表示生效

5.5.2　保密协议

一般情况下，保密协议是从事项目开发工作所接触的第一份协议。对于商务人员而言，保密协议作为其最熟悉的协议，也是最容易被忽视的协议。因为很多人认为保密协议有几乎固定的模板，而且即使发现泄密也很难取证追责，签署保密协议只不过是为了获取信息的一个形式化的程序而已。实则不然，保密协议的目的是约束保密信息的使用范围和用途。一旦发生违约，不仅是交易失败，违约方就对方损失进行赔付，更麻烦的是发生诉讼将耗费双方很大的精力和财力。

保密协议（Confidentiality Agreement 或 Non-disclosure Agreement，NDA），其保密义务可以分为单向和多向。单向即协议的双方一方为信息披露方（Disclosing Party），另一方为信息接收方（Receiving Party）；双向即协议的双方互为信息披露方和信息接收方。因此，在商谈保密协议时，应首先明确自己的角色。作为信息披露方，希望保密信息的范围越宽越好，保密期限越长越好，违约和赔付条款越严格越好；而作为信息接收方则相反。

在项目开发前期，社会资本方与项目的原始开发商或者东道国政府签署保密协议以获得项目信息，在此，社会资本方作为协议中的信息接收方。同时，社会资本方也与第三方咨询机构（如律师事务所、会计师事务所和技术咨询单位等）签署保密协议以释放项目信息供咨询机构研究和提供咨询意见，在此，社会资本方作为协议中的信息披露方。社会资本方应尽量将上述两份协议的责任与义务范围、保密期限等设置背靠背条款以减小自身的违约风险。

5.5.3 谅解备忘录

谅解备忘录（Memorandum of Understanding，MOU）。谅解备忘录主要分为两类：第一类是指由社会资本方与合作伙伴（多为原始开发商）所签订的用于陈述项目的现状、约定双方的未来合作方式（包括是否成立项目公司，双方作为股东在项目公司的股份比例、责任和义务等）和项目开发进度安排等的文件。该备忘录中达成的原则将成为未来签署股东协议的基础，股东协议将会是备忘录中某些合作原则的确认和细化，一般会设置为股东协议签署并生效后，该备忘录将自动终止；第二类是指由社会资本方与东道国政府所签署的用于说明双方对项目开发所达成的某种程度的理解，陈述某些事实和对项目未来进一步开发的某些安排等。该备忘录中达成的原则将会成为未来框架协议（或项目开发协议）的基础，框架协议（或项目开发协议）将会是备忘录中某些合作原则的确认和细化，一般会设置为框架协议（或项目开发协议）签署并生效后，该备忘录将自动终止。

关于备忘录是否具有法律约束力的问题，法律界有很多有意义的探讨。编者认为，备忘录可分为无法律效力、部分条款具有法律效力和全部具有法律效力三种。备忘录是否具有法律效力不是根据其是否叫作“备忘录”决定的，而是应由其具体条款的内容而定。如果备忘录中约定了双方的责任与义务，双方愿意承诺履行约定并同意承担相应的后果，则可以理解为该备忘录具有法律效力。因此，在商谈备忘录时不应认为其无法律效力而放松了对条款内容的把控。而且，一旦已经写入备忘录，以后想要在后续替代协议中争取对己方更为有利的条款将会比较困难。

备忘录中应争取尽量设置排他性条款（Exclusivity），即在一定期限内，除非另一方同意，备忘录中的一方或双方不得与任何第三方就备忘录中的工作范围展开合作。排他期可与备忘录有效期一致或另行约定。排他条款是投资协议中比较重要的条款，站在投资人角度，在后续协议中也应尽量争取该条款，可参考如下表述：

“The Parties hereby agree with each other that，for a period of sixty（60）days from the date of this MOU（‘Exclusivity Period’），they will not，either themselves or by or through any subsidiary company or agent，directly or indirectly，participate in any discussions with any other person for，or supply information which may lead to，the conclusion of transaction similar to the transactions contemplated therein.”

5.5.4　框架协议/项目开发协议

框架协议或项目开发协议（Framework Agreement，Heads of Agreement或Project Development Agreement）。该协议一般由社会资本方与东道国政府签署，随着项目开发进程的发展，双方需要根据实际情况，对原MOU中约定的责任义务、关键里程碑和下一步工作时间表等进行进一步补充、重新约定或修改等。该协议的签署将取代MOU，后续的特许经营协议签署后，该协议将终止。

5.5.5　股份买卖协议

股份买卖协议（Share Purchase Agreement，SPA）。如果在投资人准备进入该项目时，已经有原始开发商成立了公司并以该公司名义得到了项目开发的某些初步许可，则投资人可考虑购买原始开发商在该公司的全部或部分股份，仍然以该公司为主体进一步获得项目开发所需的各项许可。股份买卖协议是前期交易文件中最核心的文件，该协议涉及的交易金额往往巨大，所以应注意通过设置科学严谨的条款保证交易双方的资金安全。

股份买卖协议中应注意对交易资金支付方式的控制。出资的形式和支付方式是商业行为，由交易双方自行约定。常见的交易方式是现金支付，由买方一次性支付或分阶段支付。无论是何种方式支付，仍建议设置托管账户（Escrow Account），托管买方支付的股权收购款。同时设置交割期限，在交割期限内，如双方满足协议规定的交割条件，托管人（Escrow Agent）将托管账户上的资金转至卖方，进而完成交割（Completion）。如在交割期限内，双方无法满足交割条件，则协议终止，交易失败。

5.5.6 股东协议

当投资人与其他方共同成立项目公司或投资人从原始开发商手中购买了项目公司的股份，与其他方共同成为项目公司的股东时，只要项目公司拥有不止一个股东时，所有股东应签署股东协议（Shareholders Agreement，SHA）。股东协议规范和界定的是股东之间、股东与公司之间、股东与董事会、管理层之间的权利义务关系；对公司的设立、出资、股权转让、公司治理结构、分红机制和公司章程等进行约定。股东协议是股东之间约定权利义务、公司业务范围和公司治理方式的纲领性文件。

项目成功的原因只有一个，那就是各利益相关方按照合同约定通力合作，履行各自在协议项下的责任和义务，实现各个协议之间，各个相关方之间的无缝连接。反之，项目失败的原因有很多，其中最主要也是最常见的原因之一就是项目公司的股东方之间存在难以解决的内部矛盾，无法一致对外。因此，需要我们在商谈股东协议时，应尽可能权衡各方利益，公平合理地设置条款，尽量提前考虑到未来公司经营中可能遇到的问题并寻找解决方案。

项目公司中各股东的出资金额将根据项目的总投资金额、债股比和股东持股比例确定。例如，对于电力投资项目而言，项目的建设资金主要来自于两部分，即项目公司股东的资本金和项目公司为借款主体的借款。一般情况下，资本金占总投资的20%~30%，贷款占总投资的70%~80%。股东协议规定各股东应按照协议约定的节点注入资本金（Equity Contribution），如果任何一方无法履行注资义务，其所持股份将被稀释，可参考如下表述：

“Unless otherwise mutually agreed by the Shareholders, the Shareholders agree to, from time to time and by any reason whatsoever including, but not limited to, any increasing or decreasing of the capital of the Project Company, maintain their Shareholding Ratio. However, for the avoidance of doubt, should any Shareholder does not make its equity contribution, its shareholding percentage will be diluted.”

当项目出现超支时，股东有义务按照股比追加投资（Funding for Cost Overrun），具体操作方式可参考如下：

“If the total actual required project cost is greater than the Project's Investment Projection, each of Shareholders shall also make additional equity injection in accordance with the following formula:

$$ACsh=(TEIsh/TEI)\times ACCO$$

Acsh：additional capital need to be injected by such Shareholder due to cost overrun.

TEIsh：total equity already injected by such Shareholder into the Company.

TEI：total equity already injected by all Shareholders into the Company.

ACCO：total additional capital needed due to cost overrun.”

商谈股东协议时，应注意合并会计报表（Accounting Consolidation）的问题。以电力投资项目为例，项目建成后所形成的资产规模巨大，并且有持续、稳定和充足的现金流，因此，项目公司的股东，尤其是该股东本身为上市公司就有着比较强烈的合并报表的诉求。需要注意的是，是否能够合并报表并不是仅仅根据股东在项目公司是否绝对控股决定的，而是以控制权作为标准判定是否可以合并报表。根据2014年2月17日发布的《关于印发修订〈企业会计准则第33号——合并财务报表〉的通知》（财会〔2014〕10号）：“控制是指投资方拥有对被投资方的权力，通过参与被投资方的相关活动而享有可变回报，并且有能力运用对被投资方的权力影响其回报金额。”例如，如果A公司持有B公司51%的股份，但是B公司的股东协议和公司章程表明，该公司的重大决策需要持三分之二以上股份的股东同意才可通过，则可能会判定A公司不具有对B公司的控制权，无法将B公司并表。但是，会计准则规定的实际控制的标准有一定的自由裁量权，在具体项目中，不仅要考虑反映的经济实质和实行的会计准则要求，又要视企业的具体情况而定，因此该条款的内容应由企业财务人员、会计师事务所和律师共同把关和确认。

工作节点 5.6　总结回顾

Summary

总结专业任务5　投资协议洽谈与签订，我们强调，这是一项复杂和系统的工作，应理清和把握其内在的横向和纵向的逻辑关系。横向逻辑关系是指作为投资协议核心文件的特许经营协议、购电协议与其他重要的项目文件之间的关系。例如，融资协议中约定的需要项目公司作为借款人完成的融资条件不得突破特许经营协议中项目公司向政府方承诺做到的融资要求；EPC合同和运行维护合同中EPC承包商和运维商需要使电站达到的性能指标不得低于购电协议中约定的技术参数；股东协议中的项目公司的业务范围不得超出特许经营协议中约定的项目公司的特许经营权等。纵向逻辑关系是指投资协议在时间顺序上是逐渐演化而来的，特许经营协议是在社会资本方与东道国政府的MOU和框架协议的基础上逐渐深入和细化的；股东协议是在社会资本方和合作伙伴的MOU的基础上发展而来的。

理清了协议之间的逻辑关系更有利于我们把握协议内容之间的交叉引用，使整个协议群形成一个有机的整体，保证投资人的利益和项目的顺利推进。同时，既然协议的洽谈与签订是一项如此复杂的工作，那么就需要商务、技术、财务、税务和法律等相关专业的人员的全力参与，因此团队合作显得尤为重要。

练习题（Case Study）

1. 什么是“单一制电价”和“两部制电价”？
2. “政府担保”的类型有哪些？
3. 争端解决方式有哪些？

专业任务 6

投资项目国内和国外政府审批

Domestic and Overseas Permittings

导读

中国企业"走出去"，开展国际工程投资时，经常被提到"国际工程投资项目三曲合一"，即：政府、金融保险、企业三曲合一才能奏出和谐雄壮的乐章。参见图6-1，我们始终强调从项目机会研判开始，企业内部业务决策流程、项目政府报批以及项目资金解决的融资保险，这三条主线的关系相互关联、三管齐下、缺一不可，需要共同推进。围绕主线识别并关注各干系人的核心关切、项目风险识别和缓释措施，三条主线的工作要控制好，做到三管齐下、并驾齐驱。

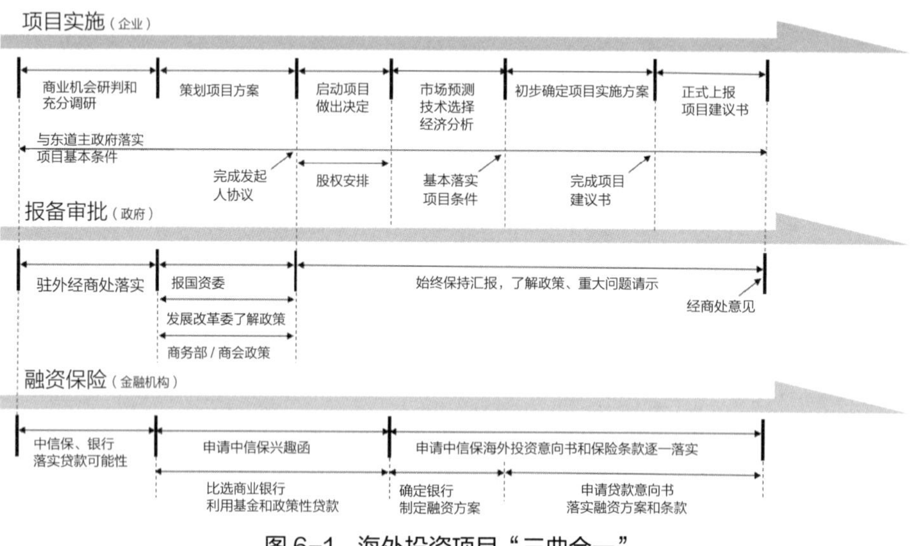

图6-1　海外投资项目"三曲合一"

在BOT项目中，国际惯例和做法是通过颁布的法规、规定和流程规范本国企业对外投资以及控制管理外商在本国的投资经营。本专业任务将重点介绍"中国国内和项目东道国的政府审批活动"在"走出去"的国际工程投资项目中的重要作用，并通过以一些已完成项目的经历和经验，来梳理可以借鉴和参考的一般性的工作程序和流程，具体还需根据项目的实际条件和情况以及中国和项目东道国实时的政策法规等来具体操作。

本专业任务阐述的程序，主要内容包括：中国政府相关审批要求、报批程序以及东道国政府的审批和程序。通过介绍中国政府和金融保险机构对外投资的规定和审批核准要求。重点提示企业：

（1）能否出去?

（2）怎样出去?

（3）出去怎样做?

（4）出去哪些不能做?

……

同时也要简要介绍东道国政府控制管理外商在本国投资经营的法规法律，解决企业在进入东道国时：

（1）能否进来?

（2）怎样进来?

（3）进来必须做什么?

（4）哪些不允许做的?

……

工作节点 6.1 中国政府相关审批要求及报批程序

Requirements for Domestic Permittings

我国的境外投资监管体系目前尚处于不断发展和完善的过程中，中国企业“走出去”的国际工程投资项目，必须要获得国内发展改革委、商务部、外汇管理局的核准、备案或登记。即获取：

（1）发展改革委的核准或备案通知书；

（2）商务部的《企业境外投资证书》；

（3）外管局的备案登记。

同时，央企对外投资必须首先得到上级监管部门国资委的核准。同时，为项目融资贷款必须得到金融保险机构的审核和支持。具体参见图6-2。

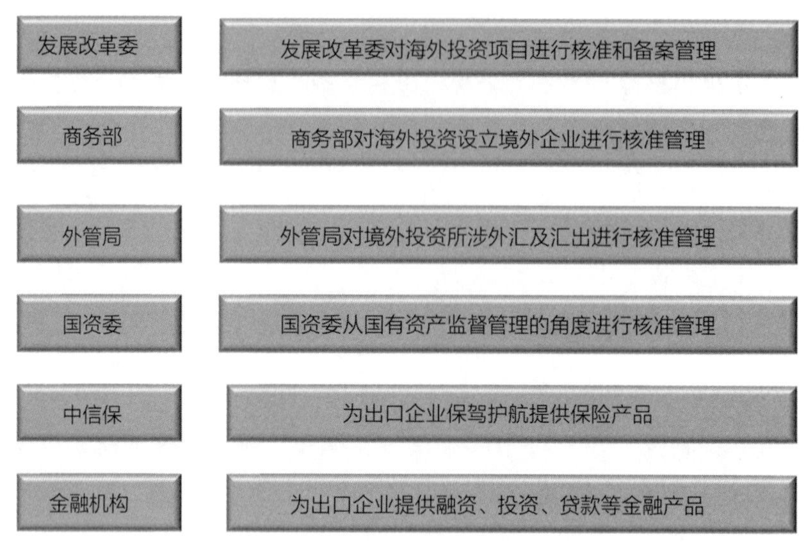

图 6-2 金融保险机构在项目中的职能

企业在进行BOT、PPP项目前期运作时，主要和图6-2中的主管部门密切联系并获得支持。各部门对不同投资项目、投资金额规定了不同的受理级别（具体在项目操作时，需要适时核实最新的相关政策更新和文件），但总体趋势是审批权限逐渐下放，而过程管理日趋严格。

6.1.1 相关理论与原则

（1）中国的外汇管制正在逐步减少，但是中国企业对外投资必须得到政府相关部门的审批；

（2）主要部门的审批程序包括：

核准：涉及敏感国家和地区、敏感行业的项目（每个部门根据主管行业核准的内容不同）；

备案：非敏感性项目；

登记：境内向境外汇出300万美元以上或超过中方投资总额15%以上的项目；

（3）要与发展改革委、商务部、外管局三个主要部门以及国资委、海关、税务、证监会主管部门的所属机构保持沟通畅通，对项目涉及的敏感事项、项目重要节点、重要推进、关键事件要主动、及时向政策主管部门汇报；

（4）要严格执行国家有关规定，杜绝先斩后奏和企业倒逼行为。

6.1.2　我国政府对境外投资的政策和法规

截至当前，我国相关政府发布的涉及对境外投资的政策和法规，主要包括：

（1）国家发展改革委2017年12月26日颁布11号令《企业境外投资管理办法》（以下称“新办法”）；

（2）商务部2014年9月6日颁布《境外投资管理办法》；

2015年9月6日颁布296号文《境外经济贸易合作区考核办法》的通知；

2017年10月26日商务部办公厅关于《对外投资合作“双随机—公开”监管工作细则（试行）》的通知；

（3）财政部2017年6月12日颁布24号文《关于印发国有企业境外投资财务管理办法》的通知；

（4）国资委2017年1月18日第35号令《中央企业境外投资监督管理办法》；

（5）银监会2017年1月25日（银监发1号）《关于规范银行业服务企业走出去加强风险防控的指导意见》；

（6）外管局2017年4月27日（汇发3号）《关于进一步推进外汇管理改革完善真实合规性审核的通知》；

（7）发展改革委、商务部、人行、外交部2017年8月18日（国办发74号）《关于进一步引导和规范境外投资方向指导意见的通知》；

（8）发展改革委、商务部、人行、外交部、全国工商联于2017年12月18日颁布2050号《民营企业境外投资经营行为规范》；

（9）商务部、人民银行、国资委、银监会、证监会、保监会、外汇局2018年1月18日发布《关于印发〈对外投资备案（核准）报告暂行办法〉的通知》（商合发〔2018〕24号）；

（10）税务、海关等的管理规定，证监会对上市公司的管理规定，企业相关主管行业（交通部、工信部、国土资源部等）的管理规定。

发展改革委发布11号令《企业境外投资管理办法》于2018年3月1日执行。根据法律，中国企业去境外投资，必须认真学习以上文件，在相关主管部门法律法规指导下开展工作。考虑到审批的过程较长，企业可提前与主管部门进行充分和深入沟通，并根据要求，在汇报和沟通的同时准备好内部拟对外投资的各种基础材料。

6.1.3 需要完成以下核准、备案、审批（主要）工作

中国企业开展国际工程投资时，需完成以下核准、备案、审批（主要）工作：

（1）国资委核准、备案；

（2）国家发展改革委核准、备案；

（3）商务部核准：《企业境外投资证书》；

（4）外管局核准、备案。

在开展上述工作时，通常需要准备一些必要的商业合同或带政策性的商业合同：

（1）出口信用保险海外投资保险兴趣函、意向书、保单；

（2）出口信用保险公司承保合同；

（3）商业保险公司完工险担保；

（4）商业银行的贷款兴趣函、意向书、合同。

在执行BOT、PPP项目时，要落实我国政府对境外投资的政策和法规，这些工作和国外审批工作相辅相成、相互推进。为缩短审批时间，多项工作可以同时进行，但要切记不能碰红线，审批未完成，投资者不得签署任何具有最终法律效力的文件。

工作节点 6.2 开展中国政府相关审批之前的准备要求

Initiatives for Domestic Permittings

中资企业开展国际工程投资，在进行相关核准、备案、审批工作时，通常需要准备一些必要的商业合同或带政策性的商业合同，在此对相关保险和金融机构的工作重点和流程做些介绍。

6.2.1 保险机构：为出口企业保驾护航提供保险产品

中国出口信用保险公司适用于中资企业开展国际工程投资项目的一般工作流程参见图6-3。

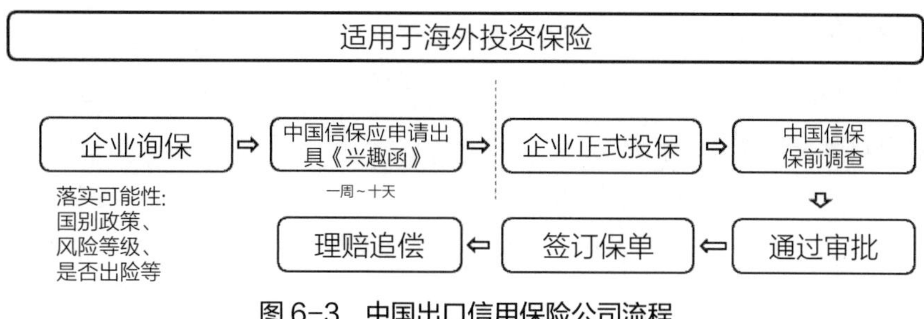

图6-3　中国出口信用保险公司流程

中资银行对海外投资项目贷款一般要求借款方投保中信保海外投资保险，以保证贷款资金安全，BOT项目的项目融资第一步即投海外投资保险。

中信保每年发布《国家风险分析报告》，从“政治风险”“经济风险”“商业环境风险”和“法律风险”四个维度，深度分析与我国经贸往来密切的重点国别，以及51个国际产能合作重点国别的国家风险，并给出相关政策建议。

中国信保还自主研发全球192个国家的国家风险评级和主权信用风险评级，国家风险评级划分为1~9级（共9级），风险水平依次升高。

中资企业在开展国际工程投资时，要主动征询中信保的意见，提前了解国别政策、分析国别风险、风险等级、已承保项目动态、是否出险等，其目的是根据中信保的政策和专业经验及时帮助企业判断落实承保可能性和项目推进的可能性。

保险机构审批与申请企业各节点相对应的一般工作流程参见图6-4。

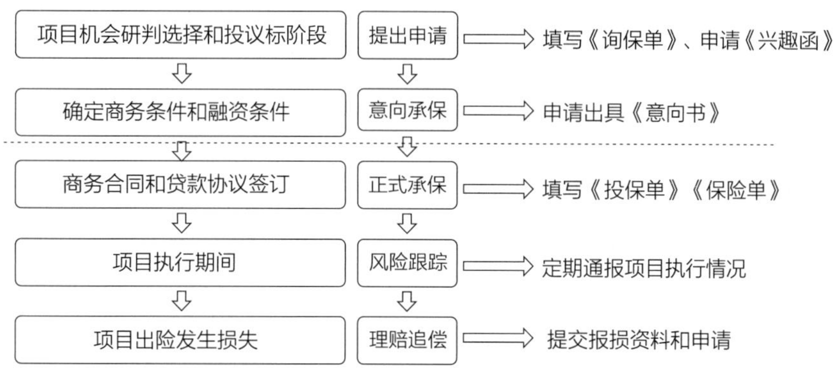

图6-4　保险机构审批与申请企业各节点对应的一般工作流程

下面具体阐述一般情况下，出口信用保险公司的工作程序及需提交的文件：

（1）申请兴趣函：

1）询保单；

2）营业执照；

3）项目基本情况；

4）经商处意见或支持函（初步）；

5）项目相关各方的意见（发展改革委、商务部、国资委等上级单位）。

通常时间节点为：

第一步，电话询保：与对口业务部门（国家、地区、险种等）了解国别政策、风险等级、是否出险等信息，评估项目可能性；信保指导：根据国家风险评级、主权信用风险评级以及信保多年的实际经验提供指导；判断分析：根据信保提出的问题进行判断分析，如：保险规模、在建项目执行情况、已出保单、出现欠款停止贷款、考虑双边关系、战略地位等；调研落实：继续调研落实，识别风险并提出规避风险的主要策略。

第二步，递交询保单申请兴趣函。

（2）申请意向书（收费）：

1）申请企业的资审文件；

2）申请企业上级批准文件；

3）项目建议书或可行性研究报告；

4）项目所在国政府的批准文件；

5）与项目所在国相关方签署的相关协议；

6）项目合作方资审文件和财务报表；

7）中国政府部门的批准文件；

8）项目融资贷款和投资方案；

9）与银行融资贷款的意向性文件；

10）项目所在国家相关法律法规；

11）第三方尽职调查报告。

（3）申请投保及保单生效

承保合同及银行融资贷款合同。

中信保审批流程：

第一步，投保方提交发展改革委备案（或核准）回执、签署的EPC合同协议、银行贷款主要条件（Term Sheet），完成可研报告；

第二步，材料齐备后，中信保开展内部审批（约需要3个月左右）；

第三步，中信保上报财政部审批（3亿美元以上合同）。

财政部审批流程：

第一步，财政部审核中信保保单承保方案并批复（3亿美金以下合同）；

第二步，征求有关部委意见并上报国务院办公厅（国办）审批，国办批复给财政部；

第三步，财政部批复后回函至中信保。

根据以往经验，企业与中信保要尽早接触，提供全方位信息，必要时邀请他们参与项目谈判，通过密切沟通缩短审批流程。同时推进其他待批文件，获得银行贷款意向函及框架性合作协议、投资协议、贷款协议、CA、PPA谈判及申请发展改革委、商务部备案等可以交叉进行。

6.2.2 金融机构审核：为出口企业提供融资、投资、贷款等金融产品

国内金融机构可以为中国企业的海外项目提供融资、投资、贷款等金融产品，一般银行审批工作流程参见图6-5。

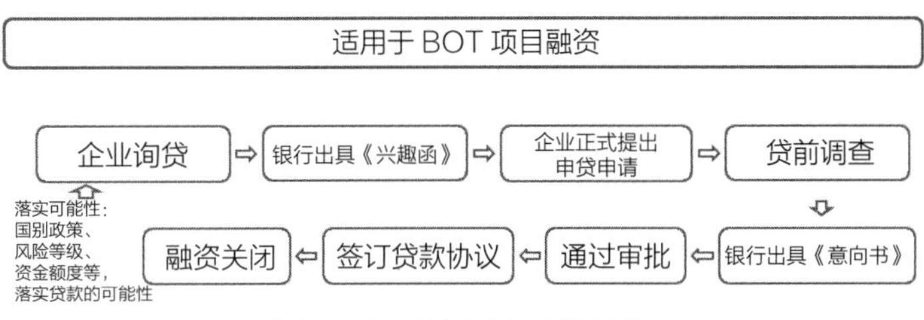

图6-5 银行工作审批流程

可以通过电话口头询贷或上门拜访，对多家银行、多种信贷架构进行比选，向多家银行出具兴趣函。

金融机构银行工作程序和文件提交：

（1）申请兴趣函：

1）贷款申请书；

2）申请单位的资审情况；

3）项目基本情况；

4）经商处意见或支持函；

5）项目相关各方的意见；

6）信保海外投资兴趣函。

在申请兴趣函时，如已有以下文件可以提交：

1）经商处意见或支持函（初步）；

2）项目相关各方的意见（发展改革委、商务部、国资委等上级单位）；

3）中信保兴趣函。

（2）申请贷款意向书：

1）贷款申请及方案；

2）我国及项目所在国政府对投资项目的批准文件；

3）国家发展改革委核准项目建议书和可行性研究报告；

4）商务部、国资委批准意见；

5）经商处意见或支持函；

6）项目相关各方的意见；

7）信保海外投资意向书；

8）利用政府优惠政策贷款的双边协议或文件；

9）申请各类基金的意向性文件；

10）申请单位的资审情况；

11）工程总承包建设合同的草签合同（EPC）；

12）还款担保意向书；

13）完工险意向书。

注：关于项目完工风险，在BOT、PPP项目中，合同的绝大部分资金用在EPC合同上，因此项目公司和融资机构普遍要求项目建设采用EPC总包方式，以便把项目成功与失败的责任转移给EPC总承包商，项目的完工风险落到EPC总承包商身上，从而降低BOT项目建设质量和进度的风险。因此控制好项目完工风险，是控制BOT项目风险的主要部分，其中包括建设风险、工期风险、试运行风险等。

贷款意向书的用途仅限于向中外双方各部门说明：经初步调研项目有可行性，银行有意向贷款，项目需要继续进行可行性研究，银行进行评估，此意向书属过程性文件且有时效性。

工作节点 6.3　中国政府相关审批的报批流程

Domestic Permitting Procedures

6.3.1　国资委审批：国资委从国有资产监督管理的角度进行核准管理

1. 国资委审批的范围和权限

《中央企业境外投资监督管理办法》（国资委35号令，简称“35号令”）规定，央企的海外投资实行负面清单管理制度，由国资委公布负面清单，属于负面清单的项目分禁止类和监管类（35号令同时要求央企在国资委负面清单的基础上根据自身实际情况制订企业自己更严格的负面清单）。凡负面清单上的禁止类项目，央企不得投资，监管类项目须在报国资委审核后，央企才能投资。35号令规定，负面清单以外的项目，“由中央企业按照企业发展战略和规划自主决策”，但实践中，此类项目央企也要向国资委报告。因此，国资委在对企业的海外投资管理上，分为核准和报告两种类型。

（1）需要报国资委报告的项目一般有：

1）列入央企年度境外投资计划的主业重点投资项目；企业拟投资项目要纳入年度境外投资计划；

2）未列入中央企业年度境外投资计划，需要追加的主业重点投资项目；

3）国资委对境外投资项目有异议的，应当及时向企业出具书面意见；

4）对于未列入中央企业年度境外投资计划，需要追加的主业重点投资项目，如国资委对项目有异议的，应当在20个工作日内向企业出具书面意见。

（2）需要报国资委核准的项目一般有：

1）境外非主业投资：根据35号令规定，中央企业原则上不得在境外从事非主业投资，有特殊原因确需开展非主业投资的，应当报送国资委审核把关，并通过与具有相关主业优势的中央企业合作的方式开展。主业是指由中央企业发展战略和规划确定并经国资委确认公布的企业主要经营业务；非主业是指主业以外的其他经营业务。

2）负面清单：

特别监管类项目，应当报国资委核准，应报送如下材料：

①开展项目投资的报告；

②企业有关决策文件；

③项目可行性研究报告、尽职调查等相关文件；

④项目融资方案；

⑤项目风险防范报告；

⑥其他必要的材料。

对于核准类项目，国资委在20个工作日内出具书面核准意见。

3）禁止类项目绝对不能涉及。

2. 规定强调的重点

（1）企业在准备开展对外投资阶段，应提前将项目列入年度境外投资计划并报国资委；

（2）根据国家负面清单制定本企业更加严格具体的境外投资项目负面清单；

（3）其中境外重大投资项目要求委托第三方进行决策前的风险评估：境外重大投资项目是指中央企业按照本企业章程及投资管理制度规定，由董事会研究决定的境外投资项目；

（4）企业向政府有关部门申报海外投资项目需抄报国资委；

（5）企业签署具有法律效力的文件前应报国资委批准。

以上内容参见图6-6。

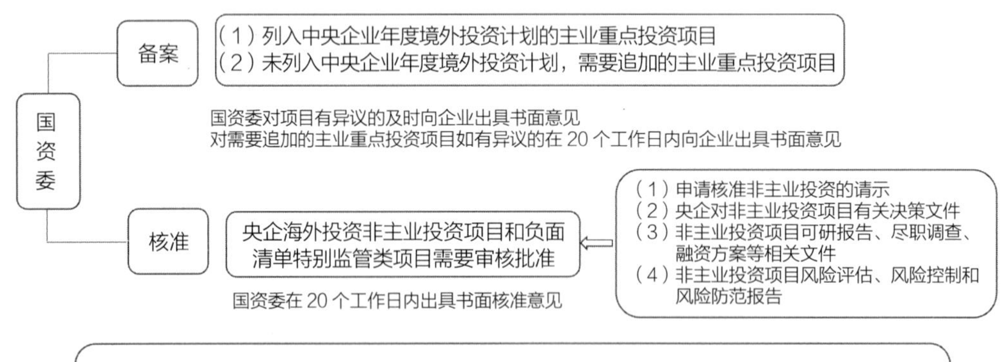

图6-6　国资委规定

6.3.2 发展改革委审批：发展改革委对海外投资项目进行核准和备案管理

中国国家发展改革委在国务院规定的职责范围内，是履行境外投资主管部门，对境外投资进行宏观指导、综合服务和全程监管。发展改革委是境外投资审核的一个关键性部门，在未取得发展改革委的核准之前，中国投资者原则上不得签署任何具有最终法律效力的文件；未经其核准，其他机关均不得办理与境外投资相关的任何手续。

2017年8月18日，《关于进一步引导和规范境外投资方向的指导意见》（国办发〔2017〕74号），是海外投资的指导性文件，同年11月发展改革委出台征求意见稿，一个月后又正式出台的《企业境外投资管理办法》（国家发展改革委第11号令，简称“11号令”），明确了进行境外投资备案或核准制度参见表6-1，对于敏感国家和地区、敏感行业的所有境外投资项目均由国家发展改革委核准，或发展改革委提出初步审核意见报国务院核准。

境外投资备案或核准制度 表6-1

<table>
<tr><th colspan="3"></th><th>境内企业直接开展</th><th>境内企业通过其控制的境外企业开展</th></tr>
<tr><td colspan="3">敏感项目</td><td colspan="2">核准</td></tr>
<tr><td rowspan="4">非敏感项目</td><td rowspan="2">央企</td><td>大额（3亿美元及以上）</td><td rowspan="2">备案（国家发展改革委）</td><td>报告（原备案机关）</td></tr>
<tr><td>非大额</td><td>同上</td></tr>
<tr><td rowspan="2">非央企</td><td>大额（3亿美元及以上）</td><td>备案（国家发展改革委）</td><td>报告（原备案机关）</td></tr>
<tr><td>非大额</td><td>备案（省级发展改革委）</td><td>同上</td></tr>
</table>

11号令特别将投资主体履行核准、备案手续的最晚时间要求从签约前（或协议生效前）放宽至实施前，即属于核准、备案管理范围的项目，投资主体应当在项目实施前取得项目核准文件或备案通知书，这有利于企业更适时从容地安排交易节奏。在实际执行中，企业应该在备齐项目核准、备案材料后尽早提出有关申请，不必拖至实施项目前申报，这样可以及早得到政府部门的指导，取得核准文件或备案通知书。

11号令对于中国企业境外投资项目着重对敏感项目的审核批准，敏感类项目包括：涉及敏感国家和地区的项目和涉及敏感行业的项目，参见图6-7。

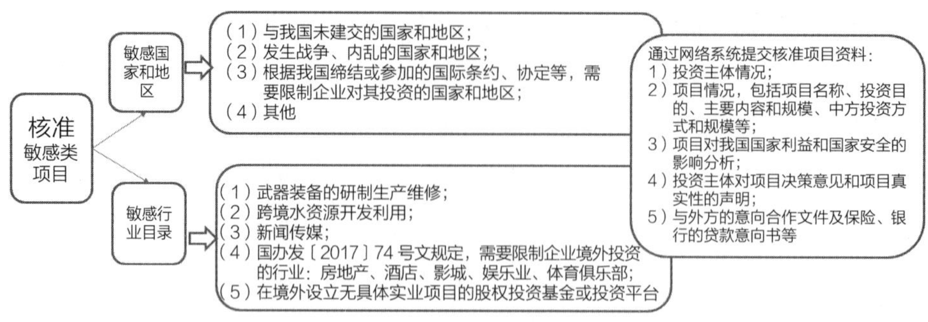

图6-7　敏感项目核准图

发展改革委对敏感类项目核准流程：

（1）核准机关在受理项目申请报告后20个工作日内作出是否予以核准的决定（不包括委托咨询机构评估的时间，但包括商请有关政府部门出具书面审查意见的时间），特殊情况可最多延长10个工作日；

（2）项目申请报告和附件齐全、符合法定形式的，核准机关如果认为必要，要在4个工作日内委托咨询机构进行评估；

（3）咨询机构评估时限不得超过30个工作日，项目情况复杂的需经发展改革委同意，可以延长时限，但不得超过60个工作日；

（4）项目涉及有关部门职责的，商请有关部门在7个工作日内出具书面审查意见；

（5）资料不齐全的，应在5个工作日内一次性告知需要补正的内容。

发展改革委境外投资项目备案的程序、时限和要求参见图6-8。

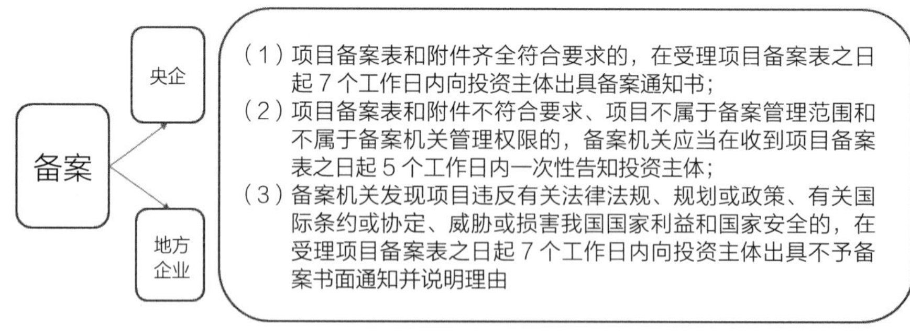

图6-8　发展改革委境外投资项目备案程序、时限和要求

对于海外投资需要备案的项目，企业需要通过网络系统，按照发展改革委发布项目备案表格式文本及附件提交资料，一般包括：

（1）境外投资项目核准或备案申报文件格式文本；

（2）境外投资项目申请报告通用文本；

（3）境外投资项目核准文件格式文本；

（4）境外投资项目备案表格式文本；

（5）境外投资项目备案通知书格式文本；

（6）境外投资项目变更申报文件格式文本；

（7）境外投资项目变更批复或通知格式文本；

（8）境外投资项目延期申报文件格式文本；

（9）境外投资项目延期批复或通知格式文本；

（10）境外投资项目有关情况申报文件格式文本；

（11）大额非敏感类境外投资项目情况报告表格式文本；

（12）境外投资重大不利情况报告表格式文本；

（13）境外投资项目完成情况报告表格式文本；

（14）追溯至最终实际控制人的投资主体股权架构图示例；

（15）境外投资真实性承诺书格式文本。

11号令在核准、备案关键环节作出改革，也在许多细微之处作出改进，具体要求参见表6-2。

11 号令在核准、备案关键环节的要求　　表 6-2

序号	具体要求
1	发展改革委管辖的境外投资外延扩大，称全覆盖：金融、非金融企业，境内企业直接投资、境内企业通过其控制的境外企业的再投资，直接投入、融资、担保等，境外企业所有权的获得、经营管理权等的获取
2	投资主体必须取得项目核准文件或备案证明才能对外签署境外投资项目任何具有最终法律约束力的文件
3	明确发展改革委审批是其他部门办理业务的前提，对于核准、备案项目，明确未取得发展改革委同意，其他部门不得办理相关手续
4	注意投资完成后的报告，属于核准、备案管理范围的项目，投资主体应当在项目完成之日起20个工作日内通过网络系统提交项目完成情况报告表
5	两个以上投资主体共同开展的项目由投资额较大一方在协商一致后提出核准、备案申请
6	项目需前期费用（履约金、保函手续费、中介服务费、资源勘探费等）规模较大的提出核准、备案申请
7	已核准备案的项目如发生重大变化（投资主体、股权、额度等）应在有关情形发生前提出变更申请

发展改革委核准和备案效力和意义包括：

（1）是办理其他各类手续的前置条件。核准文件在有效期内是投资主体办理外汇、海关、出入境管理税收等相关手续的依据；对未经核准机关核准或备案的境外投资项目，商务、外汇、海关、税务等部门不得办理相关手续，金融企业依法不予办理相关资金结算和融资业务。有效期满后，企业申请延长有效期（核准文件、备案通知书有效期2年）；

（2）境外投资法律文件的生效要件。根据国家发展改革委的相关规定，投资主体就境外投资项目对外签署任何具有最终法律约束力的文件前，必须取得项目核准文件或备案证明，或者在签署文件中明确生效条件为取得核准机关出具的项目核准文件或备案证明（我国政府对项目的批复）。

6.3.3 商务部审核：商务部对国际工程投资项目进行核准、备案、报告管理

2018年1月18日，商务部、人民银行、国资委、银监会、证监会、保监会、外汇局发布关于印发《对外投资备案（核准）报告暂行办法》的通知（商合发〔2018〕24号），该文件旨在强化商务部牵头汇总各企业海外投资信息报表，各部委信息共享的原则，对商务部2014年发布的《境外投资管理办法》中规定的对外投资备案、核准、报告的职责分工没有任何变动，文件依然适用。需要注意的是商务部规定的敏感国家和敏感行业同发展改革委规定有所不同，参见图6-9。

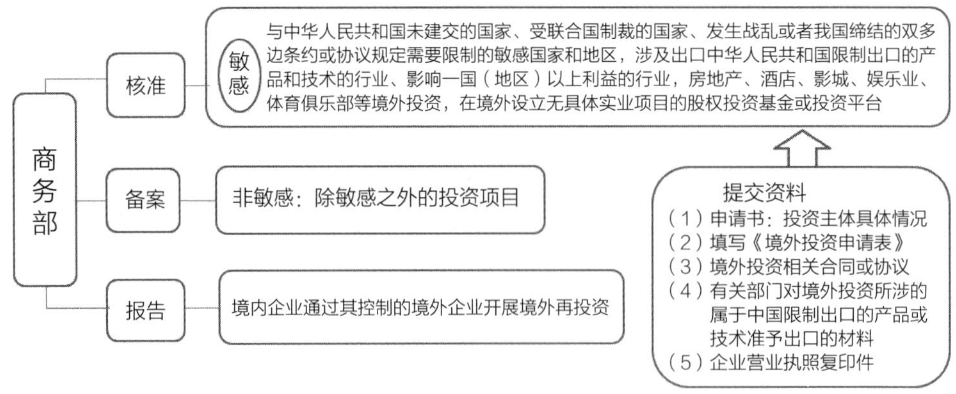

图6-9 商务部核准、备案、报告

审核要求和流程：

（1）核准项目：央企向商务部提出申请，地方企业通过所在地省级商务主管部门向商务部提出申请。商务部收到申请五个工作日内决定是否受理。受理后，应当于20个工作日内［不含征求驻外使（领）馆（经商处室）的时间］做出是否予以核准的决定；

（2）备案项目：央企通过在商务部投资管理系统的网上填报《境外投资备案表》，以及上报加盖企业公章的纸质备案表和申请文件，连同企业营业执照报送商务部备案。商务部收到申请文件后，于三个工作日内进行审查，申请表填写完整且符合法定形式的即予颁发企业境外投资证书。有效期2年。地方企业报所在地省级商务主管部门备案；

（3）报告项目：企业投资的境外企业开展境外再投资，在完成境外法律手续后，企业应当向商务主管部门报告。

同时企业海外投资项目还需征求我驻外使馆经商处出具意见及承包商会（如有）出具意见。

6.3.4　外管局备案登记

根据外管局要求，企业在海外投资必须在境内机构注册地外管局进行备案登记。

（1）《外汇登记业务申请表》；

（2）营业执照及组织机构代码证；

（3）报送的书面申请；

（4）相关主管部门批件、使馆意见、合同等真实性证明材料。

在本专业任务中，我们提出对各个主管部门的工作要做到“六个强调，一个原则”：

（1）强调项目信息早期通报——口头、拜访、调研；

（2）强调项目进展持续沟通——口头、建立书面系统（月、季度、重大问题）；

（3）强调审批准绳重点关注——调查中将政府法律、法规重点了解清楚才能有针对性地开展工作；

（4）强调审批部门对号入座——落实审批具体单位、部门、人员，不能错位或落位；

（5）强调审批流程有序门清——流程清楚、有序适时、要心中有数、把握时机，同时照顾部门之间的关系；

（6）强调审批内容标准完整——按照政府相关法规要求一丝不苟，不能偷工减料，也不要漏项。

需要做到的一个基本原则就是：审批未完成，投资者不得签署任何具有最终法律效力的文件。

工作节点 6.4　东道国政府审批

Permittings in Country of Investment

在BOT和PPP项目执行中，国际惯例和通常的做法是，东道国一般通过颁布法规、规定、流程规范来控制及管理外商在本国的投资经营，以解决外国投资人的市场准入问题。中国企业境外投资必须做认真调研，遵守和执行东道国政府的法律法规，主要解决以下问题：

（1）是否允许进来？

（2）怎样合法合规进来？

（3）进来必须做什么？

（4）哪些不允许你做？

……

下面重点介绍国外政府审批在海外投资项目的重要作用和部分程序。

6.4.1　东道国及相关国际惯例与法规

外国投资法（Foreign Investment Law）是指一国政府为引进外国资本和技术以促进本国经济的发展，而制定的关于引进外资的基本原则、外国资本的法律地位及鼓励、保护与限制措施等法律规范。除系统的外资法，关于外国投资的规定，一般散见于宪法或其他特别法规（如外国企业税法、公司法等）之中。目前世界各国的外资法，大致有三种形式：

（1）系统完善的外国投资法或投资法典，并辅以配套的投资法规；

（2）没有统一的外资法，而是制订一个或几个关于外国投资的专门法律或特别法规辅之适用其他相关法律；

（3）未制订外国投资的基本法或专门法规，而是通过国内法律、法规来调整外国投资关系及其活动。

各个国家的投资法律监管体系发展不平衡。西方发达国家有一套完善的游戏规则，而发展中国家目前尚处于不断发展和完善的过程中，我们“走出去”业务恰恰大多数是在这些国家，所以中国企业在获得投资准入时面临着许多挑战，因此一定要有充分的思想准备，做好投资前的一切准备工作。一般情况下，应聘用具有国际投资经验的律所，重点掌握以下三点：

（1）项目所在国的民法、商法，如公司法、合同法、投资法、税法、劳工法、知识产权法、海关税则及环境保护法规等；

（2）项目所在国对外商投资的范围及法规、鼓励政策、负面清单；

（3）项目所在国的投资环境，包括政治环境、经济发展状况和法律环境。

6.4.2 认真研究东道国政府各项法律法规和审批重点

中国企业“走出去”进行国际工程投资时，首先要认真研究东道国政府投资法，对外来投资的鼓励政策，特别是负面清单，同时研究6.4.1节中所提到的涉及外来投资的各种保护本国利益的法规。根据经验，“走出去”企业要从东道国资本准入制度、投资促进政策、本土化政策、企业形式、产业开发政策、劳动法律制度、环保以及外汇管理制度等方面着手调查相关的法律规定。法律准绳要认真研读，律师要早期进入，做海外投资之前，需要对东道国做一个法律环境全面调研，了解投资东道国的种种法律规定，以决定企业：

（1）是否投资？

（2）该如何投资？

（3）投资必须要到哪些部门审批？

（4）要获得哪些必要的批准文件？

……

我们通过总结中资企业已经实施过的BOT项目，目前接触到的必须进行审批的重点内容主要包括：项目公司注册，可行性研究报告，土地注册，环境评价报告，电网、公路、铁路、水坝等接入许可，发电许可等。

【案例6-1】：防范东道主国家投资政策背后的壁垒

西方某大国对一切外国投资者都给予国民待遇（National Treatment）。即允许外国投资者在该国进行企业活动，并给予与国内投资者同等的待遇。外商投资的范围除对国防、资源开发加以限制外，其他如：工业、建筑、设备制造、电子医药、钢及钢制业、销售业、文化旅游、证券投资等均可进入该国。通过外资立法，利用法律管控投资者，主要有四个方法：

（1）《外国投资研究法》；

（2）《国际投资调查法》；

（3）《关于农业用地外国投资申报法》；

（4）《国际银行法》。

投资者应根据以上四种法规来办理各种审批手续。

【案例6-2】：对东道主国家投资政策的重点在合同中加以完善

周边发展中国家某国与BOT项目投资有关的法律包括：《促进外国投资法》《管理和促进外国投资法实施细则》《电力法》《环境保护法》《合同法》《税法》《水和水资源法》《劳工法》《土地法》《商业法》等。某国虽然有如此之多的法律法规，但投资环境和法律体系与大规模吸引外商投资和为外国投资创造安全便捷的要求相比尚有较大差距，还存在一个逐步完善并与国际接轨的过程。所以需要中资企业对已经发现缺乏对投资者保护性的规定时，要及时在合同中加以完善，根据发达国家管控外商投资的经验和我国法律法规的要求审慎而行。

6.4.3 进行审批的重点内容和工作流程（各国规定不同，此处阐述仅供参考）

一般BOT项目，主要协议参见图6-10。

以上协议在BOT项目中最具有标志性和代表性，围绕主要协议还有诸多合同、协议以及审批规定等，主要内容参见图6-11。

以下合同协议内容的主要部分“投资协议”已在本书专业任务5中详述，下面简要介绍审批内容和流程：

注：如果该项目必须使用当地资源，那么还需有“当地资源使用协议”，如水电站项目的“水资源使用协议”

图 6-10　BOT 项目主要协议

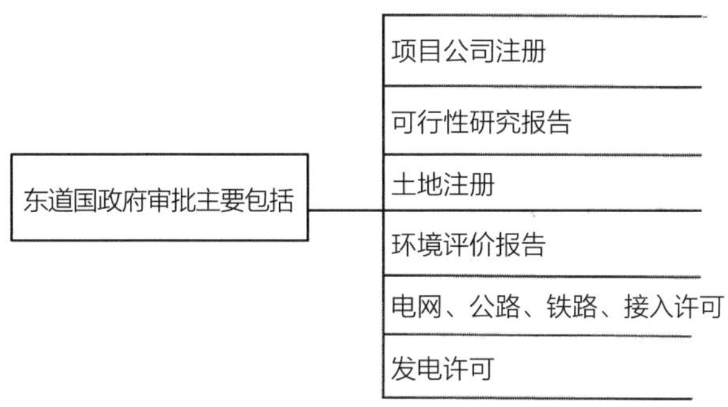

图 6-11　BOT 项目主要合同、协议及审批规定

1. 项目公司注册及时间节点

（1）依据东道国《公司法》成立项目公司。准备主要资料如下：

1）申请项目公司名称、注册地点、注册资本、经营范围和法人代表等基本内容；

2）经过公证的项目公司《公司章程》；

3）项目公司股权比例、股东成员及项目公司董事、管理人员；

4）满足最低注册资本金要求；

（2）向司法部门提交成立项目公司申请资料，注册备案，司法部门批准公司章程；

（3）在公司所在地的地方法院注册登记已批准的公司章程；

（4）在由政府出版的国家公报上公布公司章程；

（5）审批通过下发项目公司注册证书，向政府管理局登记注册，获得税务登记号，项目公司注册报政府主管各部（能源部或交通部等）向政府（包括中国政府）申请各类许可；

（6）时间节点

1）特许权协议（Concession Agreement，CA）或项目开发协议（Project Development

Agreement，PDA）签署之前；

2）投标项目在中标通知书后；

3）非投标项目在（Memorandum of Understanding，MOU）签署后。

注：如果东道国要求投资项目前期费用均必须通过项目公司支付，不允许前期费用资本化（即由投资人在项目公司注册成立前花费的前期费用在项目公司注册成立后，作为项目公司资本金转入项目公司），那么，投资人就应该向发展改革委申报项目前期费用备案，并向商务部申请成立境外项目公司，经批准后再注册设立项目公司，否则，就会违背中国政府的投资审批规定。

2. 可行性研究报告

BOT和PPP项目一般分为绿地项目和收购项目两种类型。对于绿地项目，应按招标文件要求办理可研报告审批手续；对于其他类型项目，可研报告一般提交政府计划发展部和项目行业主管部门审批。

3. 土地注册

根据各个国家要求不同，国际工程投资项目一般需要签署土地购买或租赁协议（选址要早在招标或MOU签署以前）。

需要提醒的是，应尽早进行电厂选址，一般在招标或MOU签署之前进行草签，报可研前必须得到一个或多个厂址许可（Sitting Permits，Business Location Permit），批准部门是东道国的国土部门主管。但是购地协议或者租赁协议一般比较晚，通常是按照买方在CA或PDA中的要求；但是，实际上购完地（付款完成及换地契结束）可以拖到尽量晚的时间，至少到购电协议（Power Purchase Agreement，PPA）签署，甚至可以拖到融资关闭项目落地后再正式办理注册，尽量不占用自有资金和减小融资关闭前的风险。

4. 环境评价报告

根据招标文件规定和东道国法律及政策规定，编制环境影响评估报送政府环保部门报批。一般需要根据项目进度情况多次办理报批手续，应与环保部门保持持续沟通。

例如东南亚某国的环境影响评估报批是先批准环境分析，然后批准环境管理计划、环境监测计划，批准部门是能源矿产部下面一个环保机构，该部法规均有详细程序。

5. 电网、公路、铁路的接入、联通、并轨许可

以电站为例：

（1）根据PPA规定在当地电管局监督下完成所有调试和试验并得到局长签发的签证；

（2）在计划发展部能源局办理调试成功证书；

（3）在投资委员会颁发发电许可证；

（4）发电接入联网报批。

发电联网报批是在当地电管局的监督下完成所有PPA规定的调试和试验并得到签证，首先需要得到调试成功证书（Commissioning Certificate），签发人是部门总裁（Director General of Electricity and Energy Development），然后颁发发电许可证（Electricity Supply Enterprise Permit for Public Benefit ），签发部门是国家投资委员会签发。

以上为电站系统的相关报批，其他行业大同小异，先试运营再联通并网或并轨或并公路网等。

6. 发电许可以电站为例

在签订PPA合同时就规定了并网发电条件：单机试运行、机组试运行、产供销一体等条件，满足以上第5点许可和时间条件后，再由电力监管机构派出第三方机构（电力所、环保、安全、劳工等部门）检验合格，颁发许可证后方可并网发电。

各国情况不同，行业不同，在这里我们只能通过已经实施的BOT项目提供一定的参考和思路，要求企业在开展国际工程投资时，要深入细致做好提前调查和落实，合法合规"走出去"并进入拟投资的东道主国家。

工作节点 6.5　总结回顾

Summary

总结本专业任务，投资项目国内和国外政府机构审批，强调企业在启动海外投资项目时，重视境内外行政审批的意义，除了确保市场准入的合法性外，更有利于营造项目成功的良好外部环境，最终达到降低成本、提高效益的目的。具体执行时要注意以下几点：

（1）在项目立项审批阶段，考虑到审批过程时间较长，企业要根据政府职能划分，与各相关政府部门、金融保险机构提前进行深入调查，尽早汇报沟通，以求得政策指导、支持和协调，为项目顺利进行打下良好基础；

（2）项目立项审批阶段各项工作包括申请、立项、协议签约、合同谈判、审批等，工作千头万绪、同时展开，要求项目总负责人掌握政策、熟知重点、精心策划，做到任务明确、节点清晰、严格管控、合规守法，对项目各个阶段、关键合同、每个环节了如指掌，工作要前后衔接、交叉进行、有条不紊、共同推进，以满足政府要求和项目进展；

（3）CA和PPA协议是BOT项目中纲领性协议，围绕主要协议还有诸多合同、协议以及审批规定等，要密切关注合同、协议之间的逻辑关系，避免出现自相矛盾的内容和时间点；

（4）项目立项审批阶段可以聘请第三方的专业和（或）咨询机构适时介入，包括金融、法律、技术、市场、会计师事务所等专业咨询公司进行分析、判断、规避、转移、降低、分担、化解各种风险，策划各种专业方案，争取报批的专业性和准确性；

（5）项目立项阶段要避免企业绕过我国境内审批，直接用境外的资金进行投资，在境外设立用于投资的离岸公司或者项目公司。要避免企业间互相残杀，服从政府监管部门的管理和协调。

最后强调以下几点：

（1）审批政策贯彻执行；

（2）审批准绳重点关注；

（3）审批部门对号入座；

（4）审批流程有序门清；

（5）审批内容标准完整；

（6）项目信息早期通报；

（7）项目进展持续沟通；

（8）项目重点及时汇报；

（9）项目各方互通有无；

（10）国家政策密切关注；

（11）领导出行届时推动。

原则：审批未完成投资者不得签署任何具有最终法律效力的文件。

习题：

1. 海外投资项目进展到哪一阶段向使馆经商处沟通汇报？

2. 中信保对企业海外投资项目前期通过哪些文件形式予以支持？

3. 中国公司拟参与某国家BOT电站项目投标，针对该项目简述企业应该如何进行国内审批工作，办理哪些报批核准手续？

专业任务 7

项目融资

Project Financing

导语

项目融资是由项目发起人组建项目公司，通过项目自身效益承担还款责任，以自身资产承担债务风险的融资形式。因项目能否还贷取决于项目自身的财务收益是否可靠充足，故项目融资又称“现金流融资”。因不同的资本结构设计，直接影响项目的现金流量和财务风险。因此又称为“结构式融资”。

项目融资是国际工程投资项目是否能够顺利实施的重要前提和基础，贯穿整个项目开发工作的全过程。对投资信息的筛选、机会的选定、投资架构的搭建、可行性研究以及项目协议谈判等工作有着重要的制约作用。项目是否具有“可融资性”，是投资项目开发全过程中作为投资人必须时刻审视的问题。本专业任务将结合BOT绿地项目的融资工作，重点阐述项目融资的概念、资金来源、项目融资风险管理、项目融资结构及方案和保险安排五个知识点。

工作节点 7.1 项目融资概述

Overview of Project Financing

7.1.1 项目融资概述

项目融资是由发起人以股权投资方式设立的有限责任的项目公司，通过项目自身的资产和效益承担还款责任和债务风险的融资形式。与传统企业融资相比，具有结构简单、财务结构清晰的特点，是国际项目融资实践中被广泛使用的融资方式。因项目能否还贷取决于项目自身的收益是否可靠充足，故又称为“现金流融资”；又因不同的资本结构设计直接影响项目的现金流量和财务风险，也被称为“结构式融资”。

项目融资是一种无追索权或者有限追索权的融资（即融资主体——项目公司的投资人不承担或有限承担还款责任的融资），是一种向贷款方向特定的项目提供的融资，贷款方对于该项目所产生的现金流量享有偿债请求权，并以该项目资产作为附属担保的融资类型。

项目融资始于20世纪30年代美国油田开发项目，后来逐渐扩大范围，广泛应用于石油、天然气等矿产资源以及电站、机场、高速公路等大型基础设施的开发。随着近些年我国“走出去”倡议和“一带一路”倡议的实施，涌现出大量境外BOT基础设施项目的项目融资的需求。

1. 传统融资与项目融资的区别

国际工程投资项目的融资方式有多种，主要为两类：一是投资人或其发起人提供融资担保下的法人融资、企业融资，这种方式为投资人或其发起人以一般资产或信用作为担保的表内融资；二是投资人或其发起人不提供或提供有限融资担保下的融资，即项目融资，项目融资涉及为长期的基础设施、能源和工业项目提供融资，这些项目由复杂的法律和财务结构搭建，运用项目的债务和股权资本来为项目（而非项目发起人的财务报表或公司信用）提供融资。项目融资与传统融资的比较见表7-1。

项目融资与传统融资比较图　　表 7-1

类别	项目融资	传统融资
融资基础	项目资产及收益	发起人的资产和信用
追索程度	有限追索（特定阶段，如建设期）或者无追索	完全追索
担保结构	担保结构复杂，项目各类资产抵质押+股东支持、担保	担保结构单一，股东担保
风险分担	各方参与者	主要集中在发起人、债权人、担保人
融资程序	较为复杂	相对简单
融资工作时间	较长	相对较短
融资成本	较高	相对较低

2. 项目融资的参与方

项目融资的基本当事人是项目公司和融资银行（一般为银团），参与方或关联方还包括投资方或项目发起人、承包商、运营商、供应商、土地持有人等。BOT项下的跨境项目融资大多由政府发起，项目具有公共产品的属性，涉及东道国与东道国外交、商务、金融协议等诸多方面问题，因此政府及其代理机构行政许可和税收优惠等也是不可或缺的因素。以上各方通过一系列复杂、严谨的合同，明确了各方的法律责任和义务，实现各项目参与方对于项目风险的有效分担和管理。本节重点介绍项目融资参与方及其参与动机。风险识别及应对措施将在工作节点7.2中详细阐述，资金结构、合同结构和信用结构将在工作节点7.3中详细阐述。

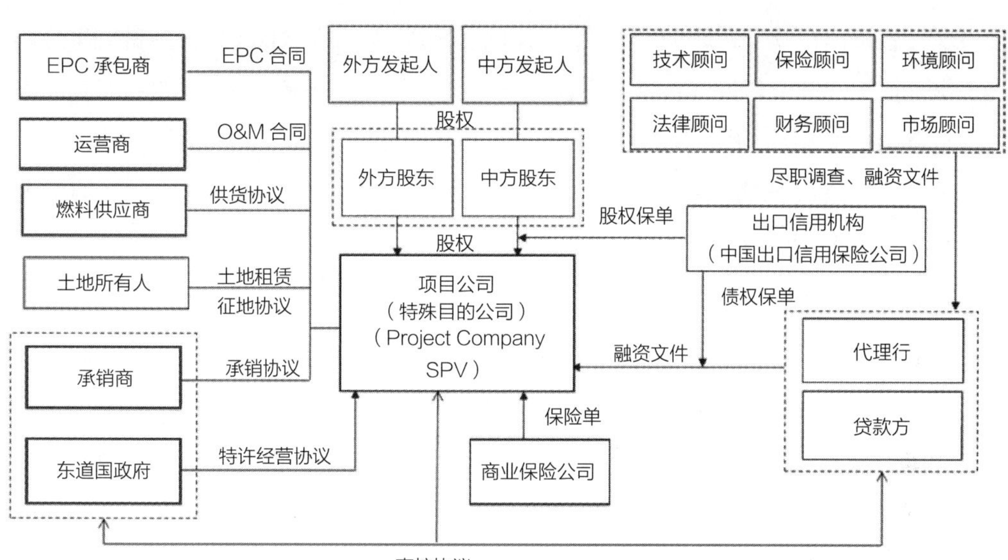

图 7-1　项目融资示意图

项目融资参见图7-1，以中信保海外投资险项下境外电力BOT项目融资为例，项目的参与方主要包括：

（1）项目公司

项目发起人通常会在项目所在国注册成立一个特殊目的公司（Special Purpose Vehicle，SPV），除了项目外，SPV没有其他资产（包括实物资产、契约性权利以及所有附属收益）。项目公司直接负责项目的投资和管理并承担项目的债务责任和风险。项目公司作为签约主体负责与融资方、承包商以及东道国政府等其他参与方签订贷款协议、EPC合同、承销合同、O&M合同等一系列项目合同和融资协议。

在项目融资结构中，项目公司和项目发起人是分离的，这种结构的优势在于项目公司是自主经营，自负盈亏，拥有项目资产，是发起人与项目资产之间的防火墙，实现的是资产负债表外的融资，即“表外融资”，一旦项目出现损失甚至失败，损失的直接是项目公司，发起人不会因此而受到太大的牵连。

（2）贷款方（商业银行、多边贷款机构、政策性银行等）

项目贷款方是为项目提供贷款资金来源的商业银行、政策性银行、多边贷款机构以及出口信贷机构等的统称。承担项目贷款责任的贷款方可以是单一的银行或机构，也可以是由多家银行或机构组成的银团。银团贷款又分为直接银团贷款和间接银团贷款，前者是由银团各成员行委托代理行向借款方发放、收回和统一管理贷款，后者是由牵头行直接向借款方发放贷款，然后再由牵头行将参加贷款权（即贷款份额）分别转售给其他银行，全部的贷款管理、放款及收款由牵头行负责。在境外没有机构的银行一般会选择当地银行作为代理行，承担金融服务和项目监管、本息回收等业务。

不同贷款方的目的各不相同，出口信贷机构的目标是促进原产国商品和服务的提供以及进口资源的获取，多边贷款机构的目标是促进特定新兴国家和地区的发展，商业贷款方主要是以利润为导向。

贷款方作为基本当事人，它以约定的币种、额度、期限和利率为项目提供融资，因此若项目经营效益超出预期，贷款方实际上不存在溢价收益，不享受项目的超额收益，然而，若项目失败，贷款方将面临贷款本息无法回收的全部风险，因此贷款方往往比借款方更加关注项目风险。鉴此，贷款方会较公司融资更多关注项目的完工风险和运营期公司盈利能力（现金流）的分析与监控。通过信用结构对项目风险进行全面的、合理的分配并设置足够的保护机制，通过账户结构对项目现金流进行完全的控制。

项目公司对于贷款方的选择往往会对项目融资的成本及效率产生重大的影响。综合考虑专业能力、服务态度、资金成本、贷款规模以及审批流程的效率等方面，选择贷款方的基本原则是：政策性银行优先于商业银行，单一银行贷款优先于银团贷款，间接银团贷款优先于直接银团贷款。

（3）股东及发起人

通常情况下，项目的发起人之一是项目的开发商、项目的各参与方，比如项目所在地政府、承销商、承包商、运营商、设备供货商、银行等都可以成为项目的发起人，项目的发起人即是项目的投资者。发起人通过股东协议确定各自出资的比例以及项目公司的管理及决策体系。项目公司股东及发起人承担项目无法转嫁的风险，并享有投资收益。股东及发起人参与项目投资的动因主要包括：

1）实现公司战略：例如大型承包企业的“以投资促承包”的战略；

2）实现公司上市或股价的提升；

3）追索权结构实现表外融资以控制风险。

包括上述三点在内的所有动因都可以总结为一条：追求投资收益！

项目股东及发起人主要负责为项目公司提供股本本金，协助项目公司取得一切项目所需的政府批文及许可证，并以直接担保或间接担保的形式为项目公司提供一定的信用支持。因此，股东及发起人的财务实力、商业信誉和同类项目经验是项目融资方重点考察的内容，例如融资方会要求发起人提交财务报表、资金来源说明及支持性材料、信用评级、国际项目经验以及开发团队人员的详细简历等资料。

（4）东道国政府、承销商

绝大部分项目融资类项目的开发会涉及东道国政府和（或）政府所有的实体，比如作为发电项目承销商的国有电力公司。东道国政府在项目融资中起着举足轻重的作用，主要体现在如下四个方面：

1）东道国政府通常会和项目公司签订特许经营协议，将特许经营权授予项目公司，并在协议中明确约定许可费、税收优惠制度、外汇的汇兑优惠政策、水电路以及土地等配套基础设施的提供条件等；

2）承销商通常与东道国政府有关，特别是某些类型的项目中承销商一般是政府所有的公用事业公司（比如发电项目），公共事业公司与发起人或项目公司签订项目产品的承销合同，承销商的信用等级以及承销合同条款的优劣直接决定着项目融资的成败；

3）在某些国别，东道国政府会为项目出具对于承销合同的政府担保（主权担保或财政部担保）；

4）东道国政府审批的完备性和合规性检查是贷款方在放款前必须要完成的工作。

东道国政府参与投资项目的动因主要包括：

1）以一定的优惠条件吸引外国投资商，保证基础设施的建设；

2）引入有经验的外国投资商，更有效地利用现有资源；

3）通过项目融资方式尽量减少政府自有资金的使用，降低债务；

4）总体上尽量将风险转移给私有部门。

融资方通常会重点关注东道国政府的政治经济体系、财政状况、信用等级以及以往履约的情况等，并会依据项目及国别情况，对项目提出是否需要政府担保的要求。

（5）土地所有人

土地所有人通常是东道国政府或私营第三方，项目公司或是通过征地协议“收购”或是通过租赁协议“租赁”开发和运营项目所需的土地，土地所有者通过出租或者出售项目土地获取资金回报，甚至获取项目股份的回报。通常情况下，贷款方会要求融资关闭之前项目所用土地需要100%获取完毕，而很多国家由于私有土地管理混乱或者环境保护等因素，导致征地工作非常难以推进，因此土地问题逐渐成为很多项目融资能否成功关闭的关键因素之一。

（6）EPC承包商

EPC承包商负责项目的设计、装备供货和建造，其参与动机是通过承包项目获取项目建设期间的经济利益。EPC承包商希望获得责权利对等的EPC合同，避免承担投资人应承担的投资风险，也避免承担报酬不足或无法分包的风险，也就是说只承担EPC合同项下应尽的义务和应承担的风险。而现实情况是，投资人往往会将完工风险，包括工期延误、成本超支和工程质量不合格等风险，甚至由于承包商未能按时完工而导致借款方无法按时还本付息的风险，尽可能向承包商转移，同时融资贷款方也会希望确保由EPC承包商向项目公司支付因完工延误或瑕疵履行而产生的违约赔偿金，因此EPC承包商的信用、履约能力及财务能力在项目融资中会得到贷款方的高度关注。

随着主权贷款模式及EPC+F模式逐渐面临瓶颈，“走出去”的中国工程承包企业面临着新形势下转型的挑战。越来越多的项目EPC承包商参与到了投资活动中，以投资人加承包商的双重身份，承担投资项目全产业链风险，也就是说除了要负担作为承包商需履行的建设完工义务之外，还要负担投资的所有风险，包括政治、市场、金融、信用、环境等诸多风险，这对于承包商的能力提出了更高的要求。此外，承包商与投资商的角色在很多情况下是存在利益冲突的，如何分离两种身份，或者平衡两种身份在项目中的权重，是EPC承包商们需要深入思考的课题。

当工程承包商成为BOT项目投资商时，务必需要从观念上实现从传统的工程承包商向工程投资商角色的转变。一般来说，对于整个BOT项目投资活动来说，作为工程投资商首先是项目公司的主要投资人，而作为工程承包商将仅仅是项目公司的EPC工程的承包商。

（7）运营商

运营商通过与项目公司签订运营维护协议负责项目的运营和维护，以获取运营和维护工作所带来的经济利益，承担项目运营、管理和维护等风险。运营商的资质、经验以及履约能力是贷款方重点考察的内容，因为项目按照计划的正常运行维护是项目实现持续现金流的前提。在很多项目中，运营公司也可以作为项目发起人或股东，这种情况下，运营商既是项目公司的投资人或投资人之一，也是项目公司运营工作的承包商，直接与项目公司签订项目运营维护协议，成为项目的运营商。

（8）出口信用机构

出口信用机构（Export Credit Agent，ECA），在全世界范围内的项目融资中扮演了至关重要的角色，该机构通过政策性出口信用保险手段支持本国货物、技术和服务等的出口，例如中国出口信用保险公司为支持中国企业的境外投资专门提供海外投资险的政治保险（股权+债权）服务，承保风险包括征收、汇兑限制、战争和政治暴乱以及违约等风险。出口信用机构主要为以下类型项目提供支持：

1）项目产出向该出口信用机构所在的国家或地区出售；

2）建设项目所使用的一定数量的商品或服务来自该出口信用机构母国的供应商和承包商；

3）项目发起人是出口信用机构母国的居民企业；

4）中国出口信用保险公司目前重点支持中国政府认可的“一带一路”项下的投资项目。

海外投资保险是投资人实现投资风险转移的重要手段，同时，项目是否获得出口信用保险机构的支持也是融资方项目评估的最重要的条件之一，也是项目最重要的增信方式之一。

（9）代理行

代理行包括贷款代理行和担保代理行，执行的是贷款银团的管理者角色。在直接银团贷款方式下，贷款银团指定一家银团成员银行充当代理行；而在间接银团贷款方式下，则由牵头行充当代理行。代理行主要是充当各家参加贷款的银行发放贷款和借款方偿还贷款的中间人，代理行在从签订贷款协议之日起到贷款全部偿清为止的期间内，代表银团处理与银团贷款有关的全部管理工作，并与借款方进行日常的直接联系，其主要职责包括：

1）协调不同的融资贷款方；

2）作为受托人为融资贷款方保管担保物、质押物；

3）监管项目公司遵守融资文件；

4）管理项目现金流。

（10）商业保险公司

项目融资会涉及大量的商业风险，包括工程意外、项目财产、人员伤害、自然灾害等导致项目企业或者承包商的财产损失风险和需赔偿的责任风险。商业保险安排，有在承包类项目中常见的工程一切险、设备机具险、货物运输险以及责任险等，也有投资项目所特有的延迟投产险、利润损失险等。商业风险的保险市场相对成熟，可选的保险产品比较齐全，可选的保险公司也非常多，如欧洲的安联、慕尼黑再保险公司，伦敦的劳合社，美国的AIG，中国的人保、太平洋、平安等。

保险经纪人、保险咨询公司或者商业保险公司可以为项目提供一揽子保险方案（包括风险管理方案），而项目公司应在建设和融资开始时或开始前，及时购买保险以保护其投资。

（11）顾问

项目融资中，借贷双方需要各自聘请大量具备专业知识的咨询机构作为外聘顾问，通常包括法律顾问、财务顾问、税务顾问、技术顾问、保险顾问、环境顾问以及市场顾问等。其中，贷款方的顾问需向贷款方出具尽职调查报告或意见书，协助银行完成授信审批前的风险评估，顾问的尽职调查或意见书是重要的授信审批材料。

7.1.2 投资项目的资金来源

1. 资金结构

投资项目资金包括项目股本资金、准股本资金以及债务资金。项目股本资金是指项目总投资中由投资人认缴的出资额（即项目资本金），它是非债务性资金，项目不承担这部分资金的任何利息和债务；项目准股本资金是指项目投资者或者与项目利益有关的第三方所提供的一种从属性债务，是一种既具有资本金性质又具有债务资金性质的资金，例如股东借款，其债务的优先顺序低于有抵押权和担保权的贷款，只有在这些贷款得到偿还后才可以得到补偿；债务资金是指债权人为项目提供的贷款。

2. 股本资金来源

项目融资的股本资金通常占项目投资总额的20%～30%，股本资金的来源主要包括：

（1）企业自有资金

包括企业的注册资本以及历史利润沉淀的现金流。

（2）股权融资

股权融资是指企业的股东愿意让出部分企业所有权，通过企业增资的方式引进新的股东，同时使总股本增加的融资方式。股权融资所获得的资金，企业无须还本付息，但新股东将与老股东同样分享企业的赢利与增长。例如，东道国当地原始开发商已注册项目公司获得了项目原始开发权，为了筹集股本资金，以一定的溢价出让项目公司的部分股份给中国企业，中国企业获取项目股份的同时，项目公司完成增资扩股。

（3）基金等财务投资人

境外投资项目可考虑选取的基金或财务投资人包括中国-东盟投资合作基金，中非发展基金、中阿基金、中国拉美产能合作基金、中葡合作发展基金、丝路基金、国新国际等。具体形式包括：股权投资，直接以普通股方式投资企业或项目；准股权投资，包括优先股、可转换债等形式。

（4）资本市场

包括境内发行人民币债券，境外发行港币或美元债券，公开发行、非公开发行、定向增发股票、资产证券化等从资本市场募资的方式。

3. 融资资金来源

项目融资的融资资金通常占项目投资总额的70%～80%，资金来源主要包括：商业银行贷款、银团贷款、出口信贷以及基金、国际发债等，在此重点介绍商业银行贷款及银团贷款。

（1）银行贷款

中国政策性银行、中资商业银行以及外资银行都可以提供商业银行贷款。银行项目融资团队的经验、头寸是否充足，贷款期限、担保的要求，融资成本的高低以及审批流程的效率，是投资人在选择潜在贷款方时需要重点考察的因素。

1）政策性银行

政策性银行包括中国进出口银行和国家开发银行，其特点是呼应国家政策和战略，可以提供较低融资成本的资金，并具有极大的经验优势和人才优势。

① 中国进出口银行

中国进出口银行是直属国务院领导、政府全资拥有、支持中国对外经济贸易、投资发展与国际经济合作、具有独立法人地位的国有政策性银行。主要职责是通过买方和卖方信贷等方式扩大中国机电产品、成套设备和高新技术产品进出口，推动有比较优势的企业开展对外承包工程和境外投资。中国进出口银行的“政策性”优势在于：

a. 以国家政策和战略优先，对于特殊国别和特殊类型项目（例如未建交国别），只要国家政治外交需要，是企业的首选，并且在国际谈判中，由于其政府背景，可以充分利用外交优势，协助企业解决问题；

b. 不以利润最大化为主要目标，与商业银行相比，融资成本较低，并且是“两优”贷款的唯一指定银行；

c. 外币头寸充足，几亿美元规模的项目如果条件成熟，可直接做商业贷款，无须组建银团；

d. 与多个国家有一揽子项目框架，即“资源换项目”，用该国的资源作为项目未来还款的保证；

e. 人才优势明显，国际化经验丰富，是国内最早成功对境外投资项目完成项目融资的金融机构。

中国进出口银行实行属地化管理，基本在各省都有分行机构，各省的企业归口各省的进出口银行分行进行业务对接，央企以及北京的企业可以与中国进出口银行总行进行业务对接，境外BOT项目融资类项目原则上必须通过总行贷委会评审。

② 国家开发银行

国家开发银行（简称“国开行”）成立于1994年，是直属中国国务院领导的政策性金融机构。2008年12月改制为国家开发银行股份有限公司。2015年3月，国务院明确国开行定位为开发性金融机构，是中国最大的对外投融资合作银行。国家开发银行的优势在于：

a. 与其他银行立足于项目不同，国开行实施规划先行理念，与各国开展国际规划咨询合作，在规划合作中，批量开发重大项目，推动规划与后续项目落地工作相衔接，落地项目由国开行提供贷款配套资金；

b. 国开行已形成一家分行（中国香港）、5家代表处以及50多个工作组的海外业务网络布局，可以在项目开发初期介入，为企业在境外提供一线的持续的融资支持；

c. 外币头寸充足，几亿美元规模的项目如果条件成熟，可直接做商业贷款，无须组建银团；

d. 国开行人才优势明显，吸纳了大量拥有专业背景的人员作为业务骨干，对项目理解深刻。并且工作组制度已经实施了15年以上，培养了一批国际化经验丰富的骨干力量；

e. 国开行充分利用地缘优势划分各分行负责的国别市场，例如：国开行云南分行负责老挝、缅甸、孟加拉等国别市场的业务，国开行厦门分行负责印度尼西亚市场，再加以代表处和工作组，可以将各市场做大、做精、做深。

2）商业银行

中国商业银行，包括中国银行、中国工商银行、中国建设银行、民生、中信、招商等都积极出现在“一带一路”沿线的投资项目中。各商业银行都有自己的专长，比如中国银行的保函及境外人民币结算业务，中国工商银行的专项融资业务等。但是在境外BOT投资项目的项目融资领域，国内商业银行的经验与水平差距较大，大型国有制商业银行由于头寸充足、项目经验丰富，因此占有绝对的优势，其余股份制商业银行经验较少，大多以参团的形式参与项目融资。

大多数中国商业银行的审批流程通常是按照支行、分行、总行的顺序由下往上依次审批，尤其是融资类项目由于贷款金额大、风险机制复杂，通常需要总行级审批通过。总行不直接做项目，而由分行与借款方对接，贷款落地在支行，例如中国银行。也就是说，项目需要经过支行、分行以及总行三层审批才能决定是否批贷，因此各级机构主办人员的经验以及审批流程的长短直接决定了项目融资的效率甚至生死。但是也有总行可以直接做项目的商业银行，如中国工商银行，效率会大大提高。

3）外资银行

与中资银行相比，外资银行的优势在于：①国际融资经验丰富，在复杂的融资结构设计上优势明显，在某些国别可以实现无追索项目融资；②地区性优势明显，在某些地区无需中信保的保险支持，效率更高。例如，墨西哥银行对于境内拥有PPA的风电项目的项目融资，只要求5%的超概担保，无股东完工担保以及投保政治保险的要求，并且融资期通常在4个月左右。

但是在与中资银行的竞争中，对于头寸和融资成本的考量，往往成为外资银行的硬伤。BOT基础设施类项目规模基本都在数亿美元以上，因此外资银行通常会采用银团贷款的方式，成本相对于商业银行贷款会大幅上升（参见7.3.6节）。此外，外资银行对于环保高度关注，因此在某些国别会要求项目执行世界银行环保标准，对于大多数中国承包商和投资人来说，是另一挑战。因此外资银行在中国企业境外项目融资业务中更多地承担了融资顾问和银团参团行的角色。

综上，对于投资人选择银行贷款的资金来源的建议是：

1）在项目规模不大的前提下，投资人可以与当地银行或者相邻地区银行（例如缅甸项目可以选择在缅甸开展业务的泰国银行）开展广泛沟通，尝试当地融资，提高效率；

2）如果从中资金融机构融资，优先考虑选择政策性银行，尤其是在有政策性银行机构驻扎的区域，应尽早沟通；

3）对于中资商业银行的选择，团队经验以及审批效率是优先考虑的因素，其次要充分发挥商业银行的地区优势，在某些特定国别，选择有一揽子合作或框架协议的商业银行。

特别需要说明的是，无论是中国政策性银行，还是中国的商业银行，在信用结构设计上，除了要求借款人提供中国出口信用保险公司的海外投资保险外，大多还要求母公司提供企业担保，因此，中国金融机构的项目贷款实际上不是无追索的项目融资。最近几年，部分银行开始接受母公司只提供建设期完工担保，从而使有限追索项目融资在中国金融机构成为可能。

（2）银团贷款

银团贷款是指由两家或者更多的贷款机构，按照相同的条件和期限，使用共同的贷款文件，由一家指定的代理机构管理，向借款方提供的贷款。除了贷款规模大外，银团贷款也是融资机构分散信贷风险的一种方式。

根据银团发放贷款的方式不同，银团贷款可分为直接银团贷款和间接银团贷款。直接银团贷款是指在贷款发放前组建银团，由银团与借款方签订贷款协议并发放贷款，借款方需要面对所有银团成员。间接银团贷款则要简单得多，借款方只与牵头行发生关系，牵头行在与借款方签订贷款协议后，由牵头行直接向借款方发放贷款，牵头行再将贷款份额以贷款参与权的方式出售给其他银行，形成银团贷款，贷款的放款、收款以及管理全部由牵头行负责。

银团贷款涉及的费用比商业银行贷款要多很多，贷款方通过担任不同的角色获取相关的费用，包括银团顾问费、牵头行的牵头费、参团行的参团费、代理行的管理费等（参见7.3.6节）。

综上，考虑到团队经验、成本、规模、头寸以及审批流程的效率等方面，选择资金来源的基本原则是：政策性银行优先于商业银行，单一银行贷款优先于银团贷款，间接银团贷款优先于直接银团贷款。

7.1.3　项目融资一般过程

对投资人来说，融资机构以及保险机构越早参与项目，对于融资阶段的工作就越为有利。如果能够和融资机构及保险机构组成团队共同和东道国政府磋商特许经营协议等主要协议，将融资方对于东道国政府的要求尽可能体现在项目协议中，将大大提高融资阶段的效率，实现项目协议谈判阶段和融资落实阶段的无缝连接。但是通常融资机构会在项目协议（例如特许经营协议及政府承销协议）签订后正式启动融资工作，开展项目的评估。下文将以较为复杂的银团融资为例，参见图7-2，分析项目融资的一般过程。

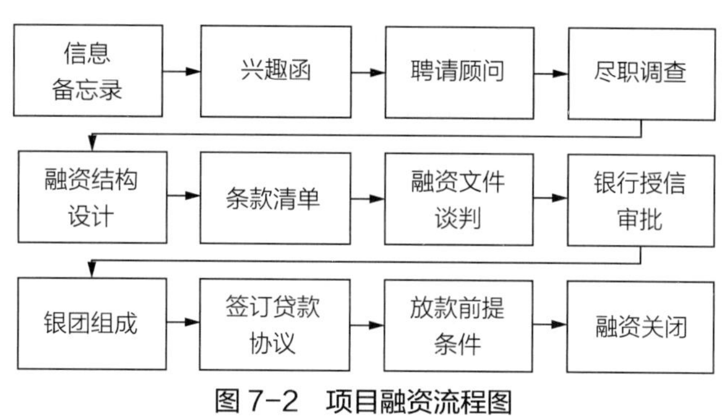

图7-2 项目融资流程图

1. 信息备忘录

作为申请融资的第一步，借款方需要准备一份信息备忘录，包括项目情况、借款方及其股东等参与方的情况以及项目招标情况或者项目协议情况等关键信息，发送给潜在的融资方及出口信用保险机构，如中信保，融资方及保险机构会根据项目情况判断是否跟进项目的融资并且对借款方下一步的工作提出融资方向的指导性意见，例如投资结构的建议方案，落实东道国政府是否对项目出具支持，落实项目股本资金的来源等。如果采用银团贷款的模式，则借款方将信息备忘录提交潜在的牵头行，潜在牵头行也会协助借款方准备信息备忘录，以便分发给其他潜在参团银行。

2. 兴趣函

兴趣函是指银行融资兴趣函以及中信保承保兴趣函，并非项目融资的必需步骤，通常是应东道国政府的要求，用于证明融资工作的进展，或者国内政府审批过程中需要作为支持性材料上交，后者在招标类BOT项目的投标过程中作为商务建议书的支持性材料提交。兴趣函表达了银行及中信保对于项目及发起人的支持的态度，是无法律约束性的文件，通常只有几个月的有效期。借款方向银行或中信保提交信息备忘录以及兴趣函申请书或询保单进行申请。

3. 聘请顾问

项目协议（例如特许经营协议及政府承销协议）签订后，潜在贷款方正式启动项目融资工作后，会视项目情况，聘请顾问完成项目的尽职调查工作，法律顾问、财务顾问、技术顾问和保险顾问是贷款方通常需要聘请的顾问。

法律顾问负责法律尽职调查、起草、谈判并修订融资文件、风险管理方案等工作。由于境外投资项目通常存在跨境操作，因此法律顾问的团队通常会由中国法律师、国际法律师以及东道国律师组成。法律顾问出具的法律意见书是融资关闭首次放款的前提条件；财务顾问负责项目财务模型的审计，为融资方提供财务控制指标数据的参考；技术顾问负责项目的技术经济可行性尽职调查，以及代融资方执行建设期及运营期的项目现场监督；保险顾问负责根据项目的情况，编制融资方的最低保险要求，并且在保单投保后定期检查项目保单，确保项目的保险措施一直有效。

需要特别说明的一点是，上述顾问是为银行服务，但是通常费用由借款方支付，因此顾问费是项目融资成本中必不可少的一项。

4. 尽职调查

尽职调查由融资方的财务顾问（通常为投资银行）、律师事务所（法律顾问）、会计师事务所、技术顾问等执行，需要3～6个月的时间完成。

通常情况下，财务顾问会对目标公司或投资项目的经营状况、竞争能力、行业前景、行业地位和行业政策、合理估值、财务模型、盈利能力和增长前景等方面进行调查和分析；法律尽职调查对目标公司的主体资格、经营合法性、相关资产权属完备性、债权债务、合同纠纷、担保等或有负债、完税情况、环保责任、权证及许可等可能存在的法律风险等进行调查；会计师事务所对目标公司财务状况、盈利能力，或有负债和内部控制体系等进行核查或审计；技术顾问对目标公司或投资项目的开发条件、产能、技术方案、技术标准以及技术经济评价等方面进行调查和评估。

5. 融资方案设计

贷款方根据尽职调查的结果，初步设计融资方案，包括融资方式与渠道、融资金额、利率、资金结构以及信用结构等，并在尽职调查的过程中与借款方逐一磋商，同时由融资方的法律顾问落实法律文本。这是借贷双方的首次交锋，随着融资工作的深入以及项目风险的逐步暴露，通常贷款方的条件会层层加码，因此在融资方案设计阶段借款方应尽力争取对自己有利的条件，为后续谈判争取空间。

6. 条款清单

项目融资方案最典型的文件就是条款清单（Term Sheet）（参见7.3.5节），该文件是借款方和贷款方就项目融资方案及条件达成的原则性约定，包括了贷款总金额、贷款期限、利率、资金结构、信用结构、账户结构等关键条件。如果是银团贷款，通常由先行选定的牵头行与项目公司签订条款清单，然后牵头行将条款清单及信息备忘录随邀请函一起分发至潜在参团行，组织银团。

7. 融资文件谈判

借贷双方签订条款清单后，将由融资方的法律顾问按照条款清单的原则起草融资文件，包括贷款协议及担保协议，借贷双方通常需要3～6个月时间磋商直至定稿。在融资文件谈判过程中，借款方将同时完成中国政府及东道国的审批、中信保的承保意向书的申请、账户的开立等工作。

8. 银行授信审批

银行授信审批工作在条款清单签订后即可开展，有时随着项目风险评估工作的深入开展，贷款方会细化或者调整条款清单中的条件后提交授信审批。银行授信审批的流程长短直接决定了项目融资的效率，因此在选择银行的时候，投资人需要对其审批机制和流程进行详细的了解。

如果是银团贷款，通常牵头行先完成授信审批，随后各参团行完成授信审批，确认是否参团。

9. 银团组成

如果是直接银团贷款，在牵头行以及参团行全部授信审批通过，并且贷款额度100%分销的情况下，银团成功组成。间接银团贷款则要简单得多，借款方只与牵头行发生关系，牵头行在与借款方签订贷款协议后，由牵头行直接向借款方发放贷款，牵头行再将贷款份额以贷款参与权的方式出售给其他银行，形成银团贷款。贷款的放款、收款以及管理全部由牵头行负责。

10. 签订贷款协议

授信审批后，借贷双方还需要一段时间对贷款协议的技术细节进行磋商，通常借款方会设定一定的贷款协议签约条件，例如：需要完成中国相关政府部门的行政审批手续，并由法律顾问认可国内审批事项的完备性和合法有效性；借款方股东及发起人出具承诺函及完工担保，并由法律顾问认可其合法有效性等。在贷款协议定稿之后、正式签订之前，融资方需要完成法律审查以及签约审批等流程，通常需要一周至一个月的时间。

11. 提款先决条件

提款先决条件（Conditions Precedent，CP）以贷款协议的一个附件的形式出现。CP是在首次放款前借款方需要提交给贷款方的所有文件的清单，包括：

（1）重要参与方的公司文件（公司介绍、章程、财务报表等）；

（2）已签订的项目文件（特许经营协议、承销合同、EPC合同等）；

（3）已签订的融资文件（贷款协议及担保文件）；

（4）中国和东道国的批准和登记；

（5）法律意见；

（6）账户的开户文件；

（7）保单以及保险生效证明文件；

（8）资本金到位证明。

提款先决条件CP并非不能调整，如果某些条件对于贷款安全不构成威胁，借款方已经积极去办理，但需要很长时间才能办理下来，那么借款方可以和贷款方协商将其从提款先决条件中豁免，调整为后续提款前提条件。但是有时候，贷款方会要求借款方对于豁免的条件出具保证或者担保（如银行保函），借款方就要面临两个选择，要么继续用股本资金投入支持项目，直至所有条件满足后再提款，或者付出一定的财务成本（银行授信额度、保函手续费等）实现尽早提款。例如某项目首次放款前，由于某项行政许可办理手续需要较长时间，而该项许可并不影响项目的正常施工，贷款方将其从CP中豁免，但是要求发起人必须承诺6个月内办理完毕，并且发起人需要提供担保，如果在6个月后，借款方仍然没有办法达成该条件，则贷款方有权利执行担保要求借款方偿还已提款金额。

12. 融资关闭

在满足全部放款前提条件（或者贷款方同意豁免部分放款前提条件，通常需要3～12个月的时间）后，借款方可按照贷款协议的约定，向贷款方提交提款申请，融资关闭的标志通常是第一笔贷款发放至借款方账户。

特别需要提醒的是，相关东道国政府在相关法律协议（特许经营协议、销售合同等）中会规定项目融资关闭的时限，如某国的水电项目开发，在该国政府审查批准项目可行性研究报告后，会向投资人颁发项目投资“支持函”（Letter of Support，LOS），在法律上锁定投资人的项目开发权，此LOS就明确规定项目融资关闭时限。如果投资人到期不能实现融资关闭，东道国政府有权取消投资人的项目开发权或特许经营权。因此，投资人一是在与东道国政府签署相关协议时必须尽量延长融资关闭时限，二是周密安排与融资关闭相关的各项工作，从早从速开展融资工作，确保在规定期限内完成项目融资关闭。

工作节点 7.2 风险识别及应对措施

Risk Identification and Mitigation

对于BOT项目融资来说，体系的和谐与稳定是依靠各项目参与方对于风险的合理分担实现的。有投资就有风险，而项目融资由于时间跨度长，体系更为复杂，需要面对的风险是更为复杂的。因此风险识别及管理的工作应自始至终贯穿整个项目的生命期。

如前所述，贷款方相当于准投资人，承担贷款风险，但只享受固定收益，因此贷款方通常比借款方更厌恶风险。换句话说，贷款方比借款方更加关注风险，因此想要成功获得融资，就得深入分析从银行角度看到的项目风险以及如何应对。

按照项目阶段划分，境外投资项目的风险可以划分为建设期风险和运营期风险，分类参见表7-2。

境外投资项目风险分类表　　表 7-2

建设期风险	政治或国家风险、自然风险、信用风险、完工风险、市场风险、金融风险、法律风险、环境风险
运营期风险	政治或国家风险、自然风险、信用风险、生产运营风险、市场风险、金融风险、法律风险、环境风险

在节点中详细列举并分析了海外基础设施类投资项目中，贷款方最为关注的9种风险以及其相应的应对措施。

1. 国家或政治风险

国家或政治风险是宏观层面风险，是指由于某一国家或地区的政治、经济和社会变化事件以及不可控的其他因素，导致项目失败、项目信用结构改变、项目债务偿还能力降低等方面的风险，使得投资经营活动在该国家或地区遭受困难、损失甚至失败。国家或政治风险是对外投资最大、最不可预见的风险。一些发展中国家政局动荡、政权更迭、宗教及民族冲突不断，甚至爆发内战造成国家分裂，这些都会给国际工程投资企业带来风险。

国家或政治风险具体包括国有化风险、战争风险、政府违约风险、征收风险、汇兑限制风险、法律变更风险、社会文化风险等。

若国家或政治风险过高而企业又难以承受或转移，无论该项目的可行性有多好，项目以及项目的收益都可能因为国家或政治风险的爆发而化为乌有。在项目开发初期，如果经过论证国家政治风险是可承受的，再继续开展项目详细的可行性研究。

应对措施：

（1）参照国际评级机构——标准普尔和穆迪等对于世界各国的主权评级，这些评级主要是对于各国政府在国际市场举债的违约程度进行评估，从而确定这些债务的投资价值以及相应的风险溢价；

（2）积极与相关的保险公司（如中信保、多边担保机构等）、保险经纪人（保险顾问）沟通，尽早了解投资所在地国家的国别风险的大小，是否可保政治险以及特殊投保条件等情况，为融资方案的设计提供方向；

（3）在与东道国政府的特许经营协议或投资协议中，对于发生政治不可抗力风险后的分担处理机制或者政府回购机制进行详细的约定；

（4）投保海外投资政治险。

【案例7-1】：缅甸某某水电站项目

缅甸某某水电站位于缅甸北部的山区，某某水电站是中国某投资集团投资兴建的缅甸某某江上游干流流域7个梯级电站中的第一座，装机600万kW，项目于2009年12月21日开工。由于缅甸内部政治势力的角力以及NGO等原因，2011年9月30日缅甸总统宣布在该届政府任期内搁置原本由中资公司开发建设的某某江上规划中最大的水电项目，即某某水电站。项目总投资36亿美元，其中至项目搁置时已完成投资20余亿美元，项目搁置至今悬而未决，业主中电投云南国际成了最大的受损方。

2. 自然风险

所谓自然风险是指一些不可避免的、不可控制、不能预见并且无法克服的自然灾害对项目造成物质损失或灭失的风险，通常也叫作自然不可抗力风险。主要表现为地震及其他地质条件风险、暴风雨风险、台风风险、洪水风险、冰雹风险等。自然风险造成的损失是难以估计的，项目公司通常采用以下两种措施来应对自然风险：

（1）在与东道国政府的特许经营协议或投资协议中，对于发生自然不可抗力风险后的分担处理机制或者政府回购机制进行详细的约定，并投保政治保险来应对政府违约风险；

（2）选择专业的保险顾问和保险公司，投保商业保险转嫁风险。

3. 信用风险

项目融资的信用风险是指项目的有关参与方不能履行协议约定的责任和义务而出现的风险，其中有关参与方不仅仅指东道国政府或者公共事业机构，还包括股东、EPC承包商、运营商、供货商等所有项目参与方。

信用风险贯穿于项目的各个阶段，因此项目发起人在进行详细的市场调研和必要的尽职调查时，详细研究如何有效规避和控制信用风险造成的损失是非常必要的。同时，贷款银行会对各参与方的信用状况给予关注，即从信誉、业绩、管理技术及经验、财务能力、履约能力、管理团队素质等各个方面进行考察，并且要求发起人及股东出具担保，承包商出具履约保函或完工担保，东道国政府出具政府担保。在融资执行阶段，融资方会随时关注各有关参与者的履约情况以及重大经营变动等。

信用风险主要体现为政府违约风险、投资人出资及担保能力不足风险、承包商履约风险等。

应对措施：

（1）对项目参与方进行详细的尽职调查，选择有实力的合作伙伴，并要求其按照融资方要求出具发起人和股东支持；

（2）对项目的各承包方进行严格的资质审查，通过招标选择胜任的承包商，并要求承包商出具履约保证；

（3）投保出口信用保险。

【案例7-2】：印度尼西亚政府曾于1997年金融危机爆发时，取消了27个IPP项目的电力购买协议，其中一家美国公司在该国投资的电站项目损失了数亿美元。

4. 完工风险

项目的完工风险是指项目无法完工、工程预算超支、延期完工或是完工后无法达到预期运行标准的风险。带来的后果主要表现在建设成本超支，利息支出增加，市场机会错过，贷款偿还期限延长，甚至是整个项目的失败。

项目是否能够按期建成并且正常进行生产经营是以项目现金流为融资基础的项目融资的核心，完工风险是项目融资的核心风险之一。对于承包商来讲，完工意味着EPC合同执行结束，业主竣工验收合格，颁发竣工证书，实现了物理完工，而对于投资者来讲，完工的含义包括物理完工和财务完工两个方面。物理完工更多指的是东道国政府和银行对项目的验收，而财务完工主要依靠财务指标，比如DSCR、

LLCR等控制，财务完工时，部分或全部股东及发起人担保解除。

导致项目发生完工风险的原因很复杂，例如自然和政治不可抗力、地质条件变化、设计变更导致工期成本变化、移民征地、环境保护、项目公司违约、政府审批不及时、设计责任、承包商违约或施工不当、资金不能及时到位、超概的应对措施不足等任一项目风险都有可能会导致项目完工风险的发生。因此，也可将项目风险分为EPC风险和非EPC风险，其中EPC风险可合理转嫁给EPC承包商来承担，而非EPC风险则应由发起人或股东承担。

其中需要特别提醒投资人注意的是移民征地的风险。很多国家，尤其是发展中国家，由于土地政策变化、土地管理混乱等原因，查清土地所有人、完成土地买卖并办理好土地证这一过程非常漫长，因此很多项目移民征地不仅是项目完工的阻碍，更是融资的瓶颈。移民征地全部完成通常是贷款方放款的前提条件，即使融资方同意将其列为后续放款条件，也会要求投资人提供额外的保证和支持，确保贷款安全。对于移民征地的风险，很多贷款方会专门聘请东道国所在地的律师对项目土地情况进行专门的尽职调查，而投资人则应选择有经验的当地咨询协助移民征地工作。

贷款方通常不愿意承担完工风险，往往会要求发起人或股东提供担保，如完工担保。完工担保是指在项目完工（通常是财务完工）之前，完工担保人对贷款方承担全面追索的责任。按照国际惯例，完工担保通常由项目发起人出具，是融资性的担保。项目发起人可通过政治和商业保险等措施转嫁自然和政治不可抗力、设计责任等风险，通过要求EPC承包商提交履约保函或EPC完工担保转嫁部分完工风险。

5. 运营风险

运营风险是指在生产营运过程中由于技术稳定性、资源储量、能源和原材料供应、经营管理、金融等因素的影响造成项目产品未能达到计划产量或质量以及生产成本超支的风险。运营风险存在于项目的试生产阶段和正式商业营运阶段，项目的正常运营是项目稳定现金流的基础，因此运营风险是项目融资的另一个主要核心风险，会得到融资方的高度关注。

运营风险的主要表现形式有：技术风险、能源和原材料供应风险、资源风险、市场风险、经营管理风险、金融风险等。降低这种风险可以通过一系列信用担保协议来实施：

（1）技术风险，首先项目中所使用的技术必须是经过市场证实的成熟生产技术，其次项目的运营商必须有资质且有丰富的项目经验；

（2）对于能源和原材料风险，可以通过在前期进行充分的可行性研究以及签订长期的能源和原材料供应合同加以应对，有时贷款银行要求在实际放款前做进一步的勘探工作，落实资源；

（3）对于资源风险，通过前期详细的可行性研究以及与东道国政府签订特许经营协议锁定资源的使用来应对；

（4）对于市场风险，通过在前期进行详尽的市场研究并以“或取或付”的承销合同形式与东道国政府锁定产品的承销量来应对；

（5）对于经营管理风险，贷款方主要考察运营公司对融资项目及其产业领域是否熟悉以及是否有丰富的经验和业绩，签订的运营与维护合同定价是否合理，运营公司是否提交了足够的履约保证等；

（6）对于金融风险，需通过合理的合同货币的选择（美元与当地币的比例）、金融工具的使用（套期保值、利率掉期等）以及投保政治保险来应对。

6. 市场风险

项目产品的销售是项目利润和现金流的直接来源，是项目还款的重要保障。市场风险是指在项目按计划维持产品质量、产量的情况下，产品市场需求量与市场价格波动所带来的风险，市场风险的爆发会大大增加政府违约的信用风险的爆发概率，因此是贷款方高度关注的风险，融资方会要求可行性研究必须包括详尽的涵盖特许经营期的产品需求量预测和市场价格预测。

对于投资人来讲，首先，应在项目建议书及可研阶段做好充分的市场调研和市场预测，拒绝或谨慎进入对市场高度敏感的行业或项目投资，降低投资的盲目性。在项目生产经营过程中，降低市场风险的有效方法是签订长期产品销售协议，主要是照付不议协议并且要求东道国政府出具政府担保，投保政治保险。

7. 金融风险

项目的金融风险主要表现在利率风险、汇率风险以及通货膨胀风险三个方面。

（1）利率风险

利率风险是指因利率波动而给投资者带来损失的可能性。市场利率提高必然会影响公司借贷融资成本的加大，使公司利润减少，从而给投资者带来利率风险。

（2）汇率风险

汇率风险是指在国际经济活动中，由于汇率波动而给经济主体带来的损失的风险。

（3）通货膨胀风险

通货膨胀主要体现为纸币贬值、物价上涨，通货膨胀会造成项目建设期和运营期成本的上涨。随着国际金融市场的发展，期权、掉期、期货和远期等新兴金融衍生工具被逐步地引入项目融资的风险管理领域。

对金融风险的管理首先要对金融市场上汇率、利率等变动情况和通货膨胀、国际贸易政策的趋势等进行分析和预测，在此基础上运用以上金融工具对相关金融风险进行有效管理和规避。其次，在项目投资币种选择和相应的贷款币种选择上要认真策划，如投入的币种与产出的币种最好相同，硬通货（如美元、欧元）贷款与当地币贷款最好比例合理，这样就能有效规避汇率风险，同时，在项目承销合同币种的选择上，首选美元计价、美元支付（或美元和当地币组合支付）的项目，当地币可以用于支付当地支出的运营成本；其次为美元计价、当地币支付项目，此类项目则有东道国政府禁止换汇的风险；最后为当地币计价、当地币支付项目，同时面临汇率波动和汇兑风险，是需要尽量避免的项目，如果要做的话，必须配合金融工具对风险加以管理。

8. 法律风险

法律风险指东道国法律制度给项目带来的风险。世界各国的法律制度不尽相同，经济体制也各具特色。一些发展中国家法律尤其是投资法律不够健全，无法有效保护外国投资者的利益；法律与法律之间互相矛盾，甚至对于同一法律条款不同政府部门的解读完全矛盾的情况时有发生；有些法律的规定还较为概括、简单，不具备可操作性；跨国借贷可能面临因法律不同而引发的争议等，这些也将对投资项目带来一定风险。项目的法律风险通常通过聘请专业的法律顾问进行应对。

律师作为法律顾问，在项目融资中起到非常重要的作用。贷款方在签订贷款协议以及首次放款前都需要贷款方的法律顾问出具法律意见，意见主要是风险分析及提示和规避措施的建议。有些时候，贷款方会就某一风险点或者合规性问题要求法律顾问出具专门的法律意见书，以满足合规性审查的要求。

9. 环境保护风险

投资项目的环境保护风险指由于满足环保法规要求而导致项目增加生产成本、降低生产效率、投入新的资产以改善项目的生产环境或项目被迫停产等风险，是从投资项目规划、征地移民、建设直至运营，都会涉及的风险。环境保护风险越来越受到关注的原因是多方面的，首先环保清洁是全球发展的趋势，因此在每个项目的融资条件中都会对环境提出单独的严格要求，其次，很多国家NGO组织活跃，尤其对于项目的环境问题高度关注，因此对企业在执行项目过程中严格有效履行项目的社会责任提出了较高的要求，项目的环境保护风险可采取如下应对措施：

（1）充分了解东道国与环境保护有关的法律，在项目的可行性研究中充分考虑环境保护风险，做好社会及环境影响评估；

（2）充分考虑未来可能加强的环保措施，拟定环境保护计划，生态恢复计划等；

（3）在开发过程中严格按照计划实施环保计划。

综上，风险识别及应对措施参见表7-3。

风险识别及应对措施表　　表 7-3

<table>
<tr><th colspan="2">风险</th><th>应对措施</th></tr>
<tr><td rowspan="8">国家/政治风险</td><td>国有化</td><td rowspan="6">1. 在与东道国政府的特许经营协议或投资协议中约定政治不可抗力事件及处理措施
2. 政府担保
3. 投保政治保险</td></tr>
<tr><td>战争</td></tr>
<tr><td>政府违约</td></tr>
<tr><td>汇兑限制</td></tr>
<tr><td>征收</td></tr>
<tr><td>法律变更</td></tr>
<tr><td>宗教文化差异</td><td rowspan="2">1. 员工培训
2. 安保措施及应急预案</td></tr>
<tr><td>公众排外</td></tr>
<tr><td rowspan="6">自然风险</td><td>地震及其他地质风险</td><td rowspan="6">投保建筑安装一切险、三者险、延迟投产险、施工机具险、运输险等商业保险安排</td></tr>
<tr><td>暴风雨</td></tr>
<tr><td>台风</td></tr>
<tr><td>泥石流、滑坡</td></tr>
<tr><td>洪水</td></tr>
<tr><td>其他自然不可抗力</td></tr>
<tr><td rowspan="3">信用风险</td><td>发起人违约</td><td>发起人及股东担保</td></tr>
<tr><td>政府违约</td><td>政府担保及投保政治保险</td></tr>
<tr><td>承包商违约</td><td>1. 严格的资审以及招标
2. 承包商完工担保、履约保函</td></tr>
<tr><td rowspan="3">完工风险</td><td>成本超支</td><td>1. 与承包商签订固定总价合同
2. 承包商提交履约担保
3. 发起人或股东提供超概担保</td></tr>
<tr><td>承包商违约</td><td rowspan="2">1. 选择有资质及经验丰富的承包商
2. 承包商提供履约担保
3. 聘请业主工程师及银团技术顾问全程监管</td></tr>
<tr><td>工期和质量风险</td></tr>
</table>

续表

<table>
<tr><th colspan="2">风险</th><th>应对措施</th></tr>
<tr><td rowspan="4">完工风险</td><td>项目公司违约</td><td>发起人及股东担保</td></tr>
<tr><td>移民征地</td><td>1. 前期对项目土地进行详尽的尽职调查
2. 选择有经验的当地咨询协助移民征地工作
3. 努力获取当地政府支持</td></tr>
<tr><td>设计责任</td><td>职业责任险</td></tr>
<tr><td>不可抗力</td><td>投保政治保险商业保险</td></tr>
<tr><td rowspan="6">运营风险</td><td>技术风险</td><td>1. 选择成熟技术
2. 经验丰富的运营商</td></tr>
<tr><td>资源风险</td><td>1. 前期详尽的可研
2. 特许经营协议锁定资源的使用</td></tr>
<tr><td>能源和原材料供应风险</td><td>1. 前期详尽的可研
2. 锁定长期合同</td></tr>
<tr><td>市场风险</td><td>1. 前期详尽的市场研究
2. “照付不议”的承销合同
3. 投保政治险</td></tr>
<tr><td>经营管理风险</td><td>选择具备资质、经验丰富并且能力强的运营商</td></tr>
<tr><td>金融风险</td><td>充分运用金融衍生工具</td></tr>
<tr><td rowspan="2">市场风险</td><td>市场需求风险</td><td rowspan="2">1. 前期详尽的市场调研
2. “照付不议”承销合同
3. 投保政治保险的政府违约险</td></tr>
<tr><td>价格波动风险</td></tr>
<tr><td rowspan="3">金融风险</td><td>利率风险</td><td>利率掉期等金融衍生工具</td></tr>
<tr><td>汇率风险</td><td>1. 合同中合理安排当地币和外币的比例
2. 科学选择投资及相应的贷款货币币种
3. 保值操作</td></tr>
<tr><td>通货膨胀</td><td>1. 对通货膨胀率进行分析和预测
2. 锁定长期合同</td></tr>
<tr><td rowspan="3">法律风险</td><td>担保或抵押品的实施及管理</td><td rowspan="3">聘请专业法律顾问</td></tr>
<tr><td>担保及合同架构</td></tr>
<tr><td>合规性风险</td></tr>
<tr><td rowspan="3">环境风险</td><td>环境污染</td><td rowspan="3">1. 聘请当地和国际认可的环境顾问
2. 遵守当地和国际的环境法律和标准
3. 尊重当地的社会文化习俗
4. 严格执行环境保护计划、移民安置计划及生态恢复计划
5. 积极履行社会责任</td></tr>
<tr><td>移民安置风险</td></tr>
<tr><td>社会责任风险</td></tr>
</table>

对这些风险的认识、识别和管控，应该从项目机会选择阶段等投资前期就开始，特别是在开展项目预可研和可行性研究工作时，对诸如项目东道国的国家、

政治风险和法律风险、项目所在地的自然风险和环境风险、项目自身的技术风险和经济可行性、项目的运营风险和市场风险等。还应该对这些风险建立管控方案，并在项目进展过程中的各关键里程碑节点定期进行回顾、审核、更新和落实执行。

国际工程投资项目，尤其是BOT类项目已然成为当下的主流，为中资企业转型升级发展和东道国的社会经济的发展起到极大的促进作用。但是，投资和风险一定是并存的，我们只有认识风险、掌握风险的应对措施，对国际工程投资项目进行科学合理的分析，提高项目融资风险管理的效率与质量，建立各方都可接受的风险共担机制，才能提高项目的可融资性，从而提高国际工程投资的成功率。

工作节点 7.3　项目融资结构与方案

Project Financing Plan

项目融资结构与方案管理是投资的重要基础，实质是从银行角度设计的风险分担的系统，通过合同、信用、担保、保险等方式把项目风险公平合理地分配到项目各方。其中项目融资的结构主要是指项目融资的资金结构、合同结构以及信用结构，融资方案包括融资方式与渠道、融资金额、成本时间以及信用结构等。这一项工作应从投资机会选定开始即启动，并且贯穿项目开发的始终。在项目开发工作的各个阶段，项目融资结构与方案管理工作的侧重点有所不同，参见表7-4。

项目融资工作计划表　　表 7-4

阶段	工作内容
投资机会选定阶段	本阶段内应结合投资机会的初步评估，初步确定融资方案与渠道，估计融资金额、成本和时间
商业模式和投资架构策划阶段	本阶段内应结合初步税收筹划和投资架构的策划，对于融资方案进行初步的细化和设计，考察资金来源以及保险市场对于项目的态度
可行性研究阶段	本阶段内应结合投资项目可行性研究工作，对融资方案进行深度细化和设计，与银行等潜在贷款方以及保险机构展开磋商。同时，详细制定融资方案的备选方案，细化各方案的融资金额、成本和时间
投资协议洽谈与签订阶段	本阶段内应结合协议谈判工作，根据谈判进展及各方的要求，对融资方案进行调整与筛选，并与潜在贷款方及保险机构深入沟通，完成对融资方案的内部评估工作

续表

项目国内外政府审批阶段	本阶段内应配合公司及政府各层级的决策审批工作，提交融资方案细节及相关承诺或初步协议文件
融资和保险落实阶段	本阶段应与贷款方及保险机构逐步落实此前确定的融资方案

7.3.1 项目融资的资金结构

项目的资金结构是指项目的股本资金与债务资金比例以及其相应的来源。本质上是财务杠杆的运用，需综合风险与收益的权衡慎重决定，属于融资决策的内容。借贷双方在资金结构上讨论的焦点是项目的股本债务比，股本债务比是指项目资本金总额和贷款总额的比值，是根据项目的经济强度和风险承受能力而商定的数字。借款方通常希望贷款越多，股本资金投入越少越好，而对于贷款方来讲，处于分担风险的考虑，通常希望在不损害项目经济强度的前提下，借款方尽可能多投入一定比例的股本资金，股本资金投入的多少实际表明了投资方对项目的信心和共担风险的意愿程度。股本比例的确定，除了受制于投资人的出资能力和盈利预期外，更要考虑市场波动对持续经营的冲击和带来的财务风险。

确定股本债务比的主要依据是项目的经济强度和风险分析，风险小、收益稳定的项目和风险大、收益情况不稳定的项目来比，前者能获得较高的贷款额度、较低的贷款价格和相对简单的交易结构。

项目融资的股本债务比通常为30%∶70%，即资本金占项目总投资的30%，融资资金也就是债务占项目总投资的70%，有很多项目可以做到20%∶80%。但是对于投资人来说，股本债务比不一定越小越好，因为一个较好的贷款配套计划也非常重要。因此投资人在与贷款方商谈资金结构时，需结合项目本身的现金流情况，综合考虑股本债务比以及贷款配套计划。需要说明的是，有的国家采用成本+回报的方式核定投资人的投资收益，如巴基斯坦某水电开发模式就是以投资人资本金固定回报率确定电价，这种情况下，东道国往往会规定项目资本金比例上限，以避免投资人获取过高的投资回报。

7.3.2 项目融资的信用结构

在项目融资中，信用结构与担保体系的设计与安排极其关键，是贷款安全的保证，主要包括下列增信措施：

1. 资产抵质押

借款方将其所有的动产和不动产抵质押给贷款方。其中动产包括但不限于：机器设备、签署的合同和协议的权益、授权和许可证书、应收款项、银行账户、知识产权、其他有形和无形的动产和未来资产等；不动产包括但不限于施工用地和项目资产、签署的合同和协议所涉及的不动产、其他有形和无形的不动产和未来资产等。

2. 股权质押

借款方的股东将其所持有的借款方（即项目公司）的股权质押给贷款方。质押品包括股权；股份的分红、现金分配或实物、利息或其他收入（包括注册资本回报）；股权证书；以及与“股份”相关的所有权利、收益和权益等。

3. 账户质押

借款方将应贷款方要求开立的所有的银行账户以及账户内的所有未来资产、收益等质押给贷款方，以实现对项目公司现金流的控制。

4. 发起人及股东支持

（1）股本资金的出资保证

除了发起人之间的投资协议和增资扩股协议条款会对发起人的股本投入做出详细约定，对于项目融资类投资额较大的项目，通常在贷款协议中会明确约定提款计划，贷款方允许发起人分期按照约定的股本债务比例投入股本类资金。因此在股本债务比确定的情况下，发起人和股东对于项目的股本资金的计划也是确定的。

为了保证项目资金的及时到位从而确保项目的顺利实施，发起人及股东通常需要就其股本资金的投入对贷款方做出专门的承诺，承诺的形式可能是贷款方与发起人及股东签署的股本资金注入的保证合同，也可能是发起人或股东就股本资金注入事项专门开立的备用信用证或保函等金融机构出具的出资担保。

（2）超概保证

超概，即由于低估了实际成本或风险准备金预留不足而导致实际总投资超过可研设计的总投资数值，对于大型基础设施类项目融资，超概的情况发生的概率非常高，设计变更、不可抗力、征地移民成本增加等由于EPC和非EPC的原因都有可能导致项目超概。一般贷款方都会在合同中约定，超概资金由投资人自行解决。超概保证的形式可能是贷款方与发起人及股东签署的超概保证合同，也可能是发起人或股东就超概事项专门开立的备用信用证或保函等金融机构出具的担保。

（3）偿债准备金

贷款方通常会要求借款方开立偿债准备金账户，并质押给贷款方，其目的是保证项目运营期按计划还本付息。偿债准备金通常有两种准备方式：第一种，贷款方要求借款方在项目进入商业运营之前的某个时间点（例如，计划商业运营日之前6个月），向偿债准备金账户注入一定金额的保证金现金，通常是6个月或者12个月的还本付息值，在运营期如果动用了偿债准备，需要启动相应的流动性支持恢复额度；第二种，贷款方要求借款方在项目进入正式商业运营后，每个月预留一部分资金存至偿债准备金账户，例如，项目每6个月还本付息一次，则从第1个月将下一次还本付息总额的1/6存至偿债准备金账户，在第6个月存满一期还本付息额之后，在还本付息日由贷款方直接划转，此种方式同样需要流动性支持的保证。

（4）流动性支持

流动性支持是运营期资金缺额的有限保证，其目的是保证项目正常运营并有足够的现金流量还本付息。在偿债准备金不足的情况下，由流动性支持。

5. 完工担保

如前所述，完工担保是指在项目完工（通常是财务完工）之前，完工担保人对贷款方承担全面追索的责任。按照国际惯例，完工担保通常由项目发起人出具给贷款方，承诺履行融资协议，实现项目完工，因此是融资性的担保。简单来说，如果项目不能按时完工或项目被东道国政府取消，贷款方可根据对项目的判断，要求担保人提供足额资金直至项目完工，甚至要求借款方提前加速偿还全部贷款，担保方承担的就是在此情况下对贷款方的还本付息的义务。完工担保的形式通常是贷款方与发起人及股东签署的完工担保协议。

6. 保险

包括海外投资保险（政治险）以及商业保险，以及相应的保单质押、保险权益转让或赔款转让。

7. 政府担保

包括东道国政府主权担保或者财政部担保，核心是在承销合同签约方（通常为政府部门或公共事业机构）违约不履行支付义务的情况下，将由东道国政府或财政部进行支付。

在信用结构设计中，投资人应尽量争取减少股东及发起人增信措施的出具，尽量将风险转移至其他参与方或保险公司；尽量避免各增信措施之间的重叠，实现各增信措施之间的无缝连接。

7.3.3　项目融资的合同结构

项目融资的合同包括项目文件和融资文件两部分，以电力项目为例，项目文件包括：

（1）EPC合同（包括E、P、C分别的分包协议）；

（2）运行维护协议；

（3）股东协议；

（4）土地租赁、购买协议；

（5）特许经营协议；

（6）购电协议；

（7）接入协议；

（8）保单（政治险保单及商业险保单）；

（9）其他。

融资文件包括：

（1）贷款协议；

（2）股东承诺；

（3）发起人承诺；

（4）担保文件（动产、不动产、股权及账户等抵质押文件以及完工担保）；

（5）账户托管协议；

（6）直接协议；

（7）对冲协议；

（8）代理行协议；

（9）其他。

7.3.4　项目融资的账户结构

项目融资中，贷款方通过账户的质押、托管以及账户代理行的管理，严格按照约定的现金流“瀑布”原则（Cash Flow Waterfall）监管并控制项目的现金流，按照运营成本、税费、还本付息、偿债准备金、提前还款、分红的由上至下的顺序执行现金流的管理。通常借款方需要开立如下账户：

（1）放款账户：总控制账户，股本资金和贷款资金的收款账户；

（2）支出账户：支付建设期项目支出；

（3）收入账户：项目收入的指定收款账户；

（4）运营账户：资金从收入账户转入，用以支付运营成本；

（5）偿债准备账户：资金从收入账户转入；

（6）维护维修准备金账户：通常在商业运营期的第10年或者第15年开始，每年从收入账户转入一定金额的资金，5年存至约定的维修准备金的额度，作为设备大修的资金；

（7）分配账户：上述资金预留后，剩余的超额现金流转至分配账户，并按照预定的分红原则分配。

在账户结构设计以及账户管理方案上，投资人谈判的重点应在“实操性”，即尽量简化各层级账户操作流程以及资金划转所需要提交的材料，并且尽量减少各顺位资金的使用限制，尤其是分红的限制，例如争取贷款期内可分红，并且尽量提高超额现金流中可用于分红资金的比例等。

7.3.5 项目融资方案

除了本章节重点介绍的项目融资的融资方案之外，借贷双方在选择融资方案时，还有前文提到的传统法人融资和出口信贷两种方案可选。出口买方信贷和项目融资两种融资方案的主要条件对比参见表7-5。

项目融资方案对比表　　表 7-5

	出口买方信贷	项目融资
定义	中资银行向境外借款方发放的中长期信贷，用于进口商（业主）向中国出口商（承包商）即期支付商务合同款，以促进中国产品、技术和服务的出口	由项目公司作为借款方筹借贷款，以项目本身的现金流量和收益作为还款来源，并以项目公司的资产作为贷款的担保物
借款方	外国进口商（即项目业主）	项目公司（SPV），即为项目业主
收款人	中国出口商	项目公司
贷款目的	银行为商务合同或工程承包类合同提供融资	银行为项目的开发与建设提供融资

续表

	出口买方信贷	项目融资
借款方自有资金	项目非EPC费用和EPC合同的预付款（通常为EPC合同总额的15%）	项目公司的资本金部分，一般为项目总投资的20%～25%
贷款金额	不超过商务合同的85%（船舶类为80%）	项目总投资的70%～80%
币种	美元	美元
贷款期限	不超过10年（含宽限期）	不超过20年（含宽限期）
中国成分要求	出口产品的中国成分一般不低于合同金额的50%，国际工程承包项目带动国产设备、施工机具、材料、工程施工、技术、管理的出口和劳务输出一般不低于合同金额的15%	中国公司应为项目公司的控股股东，原则上持股51%及以上
融资费用	承诺费、管理费	结构设计费、承诺费、管理费、前端费、安排费等
利率	伦敦银行间同业拆借利率（London Interbank Offered Rate，LIBOR）＋息差（MARGIN）	LIBOR+MARGIN
付款方式	买方信贷对承包商来讲几乎等同于现汇项目，在建设期内，承包商按照施工进度取得国外业主的认可，国外业主发指令给中国的银行，承包商即可从银行得到资金	融资方按照贷款协议中的提款计划向项目公司放款，用于满足项目开发和建设需求，项目放款资金受到融资方的严格监管
保险	商业保险 政治保险：中长期出口信用险	商业保险 政治保险：海外投资保险
担保	主权担保、次主权担保、借款方及母公司担保或由第三方金融机构进行担保	资产抵质押、股权及账户抵质押、股东及发起人支持、完工担保以及政府担保等
基本流程	1. 签订出口（承包）合同 2. 签订贷款协议（进口商和中资银行） 3. 中长期出口信用险生效 4. 进口商支付15%预付款给出口商 5. 其余85%的货款由贷款银行按照贷款协议约定直接支付给出口商 6. 进口商向贷款银行偿还所借款项的本金和利息	1. 签订项目协议（如特许经营协议等） 2. 借贷双方签订条款清单 3. 借贷双方签订贷款协议 4. 借款方满足提款先决条件（包括股本资金出资要求和保险保单生效等条件），实现首笔提款、融资关闭 5. 项目建设完成并进入商业运营 6. 项目公司利用项目收益偿还贷款的本金和利息

通过上述对比，可以看出项目融资的主要优势在于可以获得额度较高、贷款期较长的贷款，且政府担保并非强制项，而出口买方信贷的优势在于成本相对较低，并且由于模式成熟，申请效率要大大高于项目融资。

项目融资方案最典型的文件就是条款清单（Term Sheet），该文件是借款方和贷款方就项目融资方案及条件达成的原则性约定，包括了贷款总金额、利率、资金结构、信用结构、账户结构等关键条件，最终的贷款协议是以条款清单为原则的细化。需要注意的是，条款清单的约定是意向性的约定，在后续的融资文件的协商过程中，贷款方可根据尽职调查和项目信用情况，随时要求借款方补充其他增信措施支持项目，因此在条款清单的谈判中，借款方应尽力争取有利条件，为后续谈判预留空间。条件清单主要包括4部分内容：

1. 项目参与各方的定义

（1）借款方：项目公司；

（2）股东及发起人：包括公司名称及各自持股比例，如果在出具条款清单之后项目公司的股权结构还会发生变化，则需要列出项目公司股权结构的现状以及融资关闭之前的最终结构。有时中资银行会对某一股东或发起人提出专门的要求，例如中方投资人持股比例不得低于某一比例等；

（3）EPC、O&M、购电方；

（4）贷款方、代理行、账户行：其中账户行包括离岸和在岸账户开立行。如果是银团贷款，还会涉及牵头行；

（5）技术、环境、保险、财务、法律、市场等咨询。

2. 贷款的条件

（1）贷款：币种、金额、用途、总投资比例；

（2）日期：融资关闭日、首次放款日、商业运营日、项目完工日、项目最后完工日、提款期等，其中：

1）融资关闭日的定义体现在融资协议中，通常以首次放款为标志，但是很多时候与政府签订的特许经营协议或承销协议中也会对这一时间点提出要求；

2）首次放款日体现在贷款协议中，通常为满足首次放款条件并完成首次提款手续的日期；

3）商业运营日（COD）的定义与政府签订的特许经营协议或承销协议中对于COD的定义保持一致；

4）项目完工日是指项目达到财务完工条件的要求日期；

5）项目最后完工日是指项目达到财务完工的最后期限；

6）提款期是指可以提款的期限，通常是从首次放款至商业运营日；

（3）股本债务比例：30∶70；

（4）首次提款股本资金的注入要求；

（5）后续每次提款前股本资金的注入要求；

（6）还款方式：包括等本金或等本息还款、季度还款或半年还款等方式的约定；

（7）费用：利息及计算周期、罚息、安排费、承诺费、代理行费用等的约定。

3. 股东及发起人承诺

（1）股东承诺：

1）股本资金的出资保证；

2）超概担保；

3）偿债准备承诺；

4）流动性支持；

5）其他；

（2）发起人承诺：履行其（直接或间接的）子公司在股东承诺项下的义务，也就是说，如果股东未履行其承诺的义务，则发起人需代为履行；

（3）次级股东贷款：所有的股东贷款相对于贷款协议项下的贷款都属于次级债务，在分配条件没有满足之前，股东贷款一律不进行还款；

（4）完工担保：通常在条款清单中只约定原则，在融资协议期细化。

4. 其他条款

（1）自愿提前还款：项目运营期在支付完运营成本、税费、还本付息以及强制提前还款之后，还有可分配的资金时，项目公司可以自愿提前还款，但是贷款方通常会收取一定的手续费；

（2）强制提前还款：超额现金流量的x%用于提前还款；

（3）对冲的要求；

（4）项目账户：资本金收入账户、支付账户、偿债准备金账户、维修储备账户、分配账户等；

（5）中信保保险；

（6）商业保险；

（7）融资文件、担保文件、项目文件的定义；

（8）提款先决条件（Conditions Precedent，CP）：在融资协议期细化；

（9）后续提款条件（Conditions Subsequent，CS）：在融资协议期细化；

（10）声明和承诺：在融资协议期细化；

（11）财务指标的定义：

1）偿债覆盖率（Debt Service Coverage Ratio，DSCR），是指项目在借款偿还期内，各年可用于还本付息的资金与当期应还本付息金额的比值；

2）债务偿还期（Loan Life Cover Ratio，LLCR）内的债务偿付比例，是指用于偿还本息的现金流量的净现值除以在此期间未能偿还负债的净现值；

3）财务指标的取值在融资协议谈判阶段将是借贷双方商讨的焦点之一，因为DSCR与LLCR等财务指标是贷款方控制项目放款、财务完工、担保解除、违约以及分红等事件的重要指标，是贷款方评估贷款是否安全的重要指标；

（12）违约事件：在融资协议期细化；

（13）分配条件：主要包括财务指标的要求以及超额现金流中可用于股东分红的资金与强制提前还款额的比例。例如某项目约定在DSCR达到1.3后，超额现金流的70%用于强制提前还款，30%可用于分红；

（14）转让和转移；

（15）适用法律。

7.3.6 融资成本

项目融资的融资成本主要包括利息、银行手续费以及顾问费用等，是与贷款方商谈的重点之一。

1. 贷款利息

美元贷款的贷款利息通常由LIBOR和MARGIN两部分组成，LIBOR是目前国际金融市场上最主要的基准利率。贷款利息是在LIBOR的基础上增加一定的息差来定价的。息差的确定是一个综合考量的结果，主要考虑的因素包括：金融市场情况、贷款的期限以及类型、银行的资金成本、风险与利润的平衡以及借款方的实力等。

2. 管理费(Management Fee）或前端费（Upfront Fee）

管理费或前端费，可以理解为商业银行贷款方首次放款之前预付的手续费，是按照合同贷款额度的一定比例收取的，通常情况按照0.3%～0.6%计收。

3. 银团贷款顾问费（Advisory Fee）

通常情况下银团贷款或俱乐部贷款的贷款结构都会非常复杂，因此借款方往往需要指定一家银行作为协调人，向借款方提供顾问服务，帮助借款方沟通协调贷款合同的谈判与签订，确保贷款的结构设计可以满足借款方的需求。其工作范围是根据客户的特许需求和产业性质，研究结构化的现金流分析，从而设计贷款结构。

银团贷款顾问费是按照合同贷款额度的一定比例收取的，通常情况按照3%～6%

计收。

4. 银团贷款代理行费（Agency Fee）

银团贷款中，借款方和贷款方会指定一家银行作为代理行，代表所有贷款方或者多数贷款方执行管理责任。代理行分为贷款代理行（Facility Agent）和担保代理行（Security Agent）两种，贷款代理行的主要职责包括收集首次提款的文件、计算银团贷款利息、发放贷款和归还本金以及监控承诺与保证等，而担保代理行的主要职责是代表贷款方进行抵押登记。代理行收取年费，通常情况为10万美元/年左右。

5. 银团贷款安排费（Arrangement Fee）

筹组银团贷款前，银行会提出贷款结构及条款、银团筹组方案以及收费标准给借款方，借款方接受上述条件后，将委托牵头行邀请并安排潜在参团行参与，牵头行收取安排费。安排费按照贷款总金额的一定比例一次性支付，比例视市场情况及项目情况不同而差别较大，通常按贷款金额的1%～10%计收。

6. 贷款承诺费（Commitment fee）

项目融资的贷款一般为承诺性贷款，在贷款合同中一般会约定提款计划，包括提款期以及提款金额，贷款方会利用自有资金或者市场资金对于贷款合同项下的放款金额做出承诺。借款方在用款期间，对已提取的金额要支付利息；而对未提用部分，因为银行要按照提款计划准备资金，所以借款方应按未提贷款金额的一定比例向贷款方支付承诺费，作为对贷款方因承担贷款责任而受利息损失的补偿。如果借款方不提款或者提款没有达到承诺额的时候，贷款方将产生该未提部分资金成本的损失。

承诺费只有在签订合同后才需支付，通常按未提款金额的0.125%～0.5%计收。

7. 自愿提前还款违约金（Voluntary Prepayment Fee）

由于借款方提前还款所产生的成本费用，由借款方承担。因为借款方如果未按照还款计划偿还贷款，对于贷款方来说，将会产生利息收入的减少。通常按还款金额的1%～5%计收。

8. 顾问费

根据项目所处产业的不同以及项目本身情况的不同，贷款方通常会聘请各类专业的咨询顾问为贷款方提供意见，主要包括技术顾问、法律顾问、财务顾问、保险顾问、环境顾问等。上述顾问的聘请费用通常情况下由借款方直接承担。

很多银行会有专门的顾问清单，只有在其顾问清单中的咨询机构提出的正式意见才可以被该银行接受。因此，在银团贷款时，顾问的选择就尤为重要，尽量选取潜在参团行可以接受的机构作为顾问，避免重复工作和额外的成本支出。

工作节点 7.4　保险安排

Insurance Schedule

7.4.1　保险安排综述

对于项目融资来说，无论是无追索权或者有限追索权的融资，该投资项目的项目资产将是主要的融资担保物，而该项目将来运营后所产生的现金流也将是用于还款的主要资金来源。这样，如何保证项目能够被保质顺利按期建成并及时达产后高效运营将是项目投资最根本的实现和保证。

为了保证实现投资项目的建成、完工、达产和运营等目标，在项目发展的各个阶段，必须对项目发展过程中的各种风险进行科学合理的管控。在所有风险管理手段中，保险是最有效的风险转移工具。适用于国际工程投资项目的保险产品种类很多，企业可根据项目情况、国别情况以及自身对于风险管理的要求委托专业的咨询机构或者保险经纪公司，制定专业的风险管理方案以及保险方案，而东道国政府和贷款方也会提出项目企业需要满足的最低保险要求。

国际工程投资类项目的可保风险可以按照风险性质分为政治风险（即非商业风险）和商业风险两类。政治风险是指，东道国的战争、政权更迭、禁止汇兑、外汇管制、政府违约、征收以及国有化等，使得企业发生损失的风险。而商业风险是指工程意外、人员伤害、自然灾害等导致项目企业或者承包商的财产损失风险和需赔偿的责任风险。

商业风险的保险市场相对成熟，可选的保险产品比较齐全，可选的保险公司也非常多，如欧洲的安联、慕尼黑再保险公司，伦敦的劳合社，美国国际集团（AIG），中国的人保、太平洋、平安等。保险产品包括工程一切险附加延迟投产险、货物运输险附加延迟投产险、财产险附加利润损失险、第三者责任险、设备机具险、雇主责任险等。境外工程所涉及的商业保险在本系列丛书的其他分册中有重点介绍，在此不再赘述。

政治风险的保险市场除了各国的出口信用保险机构（Export Credit Agency，ECA）之外，世界银行下属的多边投资担保机构（Multilateral Investment Guarantee Agency，MIGA）以及国际上较大的保险公司均可承保政治风险保险，如伦敦劳合社以及AIG等。

我国提供政治风险保险的机构是中国出口信用保险公司（简称“中信保”），它是我国唯一承办出口信用保险业务的政策性保险公司。中信保政治保险主要保险产品分为三大类：中长期出口信用保险、海外投资保险以及出口特险。中长期出口信用保险和出口特险在本系列丛书的其他分册中有重点介绍，不再赘述，本节重点介绍海外投资保险。在投资项目开发工作的各个阶段，保险工作的侧重点有所不同，参见表7-6。

保险工作计划表 表7-6

	商业险	政治险
投资机会选定阶段	本阶段内应结合投资机会的初步评估，对关键的商业保险进行初步考虑，初步确定保险方式与渠道，估计保险金额、成本和时间，作为初步评估的依据	结合中信保国别风险相关材料，对投资机会的政治风险进行评估，与中信保就是否可以提供投资政治险进行初步沟通，获得其保险承诺
商业模式和投资架构策划阶段	本阶段内应结合初步税收筹划和投资架构的策划，对于融资方案进行初步的细化和设计，考察融资来源以及保险市场对于项目的融资态度	本阶段应结合尽职调查的结果，对于不同的商业模式方案设计相应的政治险方案，与中信保进行进一步沟通，为商业模式的选定提供决策依据
可行性研究阶段	本阶段内应结合投资项目可行性研究工作，对保险方式进行深度细化和设计，与保险公司展开磋商。定保险方案的备选清单，细化明确各方案的保险金额、成本和时间，作为综合形成可行性意见的依据	本阶段与中信保就海外投资险的价格、条款进行充分沟通，并将保险相关条款纳入最终综合可行性意见的考虑范畴
投资协议洽谈与签订阶段	本阶段内应结合谈判工作，根据各合作方的要求以及谈判工作进展，对保险方式进行调整与筛选，形成首选保险方案及若干备选方案。并由相关机构根据需要展开其内部评估工作	本阶段内应结合谈判工作，根据各合作方的要求以及谈判工作进展，对保险方案进行调整，并对可行性报告进行补充性更新
项目国内外政府审批阶段	配合决策审批工作，提交商业保险方案细节及相关承诺或初步协议文件	本阶段内应配合决策审批工作，提交保险方案细节及相关文件
融资和保险落实阶段	与保险公司等机构逐步落实此前确定的保险方案；若出现保险方案不能落实的情况，应及时与合作方沟通，并启用备用保险方案	与中信保落实此前确定的保险方案

7.4.2 海外投资保险

海外投资保险是中信保为中国投资者和金融机构因投资所在国发生的征收、汇兑限制、战争及政治暴乱、违约等政治风险造成的经济损失提供的风险保障。该险种不仅仅为投资人因遭受政治风险而导致的损失提供经济的补偿，更重要的是项目融资的最重要增信手段之一。换句话说，中信保对项目参与和支持，可以有效降低投资者和融资方风险，是融资方授信审批的必要条件之一，很多银行会在正式授信审批之前要求项目获得中信保海外投资保险的意向书。因为中信保作为专业的出口信用保险机构，不仅仅是为投资者提供国别风险分析服务，而且在特定政治事件发生后，中信保可以依托中国政府，有效地借助外交手段和国家的力量协助项目化解风险或获取赔偿。

根据中信保发布的《项目险产品服务手册》(2017年版)，海外投资保险分为海外投资股权保险和海外投资债权保险，其中股权保险是指中信保为鼓励中国企业对外投资而提供的、承担投资项下股东权益损失的保险产品。债权保险是指中信保为鼓励中国企业为其国际工程投资项目提供股东贷款、金融机构为中国企业国际工程投资项目提供贷款以及中信保认可的其他投融资形式，向企业或金融机构提供的承担其债权损失的保险产品。

1. 承保风险

(1) 征收

东道国采取国有化、没收、征用等方式，剥夺投资项目的所有权和经营权，或投资项目资金、资产的使用权和控制权，且东道国政府没有给予及时、充分、有效的补偿。

(2) 汇兑限制

东道国阻碍、限制投资者换汇自由，或实行歧视性汇率，以及阻止货币汇出该国。

(3) 战争及政治暴乱

东道国发生革命、骚乱、政变、内战、叛乱、恐怖活动以及其他类似战争的行为，导致项目企业资产损失或无法经营。

(4) 违约

东道国政府或经保险人认可的其他主体违反或不履行与投资项目有关的协议，

且拒绝补偿。

（5）经营中断

在海外投资保险股权保险项下，因战争及政治暴乱导致投资项目建设、经营的临时性完全中断。

2. 保险范围

（1）股权保险

股权保险可仅仅投保项目的股本投入，也可投保股本投入和收益。

（2）债权保险

债权保险可仅仅投保项目借款的本金，也可投保本金和利息之和。

（3）股权保险项下的经营中断保险金额不超过最高保险金额的10%。

3. 项目主要申请条件

（1）项目应符合中国和东道国的法律和法规，符合我国外交、外经外贸、产业、财政及金融政策；

（2）项目企业的所有股东通过股本、股东贷款和其他形式向项目企业的投入资金与项目总投资金额的比例，原则上不低于15%；

（3）保险申请人应是与项目有相关利益的法人；

（4）被保险人：

1）海外投资股权保险的被保险人原则上应为在中国境内（不含香港、澳门、台湾地区）注册的法人；或在中国境外（含香港、澳门、台湾地区）注册且与中国境内（不含香港、澳门、台湾地区）注册的法人有股权关系的法人；

2）海外投资债权保险的被保险人原则上应为在中国境内（不含香港、澳门、台湾地区）注册的法人；或在中国境外（含香港、澳门、台湾地区）注册且与中国境内（不含香港、澳门、台湾地区）注册的法人有股权关系的法人；或境内外金融机构；

（5）申请的保险期限原则上不超过20年；

（6）其他。

4. 保险费

（1）股权保险每个保险责任期（通常为一年）的保险费以保险金额为计费基础，为保险金额与保险费率的乘积，无承担费：

1）提款期

保险金额：已投入资本金+当期计划投入资本金。

【案例7-3】：如某项目在2013年11月～2014年11月（1个保险责任期）期间，符合投保条件的中方股东计划注入5000万资本金，该股东在2013年11月之前已共计注入15000万资本金，假定保险费率为1%，则在2013年11月～2014年11月保险责任期内，其股权保单项下的保费是（5000+15000）×1%=200万美元。

2）还款期

保险金额：中方股东已投入的全部资本金（不超过商务部批复的中方资本金总额）。

【案例7-4】：如某项目在2014年11月～2015年11月（1个保险责任期）期间已经进入还款期，中方股东共计已经投入20000万美元，假定保险费率为1%，则在2014年11月～2015年11月保险责任期内，则其股权保单项下的保费是20000万×1%=200万美元。

（2）债权保险的保险费由两部分组成，每个保险责任期的保险费=保险金额×保险费率+承担金额×承担费率。

1）提款期

保险金额：（已提本金+其当期利息）+（当期应提本金+其当期利息）；

承担金额：未提本金。

【案例7-5】：某项目处于提款期，贷款总额为40000万美元，其在2013年11月～2014年11月（1个保险责任期）期间计划提款8000万美元（每半年提款4000万美元），之前共计已完成提款16000万美元，年利率4%，保险费率1%，承担费率为保险费率的15%，即1%×15%=0.15%，则其在债权保单项下的保费计算如下：

①保险金额：16000+16000×4%+8000+4000×4%+4000×4%/2=24880万美元；

②美元承担金额：40000–16000–8000=16000万美元；

③保费=24880×1%+16000×0.15%=272.8万美元。

2）还款期

保险金额：未偿还本金（包含当期应还本金）+其当期应付利息；

承担金额：0。

【案例7-6】：某项目处于还款期，贷款总额为40000万美元，其在2013年11月～2014年11月（1个保险责任期）期间未偿还本金20000万美元，每半年还一次，每次还款1000万美元，年利率4%，保险费率1%，承担费率为保险费率的15%，即1%×15%=0.15%，则其在债权保单项下的保费计算如下：

①保险金额：20000+20000×4%–1000×4%/2=20780万美元；

②承担金额：0；

③保费=20780×1%=207.8万美元。

5. 保单结构

海外投资险保单由投保单中关于信息披露、陈述与保证部分、一般条款（见附件）、《保险单明细表》《保险责任生效通知书》和《批单》等组成。其中，《保险单明细表》是投保人与中信保详细商讨后确定的，是保单中的“特殊条款”部分，包含以下内容：保险人、被保险人、投保人、被保险人、投资项目情况、中方投资者、被保险投资或贷款、承保风险（如投保违约险，需列出投保的违约事件及条款）、保险范围、最高保险金额、首期保险责任期保费、保险费率、承担费率、最高赔偿限额、赔偿比例、保单货币、保单有效期、保险特殊条款和条件、担保条件、保险费支付人、交费期限等。

6. 申请流程

海外投资保险的申请分为提出申请、意向承保、正式承保等三个阶段：

（1）提出申请

在境外投资的项目机会选定和投议标阶段，中国投资人应尽早和中信保沟通项目情况，填写《询保单》，提交中信保承保兴趣函的申请，通常中信保兴趣函是很多融资机构出具融资兴趣函的所必需的材料之一。申请所需提交的材料主要包括：

1）询保单原件；

2）中方投资人的企业营业执照；

3）项目的基本情况，应包括项目概况及背景、相关方情况介绍（包括经营历史及财务情况等支持性文件）、预可行性或可行性研究情况、投融资结构等；

4）东道国政府和中国政府对于项目的审批文件或支持性文件，包括经参处意见或支持函；

5）其他。

（2）意向承保

在商务条件以及融资条件确定后，项目企业可更新《询保单》后向中信保申请承保意向书，所需提交资料包括：

1）询保单原件；

2）项目企业的公司章程、注册文件、合资协议（针对合资的项目企业）等文件的复印件；

3）项目投资者、项目企业经独立审计的近三年的财务报告复印件，或书面说明并提供其他形式的财务报告；

4）申请企业上级批准文件，如董事会、母公司或股东大会文件；

5）项目情况说明。包括投资背景，目前进展（资金投入情况及项目建设情况），项目受中国和东道国政府的关注程度，对中国和东道国的积极和消极影响，特别是对项目所在地的自然环境和人文环境的影响；

6）项目建议书或可行性研究报告，包括市场、技术、财务、环境影响评估、社会影响等研究；

7）东道国政府部门的批准文件复印件、投资许可、外汇许可、环保批准、特许经营协议、土地证等；

8）外方投资者（如有）的情况说明，包括名称、地址、成立日期、注册资本、法律性质、法定代表人、与项目相关的经营资质及相关的投资经验和能力等证明；

9）中国政府部门批准文件的复印件，包括国家发展改革委、地方发展改革委对项目的核准批复，以及商务部、地方商务厅对设立境外企业的核准文件；

10）项目投融资情况说明。投资金额，投融资方式（股权、债权、股东贷款及其他方式等），投资进度计划，资金来源（自有资金金额及比例、融资资金金额及比例），融资方式（融资机构，融资条件），投资和回收计划等；

11）贷款协议或银行贷款协议草本、银行融资贷款的意向性文件；

12）项目所在国家相关法律法规，包括投资法、公司法、土地法、环境保护法、行业法规、外汇管理法规等；

13）第三方法律合规提供的尽职调查意见；

14）申请企业与中信保及银行三方商定的拟投保的违约条款清单。

（3）正式承保

在意向书材料的基础上，在项目获取全部中国政府及东道国政府审批，并且项目融资协议签订或草本已定稿后，项目企业可填写《投保单》，申请正式保单投保。

7.4.3 中长期出口信用保险与海外投资险的比较

在7.3.5项目融资方案的选择中，我们对比分析了项目融资与出口买方信贷两种融资方案，中国投资人在投保中信保的境外投资项目的政治保险时，有两个选择：①中长期出口买方信贷保险；②海外投资险，在此我们从保险条件的角度对比分析两类保险的不同，参见表7-7。

中长期出口买方信贷保险与海外投资险的比较 表7-7

	中长期出口买方信贷保险	海外投资（债权）保险
定义	在买方信贷融资方式下，中信保向金融机构提供的、用于保障机构资金安全的保险产品	中信保为鼓励中国企业为其海外投资项目提供股东贷款、金融机构为中国企业海外投资项目提供贷款以及中信保认可的其他投融资形式，向企业或金融机构提供的承担其债权损失的保险产品
承保风险	1.政治风险 （1）债务人所在地政府或还款必经的第三国（或地区）政府禁止或限制债务人以约定货币或其他可自由兑换货币偿还债务； （2）债务人所在地政府或还款必经的第三国（或地区）政府颁布延期付款令，致使债务人无法还款； （3）债务人所在地政府发生战争、革命、暴乱、恐怖主义行动和与之相关的破坏活动； （4）保险人认定的其他政治事件。 2.商业风险 （1）债务人宣告破产、倒闭、解散； （2）债务人拖欠商务合同、贷款协议或租赁协议项下应付款项或应付终止款，且担保人（如有）也未履行担保合同项下的担保义务	1. 征收 2. 汇兑限制 3. 战争及政治暴乱 4. 违约 5. 经营中断
保险额度	商务合同（EPC合同）金额的85%	项目企业的所有股东通过股本、股东贷款和其他形式向项目企业的投入资金与项目总投资金额的比例，原则上不低于15%，即保险额度最高为总投资金额的85%
保险期限	保险期限（含宽限期）原则上应超过（不含）2年，最长不超过15年。铁路、核电行业项目保险期限（含宽限期）原则上不超过20年	保险期限（含宽限期）原则上不超过20年
赔付比例	政治风险最高赔偿比例为95%； 出口买方信贷险项下的项目融资，商业风险的最高赔偿比例为50%	赔偿比例最高不超过95%
费用	保险费	保险费及承担费
收费方式	一次性收取或在建设期内分期支付	在保险期限内每年收取
是否必须东道国政府担保	是	不是

可见两个险种最大的差别在于：①是否需要政府担保；②中长期买方信贷保险包含商业险，而海外投资险附加的是违约险，两者针对的目标群体不同，前者涵盖了债务人引起的商业风险，但是有50%的敞口需要投资人自行承担；后者仅仅针对东道国政府违约导致项目的损失，赔付比例可达到95%。

因此国际工程投资项目可根据项目条件的不同而不同，在投保政治保险时有所选择。目前绝大多数海外投资的项目融资都选择投保海外投资保险，投保中长期出口买方信贷保险的案例较少，原因主要有三点：①中长期出口买方信贷保险通常会要求东道国政府提供政府担保；②商业险的最高赔付比例只有50%，也就是说作为投资人要承担剩余50%的风险；③中长期出口买方信贷保险的保险额度通常会低于海外投资险的保险额度。

工作节点 7.5　总结回顾

Summary

在本专业任务中针对BOT绿地项目，重点阐述了项目融资的概述及资金来源，项目融资风险管理，项目融资结构及方案和保险安排等四个知识点，关键点总结如下：

（1）投资人应尽早与融资机构及保险公司汇报沟通，邀请其进行深入调查，以求得融资及保险机构的指导与支持，为项目融资的高效进行打下良好基础；

（2）投资人充分重视项目的资金来源，其中股本资金的资金来源是投资人在选择投资合伙人时应详细尽调的内容，也是融资方重点考察的内容。对于债权资金来说，考虑成本、寸头、效率等因素，债权资金的资金来源原则上政策性银行贷款优于商业银行贷款，单一商业银行贷款优于银团贷款，间接银团贷款优于直接银团贷款；

（3）项目的“可融资性”取决于各项目参与方对于风险的合理分担，学会从融资方角度看待风险是提高融资效率的必经之路。政治/国家风险、自然风险、信用风险、完工风险、运营风险、市场风险、金融风险、法律风险、环境风险等九大风险，无大小与顺序之分，是国际工程投资项目的项目融资过程中必须要深入分析并妥善应对的风险；

（4）融资方案是从银行角度设计的风险分担的系统，通过合同、信用、担保、保险等方式把项目风险公平合理地分配到项目各方。融资协议谈判的关键点包括：增信措施、融资成本、财务指标、资金使用限制以及提款条件等；

（5）投资人在设计融资方案时，应充分考虑项目资本金比例选择，以满足东道国政府规定和贷款方要求，同时要充分考虑借贷资金的币种及多币种比例的合理选择，以规避汇率风险；

（6）投资人充分利用保险工具以及保险政策转移项目的政治和商业风险，结合项目情况，设计最适合的保险方案以及其对应的融资方案。

习题

1. 项目融资的基本特征有哪些？

2. 项目股本资金的来源有哪些？

3. 请简述海外投资保险的申请流程。

4. 项目融资的增信措施有哪些？

参考文献

[1] 李明哲.投资项目经济评价问答.北京：中国计划出版社，2011.

[2] 全国注册咨询工程师（投资）资格考试参考教材编写委员会.工程咨询概论（2008年版）.北京：中国计划出版社，2008.

[3] 全国注册咨询工程师（投资）资格考试参考教材编写委员会.项目决策分析与评价（2017年版）.北京：中国计划出版社，2017.

[4] 褚波，宋婕.论国内外工程建设标准体系.研究与探讨，2015.

[5] 殷传福.努力创建中国特色的国际型工程建设标准体系.工程建设与标准化，2011（4）：21-24.

[6] 梁文盛.美国水电工程基本建设程序介绍PPT材料.2013.11.5.

[7] 百度百科“国际标准”词条：https：//baike.baidu.com/item/%E5%9B%BD%E9%99%85%E6%A0%87%E5%87%86/4495981?fr=aladdin.

[8] 水电水利规划设计总院，国电建集团北京勘测设计研究有有限公司.水电行业技术标准体系表（讨论稿）. 2015.6.
https：//wenku.baidu.com/view/578c0e2f77c66137ee06eff9aef8941ea76e4bf1.html?pn=1.

[9] 各类国家标准及国际标准代号含义，银河电气网站：https：//www.vfe.cc/NewsDetail-1357.aspx.

[10] 百度文库“国际工程技术标准简介”：https：//wenku.baidu.com/view/f0c6c34169eae009581becd4.html.

[11] 百度文库“国际标准对比”：https：//wenku.baidu.com/view/ba1a8932b52acfc788ebc90a.html.

[12] 百度文库“中国工程建设标准体系概述”：https：//wenku.baidu.com/view/ade273f44028915f814dc20a.html.

[13] 百度文库“张守健-工程建设标准体系研究”：https：//wenku.baidu.com/view/f6eda03516fc700aba68fc0a.html.

[14] 文档投稿赚钱“开展中德铁路标准对比分析促进中国铁路标准走向世界”：https：//max.book118.com/html/2018/0125/150456666.shtm.

[15] 百度文库“国内外技术标准体系差异介绍”：https：//wenku.baidu.com/view/11f13f38cc1755270722084e.html.

[16] Asian Development Bank，Environmental Assessment Guidelines（2003）.

[17] Asian Development Bank，ADB Safeguard Policy Statement（SPS，2009）.

[18] Asian Development Bank，Handbook for Integrating Poverty.

[19] Asian Development Bank，Handbook on Social Analysis（2007）.

[20] Asian Development Bank，Handbook on Resettlement（1998）.

[21] Barrow，C.J.. Social Impact Assessment. An Introduction.London：Oxford University Press，2000.

[22] Becker，Henk.Social Impact Assessment：Method and Experience in Europe，North America and the Developing World.London：UCL Press，1997.

[23] 中华人民共和国环境保护行业标准.建设项目环境影响评价技术导则总纲. HJ 2.1-2016.

[24] 国家环境保护总局环境工程评估中心，毛文永.环境影响评价技术方法（2005版）.

[25] 朱党生.水利水电工程环境影响评价. 北京：中国环境科学出版社，2006.

[26] 邹家祥.环境影响评价技术手册，水利水电工程.北京：中国环境科学出版社，2009.

[27] 最新环境影响评估工作程序与预测调查方法及质量项目检查验收标准实务全书.北京：中国环境科学出版社，2014.

[28] 缅甸环境影响评估程序，缅甸联邦共和国政府，森林环保部2015年第616 号通知.

[29] 中国水利经济研究会、水利部规划司.水利建设项目社会评估指南.北京：中国水利水电出版社，1999.

[30] 中国国际工程咨询公司.投资项目社会评估指南.北京：经济管理出版社，1997.

[31] 中国国际工程咨询公司.中国投资项目社会评估指南：变风险为机遇.北京：中国计划出版社，2007.

[32]《投资项目可行性研究指南》编写组.投资项目可行性研究指南.北京：中国电力出版社，2002.

[33] 迈克尔 · M · 塞尼.投资项目社会分析：把人放在首位.北京：中国计划出版社，1998.

[34] 张三力.项目后评估.北京：清华大学出版社，1998.

[35] 张三力.中国投资项目后评估手册.英国：英国海外开发署，1995.

[36] 陈绍军.亚洲开发银行资助项目社会评估培训手册.南京：河海大学.

[37] 中国水利经济研究会、水利部规划司.水利建设项目社会评估指南.北京：中国水利水电出版社，1999.

[38] 中国国际工程咨询公司.投资项目社会评估指南.北京：经济管理出版社，1997.

[39] 王守清，柯永建.特许经营项目融资（BOT、PFI和PPP）.北京：清华大学出版社，2008.

[40] 李铮.国际工程承包与海外投资业务融资.北京：中国人民大学出版社，2013.

[41] 中国出口信用保险公司资信评估中心.中资企业境外投资和对外承包工程风险管控及案例分析.北京：中国经济出版社，2015.

[42] 戴春宁.中国对外投资项目案例分析——中国进出口银行海外投资项目精选.北京：清华大学出版社，2009.

[43] 杨克磊.工程经济学.上海：复旦大学出版社，2007.

[44] 戴大双.现代项目管理.上海：高等教育出版社，2004.

后　记

历经两年,《国际工程商务能力培训系列教材》终于面世了！五本教材中凝结的不仅仅是编审专家们的经验与智慧，更承载着整个编审团队的行业使命感。让中国建造“技冠世界、惠普五洲、誉满四海”既是中国对外承包业的宏伟目标，也是编审团队心中的梦想。作为编审团队中的一员，本人于2016年应邀加入基业长青，此前先后在中建和中信工作了34年和12年，其中在中信建设工作的12年已是超龄服役，四年诚筑鸟巢，八年奋战安哥拉多个新城建设项目，回国已年逾古稀。尽管再难胜任闯荡五洲的一线工作，但牵挂中国对外工程承包业的那颗心依然火热。恰在此时，基业长青提出“做中国‘走出去’企业培训学校”的愿景，就像一块磁石吸引着我，也正是这种行业使命感将我们编审团队的全体成员凝聚在一起。

中国对外承包业从最初的劳务输出发展到如今资本引领下的工程总承包，走过了40余年的艰辛历程，我既是参与者，又是见证者，深谙其中的酸甜苦辣，乃凭借基业长青国际工程与投资研究院的平台，盛邀政、企、学、银、法各方面专家，共同对国际工程商务人才所需的必备能力进行深入解析探讨，研发了五门对应的实战型培训课程并配以教材出版。

系列教材共分五册:《国际工程市场开拓》由都伟统稿，陈莹、王彭煦、石永竹参与编写，李吉勤、陈观福两位专家审稿;《国际工程合约管理》由赵丕熙统稿，朱印奇、杨成飞、刘平参与编写，周莉、周显峰两位专家负责审稿;《国际工程造价管控》由王浩统稿，黄晓宇、张辉、刘玉飞、朱莹莹参与编写，陈兆伦专家负责审稿;《国际工程投资策划》由张稚华、万应忠统稿，傅维雄、张聪、王菲、袁知茂、黄艳、饶光辉、范晓志、贺牧侠、张仲伟、刘宏远参与编写，贾庭仁、陆国俊两位专家负责审稿;《国际工程风险管控》由韩飞统稿，胡定成、张策、赵步一、赵恒参与编写，关巍、王福俭两位专家负责审稿。编审团队可谓是老中青三代组合：老专家积一生工程承包丰富经验，观数十载对外工程行业风云变幻；中年骨干正身负重任、砥柱中流，为教材带来国际工程一线的最新动态；年轻新秀意气风发、思维活跃，让教材对接国际工程管理的发展前沿。编审团队成员均为活跃在业内的佼佼者，这是我们团队的最大优势，却也成为我们的最大困难，挤出大块时间投入教材编写，对团队每一成员都是一份奢侈；期间两位专家亲人离世仍笔耕不止；赵丕熙老师春节期间全心投入、闭门谢客；张稚华老师强忍病痛坚持撰稿；多位专家因身处国外、京外而长距离奔波……作为主编，特在此一并对他们表示诚挚的感谢！

“国际工程商务能力培训产品”的研发及其配套系列教材的编审，始终得到商务部原副部长陈健先生和“一带一路”国际工程人才发展专家委员会的一路指导和把关。在此特向关怀、引领我们的行业专家表示衷心的感谢。特别感谢为系列教材作序的陈健副部长和刘起涛董事长，以及为教材倾情推荐的许溶烈院士、刁春和会长、王铁宏会长、张水波院长、邢厚媛主任和BK集团亚太地区执行董事John Battersby。同时，我要感谢教材编辑团队，他们是：中国建筑工业出版社编辑赵晓菲、朱晓瑜、张智芊，基业长青编审助理袁青、张力莉、史建隆，感谢曾经与我们一起工作并为教材编写付诸努力的靳爽，他们细致、周密的工作推动和保障了教材的出版。

此外还要感谢与我们携手共进的客户所提供的调研支持和宝贵建议，感谢广大学员的全程关注和意见反馈，感谢所有读者朋友的大力支持和一路相伴。

中国工程企业“走出去”的前景无比辉煌，但前路也艰难而漫长。我们知道在这条路上前行的建设者，不但需要知晓完整的国际工程知识体系，而且需要了解大量相关案例，使头脑里的知识体系鲜活起来，这样才能活学活用，在国际工程建设的征程上走得更稳更远。后期，我们系列教材编审团队将在当前出版的纸质教材基础上，着手搭建一个与其对应的国际工程项目案例库，以便读者参阅。真诚地希望广大“走出去”工程建设者分享此书并从中受益；期待广大读者能借此书与我们结缘，共同为“一带一路”伟大倡议添砖加瓦。